LE DERNIER ÉTÉ
DE L'EUROPE

Qui a déclenché la Première Guerre mondiale ?

DAVID FROMKIN

LE DERNIER ÉTÉ DE L'EUROPE

Qui a déclenché la Première Guerre mondiale ?

Traduit de l'anglais par
WILLIAM OLIVIER DESMOND

BERNARD GRASSET
PARIS

L'édition originale de cet ouvrage a été publiée par Alfred A. Knopf, à New York, en 2004, sous le titre :

EUROPE'S LAST SUMMER
Who started the Great War in 1914 ?

Pour Alain Silvera

La transition brutale entre une paix apparemment profonde et une guerre généralisée d'une violence inouïe [...], au cours de l'été 1914, défie toutes les tentatives d'explication.

John KEEGAN, *The First World War*
(New York, Knopf), p. 450.

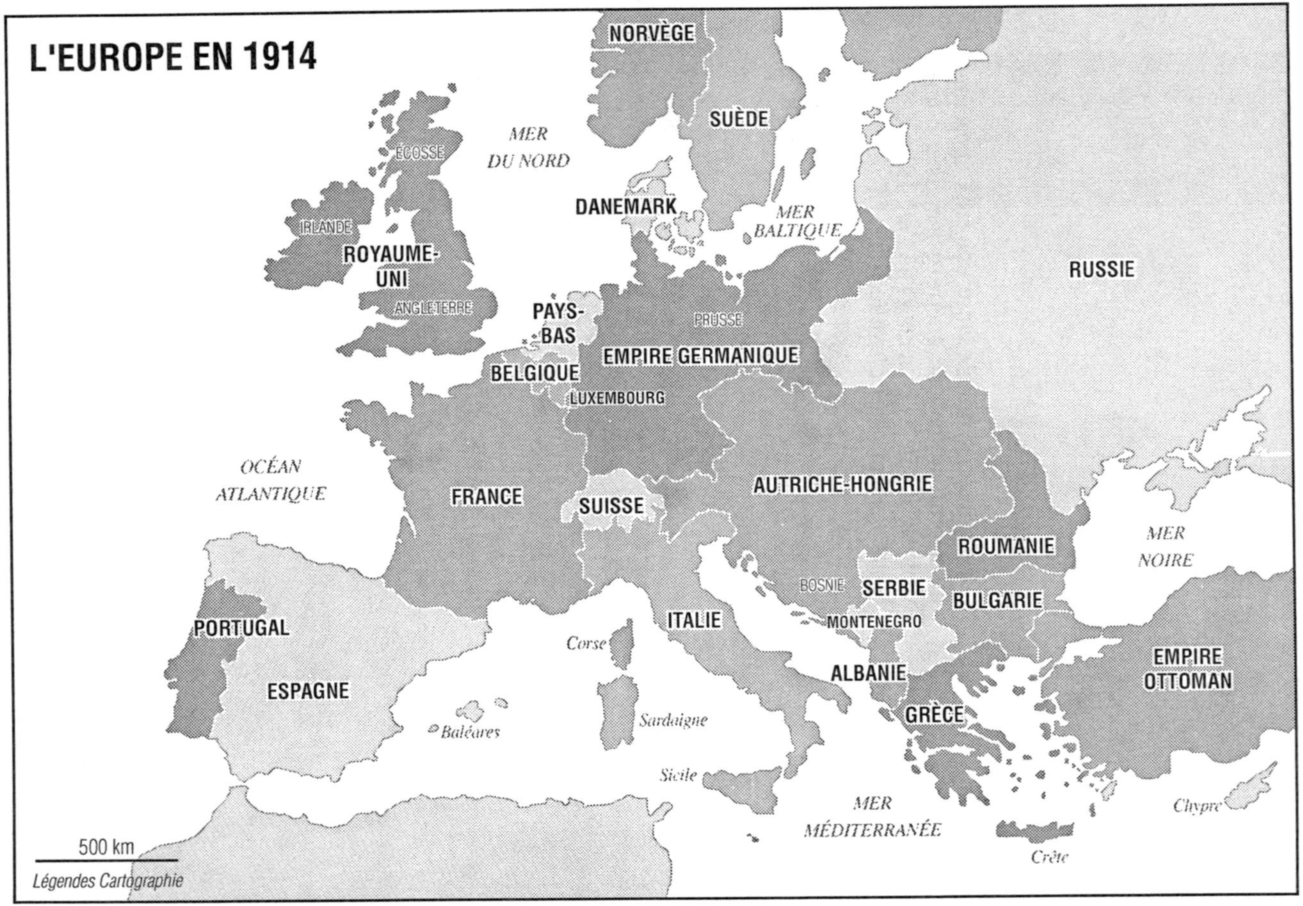
L'EUROPE EN 1914
NORVÈGE
SUÈDE
MER
DU NORD
ÉCOSSE
DANEMARK
MER
BALTIQUE
IRLANDE
ROYAUME-
UNI
RUSSIE
ANGLETERRE
PAYS-
BAS
PRUSSE
EMPIRE GERMANIQUE
BELGIQUE
LUXEMBOURG
OCÉAN
ATLANTIQUE
FRANCE
SUISSE
AUTRICHE-HONGRIE
MER
NOIRE
ROUMANIE
BOSNIE
SERBIE
BULGARIE
PORTUGAL
ITALIE
MONTENEGRO
Corse
EMPIRE
OTTOMAN
ALBANIE
ESPAGNE
GRÈCE
Sardaigne
Baléares
Sicile
MER
MÉDITERRANÉE
Chypre
Crète
500 km
Légendes Cartographie

Prologue

I. Sortie de nulle part

Peu après vingt-trois heures le dimanche 29 décembre 1997, le vol United Airlines 826, un Boeing 747 transportant 374 passagers et 19 membres d'équipage, parti de Tokyo pour Honolulu, volait déjà depuis deux heures au-dessus du Pacifique. Il avait atteint son altitude programmée, entre 31 000 et 33 000 pieds. Le service du repas touchait à sa fin. Jusqu'ici, le vol se déroulait tout à fait normalement.

En quelques secondes terrifiantes, tout changea. Une force invisible frappa l'avion sans le moindre avertissement. Il piqua d'un seul coup du nez, puis donna l'impression de tomber en chute libre. Les gens hurlaient, projetés dans tous les sens et s'entrechoquant, heurtant le plafond et les chariots de service. Une Japonaise de 32 ans fut tuée et 102 personnes furent blessées. Les pilotes reprirent enfin le contrôle de l'appareil et réussirent à ramener le vol 826 à l'aéroport japonais d'où il avait décollé.

Ce qui est si effrayant dans cet épisode est son côté mystérieux. Jusqu'au moment de l'impact, le vol avait été sans histoire. Il n'y avait eu aucune raison de penser que cela pouvait changer. Il n'y avait pas eu le moindre signe avant-coureur, pas le moindre éclair, pas le moindre orage à l'horizon. On n'avait rien pu voir venir, et on ignorait tout de ce qu'était le phénomène. Pas plus que l'équipage, les passagers n'en avaient la moindre idée et les compagnies aériennes, après cela, n'eurent aucun moyen d'affirmer que ce genre d'incident ne se reproduirait plus.

Les experts appelés à la rescousse par les médias déclarèrent que le vol 826 avait été victime d'une « turbulence par temps clair », et parlèrent d'une « tornade horizontale » — à ceci près qu'elle était invisible. Certains d'entre eux exprimèrent l'espoir que d'ici quelques années, les progrès de la technologie permettraient de détecter ces tempêtes invisibles à l'avance. La transparence, apprit l'opinion publique à cette occasion, n'était pas synonyme de tranquillité ; un ciel d'aspect paisible pouvait se déchaîner aussi soudainement que se soulève une vague de fond dans l'océan[1].

C'est un phénomène de cet ordre, une turbulence par temps clair, qui se serait produit dans la civilisation européenne, en 1914, au moment où elle passait du XIXe au XXe siècle. Les décennies 1890 et 1900 avaient été, un peu comme la période que nous venons de vivre, marquées par des congrès sur la paix, des conférences sur le désarmement, la mondialisation de l'économie planétaire et des projets pour établir une sorte de ligue des nations afin de mettre la guerre hors la loi. On s'attendait à ce que s'ouvrît une ère de paix et de prospérité qui durerait indéfiniment.

Au lieu de cela, l'Europe se trouva brusquement hors de contrôle, plongée dans une guerre mondiale, puis dans des décennies de tyrannie qui culminèrent avec l'assassinat en masse de populations entières. Quel cyclone imprévu venait de s'abattre sur la vieille Europe civilisée et le monde sur lequel elle régnait alors ? Rétrospectivement, le mystère n'est peut-être pas aussi total que se le dirent ceux qui vécurent ces événements. Les années 1913 et 1914 furent plus agitées que les contemporains n'ont bien voulu l'admettre. Il y eut, au tout début du XXe siècle, des signes avant-coureurs de la catastrophe qui risquait de s'abattre sur le monde : nous le savons aujourd'hui.

Le ciel dans lequel se déclencha cette tempête n'était pas si limpide que cela : bien au contraire, toutes sortes de processus s'y déroulaient, toutes sortes de pouvoirs s'y affrontaient. Les forces qui allaient dévaster le continent — nationalisme, impérialisme et ainsi de suite — étaient en mouvement depuis un bon moment. Des vents violents secouaient déjà le monde européen ; il naviguait depuis longtemps sous un ciel d'orage. Quelque part au fond d'eux-mêmes, les officiers et l'équipage ont peut-être soupçonné quelque chose. Mais les passagers, complètement pris par surprise, n'allaient pas cesser de s'interroger : comment se faisait-il que rien ne soit venu les prévenir ?

II. Les dimensions de la question

Au cours de l'été 1914 éclata en Europe une guerre qui s'étendit jusqu'en Afrique, au Moyen-Orient, en Asie, dans le Pacifique et toucha même les Amériques. Appelée aujourd'hui, de manière plus ou moins impropre, « Première Guerre mondiale », elle fut, à de nombreux titres, le plus grand conflit que la planète eût jamais connu. Et elle méritait le nom qui lui fut donné à l'époque : la Grande Guerre.

La plupart des pays du monde se rangèrent dans le camp de l'une ou l'autre des deux grandes coalitions. La première, avec à sa tête la Grande-Bretagne, la France et la Russie, fut appelée la Triple Entente ou simplement les Alliés ; la seconde, conduite par l'Allemagne et l'Autriche-Hongrie, porta tout d'abord le nom de Triple Alliance (ou « Triplice ») puis, plus tard, de Pouvoirs centraux. Entre eux, ces cinq pays mobilisèrent 65 millions d'hommes[2]. En France et en Allemagne, deux pays qui jetèrent d'emblée toutes leurs forces vives dans le conflit, 80 % de tous les hommes entre les âges de quinze et quarante-neuf ans furent appelés sous les drapeaux[3]. Ce sont ces hommes qui furent massacrés dans les batailles qui suivirent.

Plus de vingt millions de soldats et de civils furent tués pendant la Grande Guerre[4], à quoi il faut ajouter vingt et un millions de blessés[5]. Par ses conséquences indirectes, la guerre fit d'innombrables autres victimes, notamment à la suite de la pandémie de grippe espagnole qui provoqua, à elle seule, vingt millions de morts supplémentaires[6], entre 1918 et 1919.

Ces chiffres, aussi terrifiants qu'ils soient, sont bien loin de nous dire tout et de rendre compte de l'impact que la guerre eut sur le monde de 1914. Les conséquences de cette crise de la civilisation européenne se traduisirent par tant de bouleversements qu'il est impossible de les énumérer ; par leur ampleur et par leur profondeur, ils font de cette guerre le grand tournant de l'histoire contemporaine. Cela resterait vrai même si, comme l'avancent certains, la guerre n'avait fait qu'accélérer des transformations déjà en cours plutôt que d'en être à l'origine.

Le 8 août 1914, quatre jours seulement après l'entrée en guerre de la Grande-Bretagne, le journal *The Economist* parlait déjà du conflit comme de « la plus grande tragédie de l'histoire humaine[7] ». Il se peut que ce soit encore vrai. En 1979, l'ancien diplomate et historien américain de renommée internationale George Kennan écrivait qu'il en était venu « à considérer la Première Guerre mondiale comme la plupart des gens raisonnablement sensés en sont venus, je crois, à la considérer : la terrible catastrophe fondatrice de ce siècle[8]... ».

Le professeur Fritz Stern, l'un des meilleurs spécialistes de l'Allemagne, parle pour sa part de « la première calamité du XXe siècle, la Grande Guerre, dont sont issues toutes les autres calamités[9] ».

Ce séisme militaire, politique, économique et social eut pour première conséquence un bouleversement de la carte du monde, dont les frontières se trouvèrent redessinées. Des Empires et des dynasties furent balayés. De nouveaux pays virent le jour. La désintégration de la structure politique de la planète se poursuivit tout au long du XXe siècle. Aujourd'hui, on compte environ quatre fois plus de pays indépendants qu'il n'en existait avant 1914. Beaucoup de ces nouvelles entités — la Jordanie, l'Irak et l'Arabie Saoudite sont les premiers exemples qui viennent à l'esprit — n'avaient jamais existé auparavant.

La Grande Guerre libéra des forces terrifiantes qui allaient être le fléau de tout le reste du siècle. Pour se débarrasser de son ennemi sur le front Est, le gouvernement allemand finança les communistes bolcheviques de Lénine, le faisant passer clandestinement en Russie en 1917, « de la même manière qu'on aurait pu envoyer une fiole contenant un bouillon de culture de typhoïde ou de choléra pour la déverser dans les réserves d'eau d'une grande ville », selon l'expression de Winston Churchill[10]. Le bolchevisme ne fut que l'une des furies déchaînées par la guerre ; elle allait être rejointe par le fascisme et le nazisme.

La Première Guerre mondiale, cependant, déclencha aussi quelques-uns des principaux mouvements de libération du XXe siècle. L'Europe se déchirant, sa mainmise sur le reste de la planète s'effrita et, au cours du siècle, ce sont littéralement des milliards d'êtres humains qui lui arrachèrent leur indépendance. Les femmes, dans certains pays, se libérèrent aussi de leurs fers de toujours — conséquence directe de leur implication dans l'industrie de guerre : travail dans les usines et collaboration avec les forces armées.

Une autre forme de libération, qui remit en cause toutes sortes de contraintes sociales, trouve également son origine dans la Grande Guerre, que ce soit dans le comportement, dans la vie sexuelle, dans les manières d'être et de s'habiller, ou dans les arts. Tout le monde ne considère pas, d'ailleurs, que ce soit une si bonne chose que tant de règles et de restrictions aient été passées par pertes et profits. Toujours est-il que le monde a parcouru un long chemin — de l'époque victorienne au XXIe siècle — en empruntant des voies ouvertes à coups de canon par les armées de 1914.

Chercher les origines des problèmes que le monde a dû affronter au XXe siècle, auxquels il a encore aujourd'hui à faire face, oblige la plupart du temps à évoquer la Première Guerre mondiale. Comme George Kennan l'a écrit : « tous les fils conducteurs, me semble-t-il, remontent jusqu'à elle[11] ». Après quoi, l'éventail des choix se réduisit. Les États-Unis et même la Grande-Bretagne, à la rigueur, eurent le choix de participer à la Première Guerre mondiale, par exemple ; mais si l'on est réaliste, ils l'eurent beaucoup moins de participer ou non à la Seconde.

Il n'y avait rien d'inévitable, toutefois, dans la progression du premier conflit au second. On aurait pu à de nombreuses occasions, entre 1914 et 1939, couper la longue mèche qui se consumait lentement. Personne ne le fit. Si bien qu'en fin de compte la Première Guerre mondiale conduisit à la Seconde, même si cet enchaînement n'avait rien d'inéluctable, et la Seconde Guerre mondiale à la Guerre froide, enchaînement qui n'avait, lui non plus, rien d'inéluctable. En 1991, les écrivains Steven Miller et Sean Lynn-Jones ont noté que « la plupart des observateurs décrivent la période actuelle, sur le plan de la politique internationale, comme "l'après-Guerre froide" mais, à beaucoup de titres, notre époque pourrait être définie comme "l'après-Première Guerre mondiale"[12] ».

D'emblée, l'explosion de 1914 parut déclencher une série de réactions en chaîne. Dans l'introduction de *La Montagne magique* (paru en 1924), Thomas Mann fait allusion à « la Grande Guerre, avec le commencement de laquelle tant de choses ont commencé qui, depuis, ont sans doute à peine cessé de commencer* ».

Et cela n'a toujours pas cessé aujourd'hui. En avril 2001, il fallut évacuer toute une agglomération française pendant plusieurs jours. Plus un seul citoyen ne pouvait rester chez lui. Motif : l'existence d'une soute à munitions datant de la Première Guerre mondiale restée dans leur voisinage. Elle abritait notamment des obus conventionnels et d'autres de gaz moutarde. Les gens purent rentrer chez eux lorsque cinquante tonnes de ces munitions les plus dangereuses eurent été enlevées. Mais une centaine de tonnes de ces matières mortelles sont restées sur place et y sont encore. Si bien que des munitions datant de 1914 risquent encore d'exploser au XXIe siècle.

C'est, d'une certaine manière, ce qui est arrivé le 11 septembre 2001. L'attaque suicide des extrémistes musulmans sur le World Trade Center fit près de trois mille victimes. Lors de sa première déclaration diffusée ensuite par la télévision, Oussama Ben Laden, le chef terroriste apparemment à l'ori-

---

* Thomas Mann, *La Montagne magique*, trad. M. Betz (Paris, Fayard, 1961) (NdT).

gine de cette monstruosité, en parla comme d'une vengeance pour des faits qui remontaient à quatre-vingts ans. Sans doute faisait-il allusion à l'intrusion de l'Europe chrétienne dans les pays musulmans du Moyen-Orient — intrusion qui se produisit juste après la Première Guerre mondiale et qui en était une conséquence. Les gros avions commerciaux dont s'étaient emparés les partisans de Ben Laden avaient donc été jetés sur les tours jumelles pour régler une querelle remontant au conflit de 1914.

De même, la crise qui se cristallisa en 2002 autour de Saddam Hussein vit-elle les journalistes et les éditorialistes se précipiter sur leur téléphone et demander aux professeurs des universités américaines comment l'Irak était né, en tant qu'État, des cendres encore fumantes de la Première Guerre mondiale. C'était une bonne question, car s'il n'y avait pas eu la guerre en 1914, il n'y aurait peut-être pas eu de problème avec l'Irak en 2002.

Quel enchaînement de causes a-t-il conduit à la Première Guerre mondiale ? Qui l'a déclenchée ? Pourquoi a-t-elle éclaté à ce moment-là, en cet endroit-là ? « Des millions de morts et des millions de mots plus tard, les historiens ne sont pas encore d'accord sur les réponses à donner à ces questions », pouvait-on encore lire en 1999, dans un numéro spécial de *The Economist* consacré au XXe siècle *, ajoutant que rien de ce qui s'était passé n'avait eu « un caractère inéluctable ». À l'époque, tout le monde répéta que le conflit avait été déclenché, concrètement, par le jeune étudiant serbe qui avait assassiné, à Sarajevo, l'héritier du trône d'Autriche-Hongrie. Mais on était aussi d'accord pour ajouter que ce crime avait été simplement le prétexte et non la cause de la guerre qui embrasa tout d'abord les Balkans, puis le reste du monde.

La disproportion entre le geste meurtrier d'un étudiant et la conflagration qui embrasa le monde trente-sept jours plus tard

* *The Economist,* Millennium Special Edition (NdT).

avait évidemment quelque chose de trop absurde pour que les historiens attribuent la cause de celle-ci à celui-là. Des dizaines de millions de personnes n'avaient pas pu perdre la vie parce qu'un couple — fût-il princier mais dont beaucoup de ces victimes n'avaient jamais entendu parler — avait perdu la sienne. Voilà qui paraissait impossible.

La Grande Guerre a constitué un événement historique d'une ampleur inouïe et aux conséquences incalculables ; comme nous désirons plus que tout que rien de tel ne se reproduise à l'avenir, analyser sa genèse est devenu non seulement la question la plus redoutable mais aussi la plus importante de l'histoire contemporaine. La réponse nous échappe encore. Selon l'historien Laurence Lafore : « cette guerre a été beaucoup de choses, pas une seule, et les sens que peut prendre le terme "cause" sont également nombreux[13] ».

Les historiens des années 40 et 50 avaient tendance à croire qu'ils savaient à peu près tout ce qu'il y avait à savoir sur les origines de la guerre, et que ce qui pouvait encore faire l'objet de polémiques n'était que l'interprétation des preuves et des témoignages. Mais à partir des années 60, sous l'impulsion du grand historien allemand Fritz Fischer (nous parlerons de ses positions un peu plus loin), de nouvelles informations virent le jour, en provenance, notamment, de sources allemandes, autrichiennes et serbes, et il n'est pas une décennie qui s'écoule depuis sans que paraissent de nouvelles monographies venant ajouter des informations considérables à ce que nous savons déjà. Fischer a donné à de nombreux chercheurs l'envie de passer les archives au peigne fin, afin de trouver ce qui y était enfoui. L'objectif de ce livre est de tenter un examen des questions que je viens d'énumérer à la lumière de ces nouvelles sources, de procéder à un état des dernières informations, puis d'en tirer des conclusions.

Quand et où commença la marche vers la guerre de 1914 ? Récemment, dans une université de Boston, j'ai demandé aux étudiants de relever ce qui, à leur avis, avait constitué les étapes préparatoires. Leurs réactions illustrent assez bien le nombre de routes imaginables.

Le VIe siècle après J.-C. La décision des empereurs romains de diviser l'Empire romain en deux, l'ouest parlant le latin et l'est le grec, a eu d'immenses conséquences à long terme. Le fossé culturel qui s'est creusé s'est traduit par deux formes de christianisme, deux calendriers, et deux écritures rivales (latin et cyrillique), toutes choses qui persistent encore. Les Autrichiens, catholiques d'obédience romaine, et les Serbes, d'obédience grecque orthodoxe, dont la querelle fut le prétexte de la guerre, étaient, en un certain sens, ennemis par leur destin.

Le VIIe siècle. Les Slaves, devenus le groupe ethnique le plus important d'Europe, allèrent s'installer dans les Balkans où se trouvaient déjà les Teutons. Le conflit entre peuples germaniques et slaves allait devenir un des grands thèmes de l'histoire européenne, et opposa au XXe siècle les Allemands et Autrichiens (teutons) aux Russes et aux Serbes (slaves).

Le XIe siècle. La séparation entre l'Église romaine et l'Église orthodoxe engendra un conflit religieux selon la même ligne de faille qui séparait ces groupes ethniques — l'alphabet, la culture ; cette ligne de faille, menace permanente pour le sud-est de l'Europe, aboutit au séisme politique qui produisit 1914.

Le XVe siècle. La conquête d'une partie de l'Europe de l'est et du centre par les Turcs musulmans de l'Empire ottoman priva les populations des Balkans de leur indépendance pendant des siècles. C'est un élément qui peut avoir contribué à la violence et à la fragmentation de cette zone dans les années qui conduisirent à la Grande Guerre, et même au déclenchement de celle-ci.

Le XVIe siècle. La Réforme protestante coupa en deux la chrétienté occidentale. Elle sépara politiquement les peuples germains, et conduisit aux curieuses relations entre l'Allemagne et l'Autriche qui furent au cœur de la crise de juillet 1914.

Le XVIIe siècle. Le début du recul, qui s'étira sur plusieurs siècles, des Ottomans de l'Europe se traduisit par l'abandon de territoires convoités par les grands pouvoirs. Le désir de s'en emparer alimenta la rivalité entre la Russie et l'Autriche et déclencha la guerre de 1914-1918.

Les années 1870-1871. La création de l'Empire allemand et

l'annexion par celui-ci de territoires français à la suite de la guerre de 1870 rendirent probable un nouveau conflit en Europe dès que la France aurait recouvré suffisamment de forces pour reprendre ce qu'elle avait perdu.

L'an 1890. Le chancelier d'Allemagne, Otto von Bismarck, est démis de ses fonctions par l'empereur. Son remplaçant abandonne la politique de Bismarck — qui avait consisté à nouer des alliances avec l'Autriche et la Russie pour maintenir la paix entre les deux pays — et s'allie avec l'Autriche contre la Russie, avec pour objectif de contrôler les Balkans ; du coup, l'Autriche se sent encouragée à adopter une ligne politique belliqueuse risquée, qui avait toutes les chances de provoquer, à plus ou moins brève échéance, une réaction violente des Russes.

Les années 1890. Ayant dû essuyer cette rebuffade de la part de l'Allemagne et ne voyant pas d'autre choix, la Russie réactionnaire et monarchique se résigna à s'allier avec la France républicaine et radicale. Ce mouvement convainquit les dirigeants allemands que la guerre était tôt ou tard inévitable, et que l'Allemagne avait davantage de chances de la gagner si c'était tôt plutôt que tard.

L'an 1903. Lors d'un coup d'État sanglant en Serbie, des officiers de l'armée, tous membres d'une société secrète, massacrent leurs roi et reine (pro-autrichiens) et les remplacent par une dynastie rivale pro-russe. L'Autriche réagit en dressant des plans pour punir la Serbie — plans qui, s'ils sont mis en œuvre, feront courir le danger d'un conflit élargi.

L'an 1905. Une affaire compliquée. La France, ayant le sentiment d'avoir le champ libre après avoir consulté les autres puissances méditerranéennes, prend des mesures pour accroître sa présence au Maroc. L'Allemagne, au prétexte qu'elle aussi aurait dû être consultée, élève des objections et proteste. Le gouvernement allemand envoie un Kaiser Guillaume II quelque peu récalcitrant à Tanger (par mer, alors qu'il y avait une tempête de force 8), pour faire bien savoir que l'Allemagne entend que l'indépendance du Maroc soit respectée. Apparemment, l'Allemagne triomphe lorsque la France accepte ses deux exigences essentielles : la tenue d'une conférence internationale sur la question (à Algésiras en 1906) et l'éviction du ministre français des Affaires étrangères.

Cependant, la diplomatie agressive de l'Allemagne produit un effet inattendu, fédérant tous les autres pays contre elle. La Grande-Bretagne passe de simples relations amicales avec la France à quelque chose qui se rapproche d'une alliance informelle, y compris des conversations entre les deux gouvernements, d'une part, et entre les états-majors de l'armée de l'autre, puis, plus tard, un accord et des conversations similaires avec l'alliée de la France, la Russie. On assiste à un durcissement des alignements en Europe entre deux camps rivaux et potentiellement ennemis : la France, la Grande-Bretagne et la Russie d'un côté, et de l'autre une Allemagne isolée, soutenue seulement (et sans grande conviction) par l'Autriche-Hongrie.

Dans une certaine mesure, les réponses des étudiants étaient toutes justes. D'autres dates (parmi lesquelles 1908, dont nous allons bientôt parler) auraient aussi pu être considérées comme les détonateurs de l'explosion de 1914. On peut dire que toutes ont joué un rôle dans le déclenchement de la guerre.

Et cependant, ces réponses sont aussi toutes fausses quand on se demande pourquoi le conflit a eu lieu. Trente-sept jours avant le début des hostilités, le monde européen vivait en paix. Les dirigeants des divers pays qui le composaient s'apprêtaient à partir en vacances, et aucun d'eux ne s'attendait à ce que celles-ci fussent brutalement interrompues. Qu'est-ce qui s'est passé ?

Toutes ces mèches allumées identifiées par mes étudiants avaient été aussi dangereuses pour la paix en 1910 et 1912, par exemple, qu'en 1914. Pourquoi n'avaient-elles pas mis le feu aux poudres ces années-là plutôt que celle-ci ? La question n'est pas seulement de savoir pourquoi guerre il y a eu, mais pourquoi guerre il y a eu *en Europe pendant l'été de 1914*, plutôt que poursuite de l'état de paix. Et pourquoi cette guerre-ci.

Pourquoi les choses se sont-elles passées de telle façon et non de telle autre est une question que les historiens se posent depuis les chroniqueurs grecs Hérodote et Thucydide, autrement dit depuis vingt-cinq siècles. Qu'on puisse y répondre avec une certaine précision reste à prouver ; tant d'affluents et de tributaires viennent se jeter dans le courant principal qu'il est parfois difficile de dire quelle est la véritable source.

Par son ampleur et ses nombreuses dimensions, la Première Guerre mondiale est l'exemple type de la complexité à laquelle ont souvent affaire des historiens que le problème laisse perplexes. Arthur Balfour, Premier ministre britannique avant la guerre, homme d'État conservateur expérimenté, philosophe, et sous l'égide de qui fut fondé l'État d'Israël en Palestine, aurait dit un jour que cette guerre était quelque chose de trop vaste pour qu'on pût l'embrasser.

Vouloir expliquer la guerre n'est pas simplement poser la plus grande question de l'histoire contemporaine ; c'est aussi poser une question exemplaire, qui exige de nous le réexamen de ce que nous entendons par des termes comme « cause ». Il y a eu des causes, nombreuses, qui ont fait que les grandes puissances européennes ont été disposées à entrer en guerre les unes avec les autres. Et il y en eut d'autres, des causes immédiates, celles qui nous intéressent ici, qui ont fait que ces pays sont entrés en guerre à un moment donné et d'une manière donnée.

III. Un été mémorable

Pour l'homme de la rue qui vivait en Europe pendant les premières années pleines d'énergie et de nouveautés du début du XXe siècle, rien ne devait sembler plus lointain, sans doute, que la perspective de la guerre. À cette époque, qui aurait rêvé de vivre l'aventure des champs de bataille aurait eu du mal à trouver une guerre à laquelle participer. En 1901 et au cours des treize années qui suivirent, les populations d'Europe occidentale et d'Amérique du Nord devinrent des consommateurs plus que des guerriers. Les gens s'attendaient plutôt à davantage de progrès, davantage de prospérité, davantage de paix. Les États-Unis voguaient alors « sur une mer d'été », selon le mot d'un observateur anglais[14] ; mais c'était aussi le cas de la Grande-Bretagne, de la France et des autres pays occidentaux. Cela faisait presque un demi-siècle qu'il n'y avait pas eu de guerre entre les grandes puissances ; et la mondialisation de l'économie les conduisait à penser, comme aujourd'hui, que la guerre était chose du passé. L'été 1914, chaud, gorgé de soleil, le plus beau que l'on eût vécu de mémoire d'homme, fut un point culminant dont de nombreux Européens se souvenaient comme d'un moment paradisiaque. Stefan Zweig a écrit : « Rarement, j'en ai vécu un qui fût plus luxuriant, plus beau, je dirais presque plus estival *. »

Les Britanniques des classes supérieure et moyenne, en particulier, avaient l'impression de vivre dans un monde idyllique, où les réalités économiques empêcheraient les grandes puissances européennes de se livrer la guerre. Pour ceux qui disposaient d'un revenu confortable, le monde était plus libre qu'il ne l'est aujourd'hui. D'après l'historien A.J.P. Taylor, « jusqu'en août 1914, un Anglais raisonnable et respectueux des lois pouvait passer toute sa vie sans pratiquement remarquer l'existence d'un État[15] ». On pouvait vivre où l'on voulait et comme on voulait. On pouvait aller pratiquement n'importe où sur la planète sans avoir à demander la permission à quiconque. On n'avait à peu près jamais besoin de passeport et beaucoup n'en possédaient pas : l'académicien français André Siegfried fit ainsi le tour du monde muni en tout et pour tout, en guise de papier d'identité, de sa seule carte de visite personnelle[16].

L'économiste anglais John Maynard Keynes s'en souvenait avec émerveillement comme d'une ère sans contrôle des changes ni barrières douanières[17]. On pouvait importer en Angleterre — et en exporter — tout ce que l'on voulait. On

---

* Stefan Zweig, *Le monde d'hier. Souvenirs d'un Européen*, trad. J.-P. Zimmermann (Paris, Belfond, 1982), p. 253 (NdT).

pouvait emporter les devises que l'on souhaitait lorsqu'on partait en voyage, ou envoyer (ou rapporter) n'importe quelle quantité d'argent. Votre banque ne le faisait pas savoir au gouvernement, comme aujourd'hui. Et si l'on décidait d'investir à l'étranger, nul besoin d'en demander la permission à une administration quelconque, pas plus que pour rapatrier ses profits quand on en avait envie.

C'était une époque où les capitaux circulaient librement, comme les personnes et les biens. Une remarquable étude, actuellement en cours, sur le monde de l'an 2000, nous apprend que la mondialisation était plus généralisée avant 1914 qu'elle ne l'est de nos jours : « Une bonne partie du dernier quart du XXe siècle a consisté à simplement reprendre le terrain perdu au cours des soixante-quinze ans précédents[18]. »

Les liens d'interdépendance en matière financière et économique faisaient partie des courants forts qui permettaient de penser qu'une guerre entre les grandes puissances européennes était devenue impraticable ; devenue, même, un concept caduc.

Il était facile de se sentir en sécurité dans ce monde-là. C'était le cas des Américains, au moins autant, sinon plus, que des Européens. L'historien nonagénaire George Kennan se souvient qu'avant la Grande Guerre, les Américains éprouvaient un sentiment de sécurité « tel que personne, je suppose, n'en avait éprouvé depuis l'époque de l'Empire romain[19] ». On ne ressentait guère le besoin d'un gouvernement. Jusqu'en 1913, date à laquelle l'amendement à la Constitution approprié fut adopté par le Congrès américain, celui-ci n'avait même pas le pouvoir de prélever un impôt sur le revenu. Stefan Zweig, en 1943, intitula le premier chapitre de son *Monde d'hier* « Le monde de la sécurité » et le commença par ces lignes : « Quand j'essaie de trouver pour l'époque qui a précédé la Première Guerre mondiale et dans laquelle j'ai été élevé, une formule qui la résume, je me flatte de l'avoir heureusement rencontrée quand je dis : c'était l'âge d'or de la sécurité. Tout, dans notre monarchie autrichienne vieille de près d'un millénaire, semblait fondé sur la durée [*]... »

* *Ibid.*, p. 17 (NdT).

Dans l'ensemble, les gens n'éprouvaient aucune appréhension particulière dans le monde occidental. Comme nous le verrons, certains dirigeants étaient inquiets — mais seulement à cause des crises qui risquaient de s'ouvrir dans les années à venir. Même eux ne ressentaient pas la moindre crainte pour 1914.

La France, il est vrai, aurait aimé récupérer les territoires que lui avait pris l'Allemagne plus de quarante ans auparavant ; mais ceux qui étaient bien placés pour en juger estimaient que jamais la France ne déclencherait une guerre pour ce motif. La Russie, alliée de la France, était tout à fait informée de la ligne officielle de celle-ci ; et le Premier ministre russe rapporta au tsar, le 13 décembre 1913, que « tous les hommes d'État français ne veulent que la tranquillité et la paix. Ils veulent travailler avec l'Allemagne ». Sentiments qui semblaient partagés par les Allemands ; le professeur John Keiger, l'un des grands spécialistes de la politique de cette période, a écrit « que les relations franco-germaniques, à la fin de 1913, n'avaient jamais été aussi bonnes depuis plusieurs années[20] ». L'Allemagne craignait l'éventualité d'un conflit avec la Russie ; mais en 1913, Berlin estimait que la Russie n'était pas en état de livrer une guerre, et ne le serait pas avant plusieurs années. Que la Grande-Bretagne eût voulu la paix ne faisait pas le moindre doute. Si bien, comme l'a écrit Keiger, que « le printemps et l'été de 1914 furent marqués en Europe par une période d'un calme exceptionnel[21] ». Aucune des grandes puissances, en Europe, ne croyait aucune des autres prête à se lancer dans une guerre d'agression — en tout cas, pas dans un futur immédiat.

Comme les passagers du vol 826 de United Airlines, les Européens et les Américains des dernières et glorieuses journées de juin 1914 voguaient sur une mer paisible et sous un ciel sans nuage — jusqu'au moment où vint les frapper un éclair qu'ils crurent à tort sorti de nulle part.

PREMIÈRE PARTIE

* * *

Tensions en Europe

Chapitre 1

Passes d'armes entre grandes puissances

Au début du xxe siècle, l'Europe avait atteint un sommet en termes d'accomplissement humain. Dans les domaines de la science, de la technologie et de l'industrie, elle avait fait plus de progrès que toute autre civilisation avant elle. Et sa richesse, ses connaissances et sa puissance excédaient de loin toutes celles qui l'avaient précédée.

L'Europe est le plus petit des continents ; elle s'étend sur quelque 10 millions de kilomètres carrés (en fonction de ce qu'on considère comme ses frontières), soit un peu plus de quatre fois moins que l'Asie, le plus vaste de tous. Pour certains géographes, d'ailleurs, l'Europe n'est qu'une péninsule du continent asiatique.

Néanmoins, en 1900, les grandes puissances de ce minuscule sous-continent — soit une poignée de pays — en étaient arrivées à s'imposer pratiquement partout. L'Autriche-Hongrie, la France, l'Allemagne, la Grande-Bretagne, l'Italie et la Russie contrôlaient l'Europe, l'Afrique, l'Asie et le Pacifique, ainsi que des parties substantielles de l'Amérique. Le reste était partagé entre des pays européens moins importants, l'Espagne, le Portugal, la Belgique et les Pays-Bas. En additionnant ces empires, on englobait toute la planète.

Ces empires européens étaient cependant très différents en termes de taille et de puissance, un déséquilibre qui était source d'instabilité ; et comme ils étaient rivaux, leurs dirigeants ne cessaient de spéculer sur leurs forces réciproques, essayant de deviner qui vaincrait qui en cas de guerre et avec qui, et avec lesquels il valait mieux s'allier. Les prouesses militaires étaient toujours vues comme une valeur suprême à une époque où l'on croyait encore, à tort, que la théorie darwinienne de la survie du plus apte se référait à celui qui était le plus sanguinaire plutôt qu'au mieux adapté, comme nous le comprenons maintenant.

La Grande-Bretagne était le plus riche, le plus puissant et le plus vaste de tous ces empires. Elle contrôlait un quart des terres émergées, et un quart de la population de la planète ; sa marine de guerre dominait l'ensemble des océans, lesquels occupent 70 % de la surface de la terre. L'Allemagne, confédération récemment créée par la Prusse militariste, disposait de la plus forte armée terrestre. La Russie, pays le plus vaste au monde, un géant retardé s'étendant sur deux continents, demeurait une énigme : affaiblie par sa guerre perdue contre le Japon (1904-1905) et par la révolution de 1905, voici qu'elle s'industrialisait et s'armait à marche forcée avec le soutien financier de la France. Cette dernière, en dépit du vaste empire qu'elle exploitait, n'était plus de taille devant l'Allemagne et soutenait donc la Russie pour faire contrepoids au pouvoir teutonique. La double monarchie austro-hongroise régnait sur de nombreuses nationalités indociles et souvent en conflit. L'Italie, également un État formé depuis peu, aspirait comme tout nouveau venu à trouver sa place parmi les puissances et avait soif d'être traitée sur un pied d'égalité.

Tout le monde ou à peu près, à l'époque, estimait que la route vers la richesse et la grandeur passait, pour les pays européens, par l'acquisition de plus de colonies. Or les grandes puissances contrôlaient déjà l'essentiel des régions du monde, et il ne restait plus que des miettes pour les autres. Dans leur marche en avant, les pays d'Europe ne cessaient de se heurter. La guerre menaçait souvent, et seules l'habileté des diplomates et la retenue dont les gouvernements faisaient preuve empêchaient que la ligne rouge ne fût franchie. Les décennies qui précédèrent la Première Guerre mondiale furent ponctuées de crises, dont n'importe laquelle aurait pu dégénérer en conflit.

Ce n'est pas par hasard si certaines parmi les plus sérieuses de ces crises furent les conséquences d'initiatives allemandes. Elles venaient de ce que l'empereur d'Allemagne, le Kaiser Guillaume II, en changeant de chancelier en 1890, avait également changé de politique. Bismarck, l'homme d'État à la volonté de fer qui avait créé l'Allemagne en 1870-1871, éprouvait des doutes sur les vertus de l'impérialisme *. Loin de croire que les colonies d'outre-mer apportaient un surcroît de richesse et de pouvoir, il estimait, semble-t-il, qu'elles saignaient et l'une et l'autre. De manière à faire oublier à la France la perte d'une partie de la Lorraine et de l'Alsace (saisies par l'Allemagne), Bismarck l'encourageait et la soutenait dans sa recherche d'acquisitions nouvelles en Afrique du Nord et en Asie. Étant donné que cette politique colonialiste était par définition une source d'affrontements fréquents avec la Grande-Bretagne et la Russie, et présentait donc l'avantage de diviser les ennemis potentiels de l'Allemagne, cela servait d'autant mieux les objectifs de Bismarck.

L'Allemagne d'après Bismarck se mit à convoiter les territoires d'outre-mer que le chancelier de Fer avait toujours considérés comme de la fausse monnaie. Elle entreprit de prendre part au dépeçage de la Chine qui s'annonçait. Mais les maîtres de Berlin étaient entrés trop tard dans la partie ; l'Allemagne n'avait plus la possibilité de se tailler un empire à la mesure de sa position de plus grande puissance militaire européenne. Le monde n'était pas assez vaste. Il n'y avait plus de continent à prendre, plus d'Afrique, plus d'Amérique. Malgré cela, faisant preuve de témérité, l'Allemagne d'après Bismarck commença à lorgner sur les terres d'outre-mer.

Lorsque la France commença à s'intéresser au Maroc, au début du XXe siècle, pour achever de contrôler tout le Maghreb, l'Allemagne, au lieu de lui offrir soutien et encouragements comme l'aurait fait Bismarck, voulut s'y opposer. Ces prises de position firent long feu et déclenchèrent deux des crises internationales les plus retentissantes de ces années-là, les

* Pour des raisons qui n'ont jamais été entièrement éclaircies, il abandonna brièvement cette ligne politique au début des années 1880 (NdA).

deux crises marocaines de 1905-1906 et de 1911. Il s'agissait peut-être de coups de sonde de la part du gouvernement allemand, mais elles causèrent d'authentiques et vives inquiétudes dans le reste de l'Europe.

Rétrospectivement, on voit bien que les convoitises allemandes ne pouvaient être satisfaites à ce moment-là qu'en s'emparant de colonies appartenant à d'autres pays européens. Voilà qui n'avait guère de chances de se faire par l'emploi de moyens pacifiques. L'Allemagne pouvait-elle se contenter de rester la première puissance industrielle et militaire du continent — mais avec un empire colonial beaucoup plus petit que ceux de la France et de la Grande-Bretagne ? Bien entendu, l'opinion allemande n'était pas d'accord sur la manière de répondre à cette question, mais elle évoluait. En 1914, l'Allemagne était le seul pays du continent à avoir plus d'ouvriers que de paysans ; et la puissance croissante des socialistes et de la classe ouvrière aurait pu faire penser que le pays aurait été bien avisé de concentrer son attention sur la résolution de ses problèmes intérieurs, plutôt que de tenter l'aventure des colonies.

Chapitre 2

Lutte des classes

L'Allemagne n'était pas la seule à connaître des divisions intérieures. L'Europe d'avant la guerre était aux prises avec des bouleversements économiques et des conflits sociaux qui chamboulaient ses structures et sa politique. La révolution industrielle, qui avait commencé en Grande-Bretagne puis en France au cours de la deuxième moitié du XVIIIe siècle, continuait à produire des changements radicaux dans ces deux pays, à un rythme sans cesse accéléré, ainsi qu'en Allemagne et que dans tous les autres pays qui les avaient rejoints dans cette course au progrès. L'Europe rurale et paysanne, avec ses structures encore souvent féodales, et l'Europe industrialisée et urbaine, source de modernisme, vivaient en pratique à la même époque mais, sur un autre plan, à des siècles d'écart. Certains menaient la même existence que celle de leurs ancêtres au XIVe ou XVe siècle, vivant d'une économie de subsistance au rythme lent de la campagne, dans des villages où rien ne changeait jamais, tandis que d'autres s'entassaient dans les villes de plus en plus vastes et grouillant de monde du début du XXe siècle, au rythme de la vapeur et du moteur à combustion interne nouvellement inventé, tenus informés par le télégraphe.

En même temps, la croissance de la classe ouvrière engendrée par la révolution industrielle entraînait des conflits entre la population laborieuse et les propriétaires des moyens de production autour des questions de salaire et de conditions de travail. Cet état des choses faisait par ailleurs des ouvriers et des industriels, qui ne pouvaient accroître les exportations que dans un monde de libre-échange, des alliés objectifs contre les paysans et la petite noblesse rurale désargentée, qui avaient besoin de protectionnisme. La classe devint une ligne de partage importante en termes d'appartenance — la plus fondamentale aux yeux de beaucoup. L'agitation intérieure menaçait tous les pays de l'Europe occidentale.

En Grande-Bretagne, le Parti travailliste se constitua en tant que porte-parole d'une classe qui ne se sentait plus représentée par les libéraux, lesquels sympathisaient avec les salariés mais représentaient en réalité les professions libérales et les possédants. Sur le continent, la main-d'œuvre se tournait aussi vers le socialisme, qui connaissait un succès grandissant dans les urnes : lors des élections allemandes de 1912, les sociaux-démocrates devinrent le parti le plus important du Reichstag. Les conservateurs britanniques et allemands auraient dû trouver rassurant que les travailleurs de leurs pays exprimassent pacifiquement leurs idées socialistes via le bulletin de vote, plutôt (comme c'était le cas en France, en Espagne et en Italie) que par des grèves, des émeutes et des attaques terroristes. Mais les gouvernements, en ces temps où les crises internationales étaient fréquentes, étaient inquiets à l'idée que leur population ne les soutînt pas, s'il fallait faire la guerre. Le problème présentait un autre aspect : l'aventure de la guerre pouvait peut-être faire oublier les conflits sociaux de classe et rassembler cette même population autour du drapeau. Qu'allait-il en être ? Les conflits de classe diviseraient-ils, les conflits internationaux rassembleraient-ils ?

Chapitre 3

Querelle de nations

Pour le socialisme internationaliste, le principal rival était le nationalisme, une passion qui prenait de plus en plus d'ampleur dans l'esprit et le cœur des Européens au tournant du siècle. La Grande-Bretagne elle-même n'était pas immunisée contre ce virus. L'Irlande, ou du moins sa majorité catholique, connaissait une agitation violente et réclamait son autonomie, sinon son indépendance, et était en conflit ouvert avec les protestants de l'Ulster — ceux-ci étant d'ailleurs prêts à prendre les armes pour défendre leur rattachement à l'Angleterre.

La Grande-Bretagne édouardienne était déjà elle-même secouée par de violents conflits tournant autour des problèmes des salaires de l'industrie et des conditions de travail, ainsi que du suffrage des femmes. Elle était aussi agitée par une crise constitutionnelle qui, en réalité, était une crise de classe. Celle-ci portait sur deux problèmes liés entre eux : le budget et le pouvoir héréditaire de la Chambre des lords d'opposer son veto aux lois votées par la Chambre des communes, elle-même issue du suffrage populaire. Ces conflits s'ajoutant les uns aux autres en venaient à éroder le sentiment de solidarité nationale.

Alors que le pays était divisé sur la question de l'indépendance de l'Irlande, des éléments de l'armée et des membres du Parti conservateur paraissaient prêts à défier la loi et le gouvernement pour maintenir à tout prix l'union avec l'Irlande. Le précédent créé par les États-Unis en 1861 était troublant. La Grande-Bretagne allait-elle connaître une guerre civile ?

En Europe continentale, l'incendie nationaliste menaçait de réduire en cendres des structures qui avaient tenu pendant plusieurs siècles. L'Autriche des Habsbourg, survivance médiévale qui était encore peu de temps auparavant le centre de ce qu'on appelait trompeusement le Saint Empire romain germanique, demeurait (comme elle l'avait été tout au long du XIXe siècle) le principal ennemi du nationalisme européen. Les deux nouvelles grandes nations, l'Allemagne et l'Italie, s'étaient constituées au détriment des Habsbourg, en les dépouillant de territoires sur lesquels ils régnaient jadis. Dans les universités, dans les cafés et dans les arrière-salles mal éclairées où se réunissaient toutes sortes de sociétés secrètes et de groupes terroristes, dans les Balkans et en Europe centrale au début du XXe siècle, les représentants des diverses ethnies concoctaient des plans visant, à leur tour, à faire la même chose. Les nationalistes avaient noué des contacts entre eux et avec les nihilistes, les anarchistes, les socialistes et tous ceux qui rôdaient et conspiraient dans l'obscurité de la clandestinité politique. C'était là que Serbes, Croates, Tchèques, Slovaques, Bosniaques et autres complotaient pour semer le désordre dans l'Empire austro-hongrois des Habsbourg et l'abattre.

La dynastie des Habsbourg remontait à presque mille ans, ayant régné sur une mosaïque de territoires et de peuples ; c'était un empire multinational qui n'avait aucune chance de jamais devenir un État cohérent. Avec pour centre la Vienne germanophone, l'Autriche-Hongrie comprenait une multitude de groupes ethniques, de langues et de climats. Ses 50 millions d'habitants se répartissaient en une dizaine de nations. Une bonne partie des terres avaient été acquises par des mariages avec de grandes héritières : quoi qu'on eût pu dire sur les Habsbourg, ils savaient trouver de bons partis. Au faîte de sa puissance, au XVIe siècle, lorsqu'il incluait l'Espagne et par ce biais-là une bonne partie du Nouveau Monde, leur empire était le plus vaste de la planète. Leur lignée remontait jusqu'à la Noël de l'an 800, lorsque Charlemagne avait été couronné empereur romain de l'Ouest par le pape. En tant qu'empereurs du Saint Empire romain germanique, titre auquel les Habsbourg furent presque constamment élus jusqu'à sa suppression au début du XIXe siècle, ils régnèrent sur l'Europe centrale, qui comprenait de nombreuses entités politiques parlant les unes allemand, les autres italien. À la suite des révolutions de 1848, ils avaient perdu leurs possessions italiennes au profit de l'Italie nouvellement unifiée, puis furent exclus de l'Allemagne lors de l'unification de celle-ci sous l'égide de la Prusse, en 1870-1871.

À la tête d'un noyau allemand réduit — sur les 28 millions d'Autrichiens, seulement dix étaient germanophones — et d'un empire constitué de peuples balkaniques et centraux-européens essentiellement slaves plus que turbulents, l'empereur François-Joseph régnait en fait sur une entité politique à peu près ingérable et que beaucoup d'observateurs n'estimaient pas viable. La solution trouvée en 1867 fut une association entre l'Autriche et une Hongrie dirigée par sa minorité magyare, où François-Joseph était à la fois empereur d'Autriche et roi de Hongrie. La Double Monarchie, comme on l'appelait, constituait un État dans lequel l'Autriche et la Hongrie avaient chacune un Parlement et un Premier ministre ; il n'y avait cependant qu'un ministre des Affaires étrangères, qu'un ministre de la Guerre et qu'un ministre des Finances et, bien entendu, qu'un seul monarque pour l'Empire autrichien et la monarchie hongroise. La minorité allemande était au pouvoir à Vienne et la minorité hongroise à Budapest. Et ce sur quoi elles s'efforçaient de régner, selon les mots d'un homme d'État autrichien, était un ensemble de « huit nations, de dix-sept pays, de vingt groupes parlementaires, de vingt-sept partis » — sans parler de l'éventail des ethnies et des religions.

L'Europe était en train de devenir rapidement un continent d'États-nations. À son entrée dans le XXe siècle, la principale faiblesse de l'Autriche-Hongrie était de se trouver à contre-courant du sens de l'histoire. Ce qui la menaçait le plus, cependant, était une force qui ne présentait pas que des aspects progressistes, non plus : le nationalisme, en effet, ne manquait pas de côtés rétrogrades.

Qu'il fût analysé en tant que philosophie politique ou, au contraire, comme une sorte de délire collectif, le nationalisme était ambivalent. Il s'appuyait sur la croyance démocratique que chaque nation avait le droit de devenir indépendante et de se gouverner elle-même. Mais il avait pour corollaire que ceux qui n'étaient pas membres de la nation n'avaient pas à être assimilés, ne jouissaient pas des droits civiques et pouvaient être expulsés, sinon tués. Le nationalisme consistait trop souvent à en haïr certains par amour pour d'autres. Pour ajouter à ces ambiguïtés, personne n'était d'accord sur la définition d'une nationalité. L'édition de 1911 de l'*Encyclopaedia Britannica* en parle comme d'un « terme vague » et observe qu'une « nationalité [...] représente un sentiment commun et une revendication argumentée plutôt que des attributs distincts pouvant être compris dans une définition stricte ». Si bien qu'il n'existait aucun accord général sur les groupes qui formaient des nations et ceux qui n'en formaient pas. Encore un beau sujet de discorde pour les Européens. Certains pensaient — et il y en a pour le penser encore — que c'était la principale valeur pour laquelle l'Europe devait se battre.

En l'absence de sondages et donc d'une évaluation scientifique de l'opinion publique, les historiens n'ont pas les moyens de nous dire avec la moindre certitude ce que pensaient ou ressentaient les peuples de l'Europe avant 1914. Cela laisse un vide notable dans ce que nous savons, même si ce vide est moins pénalisant qu'il le serait aujourd'hui ; car il y a un siècle, l'opinion publique ne jouait pas un bien grand rôle dans l'adoption d'une politique étrangère. Mais cette opinion n'en était pas négligeable pour autant, dans la mesure où il est légitime de supposer que les décideurs en tenaient compte — et où ils en étaient informés.

Les documents laissent à penser que le sentiment le plus répandu en Europe avant 1914 était la xénophobie : les peuples, à cette époque, semblaient éprouver une grande hostilité les uns envers les autres. Les groupes ethniques des Balkans constituaient un exemple particulièrement voyant de haines mutuelles, mais des pays beaucoup plus avancés présentaient aussi ces mêmes tendances.

Le cas de la Grande-Bretagne est significatif à cet égard. Elle avait été en conflit plus ou moins ouvert, selon les périodes, avec la France depuis 1066 — en d'autres termes, depuis près de mille ans. Les sentiments anti-français étaient restés très forts au XXe siècle. Même durant la Première Guerre mondiale, alors que les deux pays étaient alliés, les militaires anglais et français manigançaient des plans les uns contre les autres pour prendre le contrôle du Moyen-Orient.

La Grande-Bretagne entra en collision frontale avec la Russie bien plus tard qu'avec la France, mais le choc fut d'autant plus brutal. Les deux pays s'opposaient sur tous les plans : économiquement, politiquement, militairement et idéologiquement ; jusqu'au jour où les Britanniques en vinrent à reprocher aux Russes ce qu'ils étaient et non pas simplement ce qu'ils faisaient. C'est une histoire qui est racontée en détail dans un ouvrage classique de James Howes Gleason, *The Genesis of Russophobia in Great Britain* (« La genèse de la russophobie en Grande-Bretagne »).

Ce n'est qu'en 1871 que naquit l'Allemagne actuelle ; elle paraissait être une alliée éventuelle pour la Grande-Bretagne — l'idée fut discutée au plus haut niveau à plusieurs reprises — mais les Anglais devinrent soupçonneux des Allemands, puis opposés à eux, pour de nombreuses raisons qui ont été analysées par Paul Kennedy dans un remarquable essai, *The Rise of the Anglo-German Antagonism* (« La montée de l'antagonisme anglo-allemand »).

Si bien que les Britanniques, qui se croyaient pourtant d'esprit ouvert, détestaient les peuples des trois autres grandes nations du continent : les Français, les Russes et les Allemands.

Les hommes d'État européens, lorsqu'ils tentaient de

résoudre les questions politiques qui se posaient à eux, à l'aube du XXe siècle, devaient donc tenir compte d'un contexte de populations nourrissant des sentiments d'une hostilité pouvant aller jusqu'à la haine meurtrière les uns envers les autres.

L'augmentation de la diffusion de journaux indépendants, tout au long du XIXe siècle, dans des pays comme la France et la Grande-Bretagne, a forcément pesé sur les prises de décision, mais c'est une influence qu'il est tout aussi impossible d'évaluer avec précision que celle de l'opinion publique. Faisant appel aux peurs et aux préjugés populaires pour vendre de la copie, la presse semble avoir renforcé l'hostilité mutuelle des peuples d'Europe. Dans une allusion aux journaux anglais anti-allemands et aux journaux allemands anti-anglais, l'empereur d'Allemagne écrivit au roi d'Angleterre, en 1901, que « la presse [était] ignoble des deux côtés[22]... ».

On a donc encore ici un facteur qui ne faisait qu'attiser les conflits entre les nations — même s'il est impossible de mesurer ce que fut son importance — dans l'Europe d'avant 1914.

Chapitre 4

Les pays s'arment

Tel qu'il était prêché par Giuseppe Mazzini et ses disciples au XIXe siècle, le nationalisme était conçu pour favoriser la paix. Au lieu de cela, il provoqua la guerre. Ainsi en alla-t-il avec une autre profonde révolution de l'époque : celle de l'énergie, lorsque Michael Faraday découvrit comment produire de l'électricité.

Une énergie pratiquement sans limites : telle était la nouveauté qui pouvait rendre possibles les rêves les plus fous. C'est ce que comprit tout de suite l'historien américain Henry Adams. Émerveillé par la dynamo, qu'il découvrit en 1893 à l'Exposition universelle de Chicago et revit à celle de Paris en 1900, il se demanda si cette découverte n'allait pas rendre caduque toute l'histoire passée de l'humanité. Elle allait, dit-il, « bouleverser les maîtres d'école », mais bien des professeurs s'étaient déjà « cassé les dents en plusieurs occasions » depuis que l'Europe avait commencé à se constituer, et la révolution qui se rapprochait le plus de celle de 1900 remontait à « l'adoption de la Croix par Constantin, en 310 ». Adams trouvait même que les rayons électriques avaient quelque chose de surnaturel, une « énergie comme celle de la croix[23] ».

Il était naturel que l'historien fût optimiste : enfant de son époque, il croyait à la réalité du progrès. Avant le XIXe siècle, les hommes cherchaient l'Âge d'or dans le passé ; à présent, ils se tournaient vers l'avenir pour cela.

Européens et Américains étaient fascinés par les spéculations sur l'avenir. Un nouveau genre de littérature de fiction, dont Jules Verne et H.G. Wells furent les pionniers, répondait à ce goût. Ces auteurs inventaient des histoires de merveilles scientifiques et technologiques, machines volantes, vie sous les océans, voyages interplanétaires.

Cependant, la conception optimiste que l'homme du début du xxe siècle se faisait de l'avenir et des pouvoirs qu'il allait conférer à l'humanité était quelque peu déséquilibrée. Car l'aventure prométhéenne avait un côté noir : la race humaine risquait d'utiliser les possibilités stupéfiantes qui lui étaient offertes pour mettre au point de nouvelles forces explosives de destruction.

Dans une lettre restée célèbre, écrite en 1914 au moment où éclata la guerre, l'écrivain américain Henry James (il habitait alors en Angleterre) observa que « la plongée de la civilisation dans cet abîme de sang et de ténèbres [...] est une telle négation de la longue période pendant laquelle nous avons supposé que le monde était, quels que fussent les retours en arrière, en amélioration progressive, que devoir envisager aujourd'hui à quel point nous nous sommes trompés pendant toutes ces années est trop tragique pour être mis en mots[24] ». La science n'avait pas rendu les hommes plus paisibles et civilisés ; elle avait même trahi ces espoirs, donnant au contraire aux armées un pouvoir de destruction dont les guerriers de jadis n'auraient même pas rêvé.

Ce vers quoi se dirigeait l'Europe n'était pas l'édification d'un monde meilleur, mais une gigantesques entreprise de démolition, du fait de la puissance explosive développée et accumulée par les nations industrialisées modernes préparant la guerre, dans le but de produire des destructions massives.

Comment se faisait-il, dans ces conditions, que les contemporains eussent pu croire qu'ils allaient vers un monde où régnerait la paix ? Comment ont-ils pu rejeter de leur esprit la possibilité d'une guerre entre les puissances européennes, en dépit des craintes légitimes qu'on pouvait éprouver ?

Comment ont-il pu être surpris par le déclenchement de la guerre ? Ne s'étaient-ils jamais souciés d'aller voir d'un peu plus près ce que fabriquaient leurs usines ?

Rétrospectivement, l'une des caractéristiques les plus remarquables du paysage international d'avant la guerre est l'accélération de la course aux armements. La plus grande entreprise européenne, tous produits confondus, était Krupp, le fabricant d'armes allemand. Ses rivaux, notamment Skoda, Creusot, Schneider et Vickers-Maxim, étaient aussi des géants industriels. Pour une bonne partie, en cet âge de l'industrialisation, les affaires consistaient à préparer la guerre.

L'économie de guerre européenne se déployait sur une échelle immense, mais n'apportait pas la sécurité pour autant. Une avancée technologique telle que la mise au point du dreadnought anglais, un cuirassé qui rendait caducs tous ceux qui avaient été produits avant lui, non seulement obligeait les autres pays à envoyer à la casse le résultat de leurs investissements, mais risquait de les laisser en fort mauvaise posture devant leurs ennemis pendant les années nécessaires pour rattraper leur retard.

Chacun ajustait ses exigences en hommes — l'équilibre entre armée régulière, conscrits et réserve d'un genre ou d'un autre — de manière à être au moins à la hauteur du niveau de ses adversaires potentiels. Cette course inexorable, au coude à coude, eut l'effet inverse de celui recherché. L'édification d'une force armée avait pour but d'assurer la sécurité nationale : or la course aux armements, nourrie de peurs mutuelles, eut au contraire pour résultat que jamais le sentiment d'insécurité n'avait été aussi fort dans les grands pays européens.

Toutes les puissances — même la Russie, après la révolution de 1905 — étaient des sociétés relativement ouvertes, dans lesquelles les montants des budgets affectés à l'armée par le législateur pouvaient être connus des États rivaux, dont les analyses étaient souvent teintées d'alarmisme. Étant donné que les programmes militaires définis par le législateur comportaient un calendrier, chaque pays avait connaissance des étapes franchies par les autres et pouvait donc être tenté par une attaque préventive.

De plus — autre innovation datant du XIXe siècle — les forces armées de chaque pays préparaient de manière régulière, par précaution, des plans de guerre au cas où un rival déclencherait inopinément les hostilités. Ces plans étaient bien entendu secrets *, bien que les gouvernements eussent en général une idée plus ou moins précise de ce que serait la stratégie générale des autres.

Le mystère n'était pas bien grand, quant au potentiel militaire des éventuels ennemis. En dépit de leurs différences idéologiques majeures, on savait que la France et la Russie étaient alliées, poussées dans les bras l'une de l'autre par leur peur de l'Allemagne. Cette dernière, étroitement liée à l'Autriche-Hongrie — intimement, même —, l'était aussi avec l'Italie, une alliance rien moins que sûre, les Italiens ayant encore des revendications territoriales à faire valoir contre les Autrichiens. La Grande-Bretagne, qui aurait préféré conserver sa neutralité, se trouvait amenée à se rapprocher de la France, et donc, par égard pour la France, de la Russie, du fait des ambitions croissantes de l'Allemagne.

Les différentes crises internationales du début du XXe siècle poussèrent ces puissances à engager des concertations entre les états-majors des forces armées alliées. Les discussions secrètes entre les armées et les marines françaises et anglaises en 1905-1906 et en 1911 portèrent sur les réactions à avoir en cas d'attaque allemande. En 1908-1909, des discussions similaires eurent aussi lieu entre les états-majors généraux allemand et autrichien, centrées sur la possibilité d'une guerre avec la Russie. Des discussions entre les marines anglaise et russe furent autorisées par le cabinet britannique en mai 1914, ce qui, lorsque Berlin l'apprit, terrifia l'Allemagne. Ces consultations conjointes n'engageaient pas formellement les gouvernements euro-

* On se souvient que c'est la divulgation aux Allemands de tels plans dressés par l'état-major français qui fut à l'origine de l'affaire Dreyfus en France (NdT).

péens ; cependant, en transformant la théorie en pratique, ces gouvernements avaient fait un pas de géant sur la route menant à 1914. En fin de compte, ces tractations aboutirent à un scénario de ce qui allait suivre. Elles donnaient une indication solide sur qui était avec qui : l'Allemagne et l'Autriche-Hongrie feraient front commun, et la Grande-Bretagne irait à la rescousse de la France et de la Russie.

Que la course aux armements eût ou non rendu le conflit inévitable, comme le proclama le secrétaire d'État au Foreign Office (ministre des Affaires étrangères) anglais, Sir Edward Grey[25], toujours est-il que les puissances européennes n'avaient fait qu'accroître sa probabilité en se lançant dans ce qui était une répétition générale de la guerre — et non pas de n'importe quelle guerre, mais des premières opérations de celle qu'elles allaient effectivement livrer.

Était-ce la peur que chacun inspirait aux autres et née de la course aux armements, peur se nourrissant d'elle-même, qui poussait l'Europe à la catastrophe ? Était-ce au contraire un besoin inné d'agression, réprimé pendant quarante longues années de paix entre les pouvoirs, qui menaçait à présent d'exploser ? Ou bien les gouvernements, comme beaucoup allaient le prétendre, dirigeaient-ils délibérément leurs pays vers la guerre pour distraire l'attention des citoyens de problèmes qui paraissaient insolubles ? Quelles que fussent les raisons, il n'en restait pas moins que « tous les partis se préparent à une guerre européenne, et que tous la prévoient pour tôt ou tard[26] », comme l'écrivit le chef de l'état-major allemand Moltke au chancelier de son pays, Bethmann-Hollweg, dans un mémorandum daté du 2 décembre 1912.

De tous les plans de guerre établis à l'avance par les états-majors des puissances européennes, le plus lourd d'implications politiques internationales était celui qui portait le nom du général allemand qui l'avait conçu, le comte Alfred von Schlieffen. Schlieffen (1833-1913) avait été chef du grand état-major général des armées allemandes de 1891 à 1906. On avait donné le nom de « grand » à l'état-major général depuis 1871, pour le distinguer des autres états-majors généraux de la confédération germanique : la Bavière, la Saxe et le Wurtemberg. Corps d'élite comprenant environ 650 officiers, le grand état-major général était le cerveau et le système nerveux de l'armée.

Dans le premier plan de guerre conçu par l'Allemagne après 1871, le grand état-major général était parti de l'hypothèse qu'il aurait à affronter une coalition composée de la France, de l'Autriche-Hongrie et de la Russie. Cette éventualité, de toutes la plus dangereuse, était le cauchemar de l'Allemagne : l'encerclement, « les Slaves à l'est et l'ouest latin contre le centre de l'Europe[27] », selon Helmut von Moltke, alors chef d'état-major et connu sous le surnom de « l'Ancien * ». À partir de 1879, les plans de l'Allemagne partirent tous de l'hypothèse où elle aurait à affronter la France et la Russie : combinaison qui paraissait peu vraisemblable du fait des oppositions idéologiques qui séparaient les deux pays, le premier étant une démocratie avancée et le second une tyrannie passablement arriérée ; pour l'état-major général allemand, cette deuxième éventualité était tout aussi dangereuse. Or du fait de la menace allemande, la France et la Russie finirent effectivement par se rapprocher et conclure une alliance en 1894 ; le deuxième plan de guerre allemand, tout d'un coup, devint beaucoup moins hypothétique et les chefs du grand état-major général allemand ne se demandèrent plus si la guerre allait avoir lieu, mais quand.

Moltke l'Ancien, puis son successeur Alfred von Waldersee avaient, entre autres plans, établi celui d'une guerre courte avec la Russie qui obligerait le tsar à signer rapidement la paix et, à peu près au même moment, d'écraser la France avec l'objectif de négocier les accords de paix à partir d'une position de force. C'était une stratégie modérée, défensive dans son esprit et destinée à desserrer l'étau dans lequel l'Allemagne se sentait prise. Elle avait toutefois l'inconvénient d'ouvrir deux fronts à la fois et donc de jeter moitié moins de forces dans chacune des offensives.

Cette stratégie ne fut pas retenue par von Schlieffen lors-

* Pour ne pas le confondre avec son neveu, Helmut von Moltke, qui succéda en 1906 à von Schlieffen à la tête du grand état-major (NdT).

qu'il fut nommé chef d'état-major, en dépit du fait qu'il n'avait aucune expérience des combats. Vivant seul depuis le décès de son épouse, personnage d'un naturel solitaire aux vues étroites, Schlieffen utilisait volontiers un ton sarcastique et, avec son monocle vissé sur l'œil, était la caricature même de l'officier prussien. Comme nous le savons à présent, ses plans secrets (dans leur version finale, avant qu'il ne quittât son poste) consistaient à tirer un parti maximum de la lenteur de la Russie à mobiliser. Presque toutes les forces allemandes seraient jetées sur le front Ouest, au pas de charge, par surprise et, en passant par la Belgique et le Luxembourg, prendraient l'armée française à revers grâce à ce vaste mouvement d'encerclement. La France rapidement mise hors de combat, les sept huitièmes de l'armée victorieuse seraient rapatriés sur le front Est et, après avoir traversé la moitié de l'Europe, pourraient se consacrer entièrement à l'écrasement de la Russie.

Inspirée par la victoire d'Hannibal sur les Romains à Cannes (Apulie) en 216 av. J.-C., cette stratégie brillante était cependant risquée et échouerait à coup sûr au moindre accroc et si, en particulier, elle ne respectait pas son calendrier ; même en le respectant, d'ailleurs, la victoire n'était pas acquise d'avance.

On a critiqué Moltke le Jeune, successeur de Schlieffen à la tête de l'état-major général, pour avoir introduit des modifications dans ce plan. Les spécialistes disputent encore de la question, alors même que nous disposons d'informations que nous n'avions pas il y a deux ou trois générations. On a redécouvert en effet en 1953, dans les Archives nationales à Washington, les papiers de Schlieffen que les Américains avaient récupérés en 1918. Depuis les travaux de Ritter dans les années 1950, repris et exposés avec clarté par Keegan en 2001, les dangers et les faiblesses du plan de Schlieffen sont devenus apparents. Il semble d'ailleurs que Schlieffen lui-même n'en fût pas satisfait, car il ne cessa d'y revenir et il n'existe pas de version définitive de ce plan. Sous sa direction, les officiers de son état-major en ont préparé 49 différentes : 16 contre la France, 14 contre la Russie et 19 contre les deux, ces derniers étant l'essence même du plan qui porte son nom. Fidèle à cette façon de faire, son successeur en commanda encore d'autres versions. Ces plans étaient en fait un document vivant, non des commandements gravés dans la pierre.

D'un point de vue militaire et en théorie, c'était une stratégie spectaculaire, dont l'intérêt était de ne pas couper en deux les forces allemandes, ce qui permettait de les jeter dans leur intégralité ou presque sur un premier front, puis sur un second. De plus, promettant une victoire éclair, elle offrait l'avantage d'épargner à l'Allemagne le supplice d'une longue guerre d'usure pour laquelle elle n'était pas faite, et à laquelle elle risquait même de ne pas survivre.

Cette stratégie présentait cependant des défauts sérieux. Fondée sur l'hypothèse que la Russie serait lente à mobiliser et laisserait à l'Allemagne les six semaines dont elle avait besoin pour consommer la défaite de la France, elle ne tenait pas compte du fait que le programme de construction d'un réseau ferré, en Russie, allait invalider l'hypothèse en question. Le plan Schlieffen fut victime des événements.

Autre défaut de ce plan : il paraissait exiger des troupes allemandes (se déplaçant à pied) une progression plus rapide que les troupes françaises (convoyées en train) — sans compter qu'il partait du principe que les unités arriveraient toutes en même temps à leur destination, alors que dans la réalité, les arrivées seraient forcément échelonnées (en fonction, entre autres, de leur point de départ).

L'un des soucis des stratèges allemands était donc de faire arriver les troupes au moment fort de la bataille — celle qui se déroula finalement sur les bords de la Marne — en nombre suffisant pour assurer la victoire.

Les dangers politiques de ce plan allaient bien au-delà des risques militaires. Pour déborder la France par son flanc gauche, le flanc droit allemand devait ouvrir les hostilités en envahissant deux pays, la Belgique et le Luxembourg. Voilà qui allait mettre en rage tous les pays neutres. De plus la Belgique avait sa neutralité garantie par la Grande-Bretagne, et ce traité risquait de pousser cette dernière à intervenir, risque d'autant plus réel que la neutralité de la Belgique était d'un intérêt vital pour la Grande-Bretagne ; tombée aux mains d'un adversaire puissant, la Belgique devenait une menace directe pour les îles Britanniques. En un mot, si le plan Schlieffen était lancé, il avait toutes les chances d'entraîner la Grande-Bretagne dans la guerre aux côtés de la France. Mais d'un point de vue militaire, c'était sans importance aux yeux de Moltke.

Vision des choses bien courte, de la part du grand état-major général, pourtant tant admiré : il ne se souciait que des aspects militaires de son projet, nullement de ses aspects politiques. Sa myopie rendit là un fort mauvais service à l'Allemagne.

D'autant que rarement stratégie avait comporté des conséquences politiques aussi sérieuses. L'ancien plan Moltke-Waldersee avait esquissé des stratégies qui visaient à obtenir une victoire purement militaire sur la France et la Russie ; mais pour que le plan Schlieffen réussît, il fallait que l'attaque préventive écrasât complètement la France. Gagner quelques batailles ne suffirait pas : l'armée allemande ne pourrait tourner le dos au front Ouest en toute sécurité pour attaquer la Russie à l'est qu'une fois les forces françaises anéanties. Raison supplémentaire pour qu'intervînt la Grande-Bretagne. Celle-ci pouvait à la rigueur laisser la France perdre quelques batailles ; pour une question d'équilibre des pouvoirs, elle ne pouvait tolérer qu'elle fût annihilée, ce que le plan Schlieffen proposait de faire. « De l'avis de Schlieffen, seule une stratégie de destruction complète pouvait préserver l'ordre social existant[28] » — sans doute en Allemagne — selon le mot d'un historien éminent.

Schlieffen proposait de rayer la France de la carte en tant que puissance parce que Berlin considérait comme allant de soi que la France viendrait à l'aide de la Russie. Or tout ce qu'on pouvait déduire, par les faits, du système des alliances alors en vigueur démentait que cet axiome allât de soi. L'Allemagne s'appuyait sur la Triplice, et pourtant l'état-major général savait ne pouvoir compter sur le soutien de l'Autriche-Hongrie que si celle-ci était directement concernée ; il savait aussi que, quel que fût le cas de figure ou presque, il ne pouvait compter sur l'Italie. Dans les crises marocaines, la Russie n'avait guère aidé la France, l'Autriche-Hongrie n'avait guère aidé l'Allemagne : ces alliances n'avaient qu'une validité limitée. Si bien que là où les plans Moltke-Waldersee gardaient la possibilité que la France ou la Russie pussent combattre seules, le plan Schlieffen, en attaquant simultanément les deux, réduisait à néant cette possibilité.

Le plan Schlieffen, par sa nature même, eut de graves répercussions sur les contentieux allemands. Dans le contexte de la politique étrangère de l'Allemagne au tournant du siècle, la première fut de créer cette coalition en tenaille que les Allemands disaient tant redouter. La deuxième, de transformer automatiquement toute guerre allemande en guerre mondiale. Si jamais l'Allemagne attaquait la Russie, le grand état-major général commencerait par envahir la Belgique, le Luxembourg et la France, forçant donc ces trois pays à entrer en guerre ; ce qui entraînerait la Grande-Bretagne dans le conflit, et avec elle l'Inde, l'Australie, la Nouvelle-Zélande, l'Afrique du Sud et d'autres et même, éventuellement, l'allié de la Grande-Bretagne dans le Pacifique, le Japon.

Cette stratégie qui se traduirait immanquablement par une multiplication des ennemis fut néanmoins mise en œuvre, pour respecter un plan qui, selon le mot d'un historien actuel, « n'atteignit jamais la forme parfaite finale qu'on lui impute parfois[29] » ; ou pour le dire autrement, auquel il manqua toujours quelque chose pour être viable.

Le plan Schlieffen, on l'a vu, ne connut jamais de forme définitive. Son auteur lui-même ne cessa de le bricoler, même après avoir été remplacé en tant que chef d'état-major. Moltke, successeur de Schlieffen à la tête de l'état-major général, avait le devoir de le mettre à jour ou de lui en substituer un autre. L'establishment militaire allemand le critiqua par la suite pour les changements qu'il y avait introduits, mais des modifications de la situation concrète exigeaient ces mises à jour. Rétrospectivement — à mes yeux, en tout cas — les erreurs de Moltke résident bien davantage dans les changements qu'il n'a pas effectués que dans ceux qu'il a faits.

Schlieffen avait proposé de violer la neutralité du Luxembourg, de la Belgique et de la Hollande pour envahir la France. Moltke décida de ne pas toucher à la Hollande. Tout d'abord parce que la résistance armée des Pays-Bas changerait forcément l'équilibre des forces au détriment des Allemands ; ensuite, parce que, si jamais une guerre d'usure s'installait, l'Allemagne aurait besoin d'une Hollande neutre pour ses approvisionnements.

Une des conséquences de cette modification, cependant, était de rendre plus étroite la route que les Allemands devraient emprunter pour faire mouvement : elle se trouvait du coup réduite à un corridor d'à peine vingt kilomètres de large, contrôlé, de plus, par les fortifications de la ville de Liège. Se fondant sur l'effet de surprise et la vitesse, les forces allemandes devaient s'emparer de Liège avant que la ville sût, si possible, que la guerre fondait sur la Belgique. Cette tactique n'était possible qu'au prix du secret le plus total. Si bien que Moltke n'en fit même pas part aux chefs des unités de l'armée allemande, et encore moins aux autorités civiles.

Autre changement majeur introduit par Moltke, une réduction majeure des troupes affectées à l'aile droite (ces « sept huitièmes » de l'armée que Schlieffen avait prévu de lancer sur la France via la Belgique et la Hollande) pour renforcer l'aile gauche, c'est-à-dire la petite force chargée de contenir les attaques ennemies à l'est. Il était exact, comme le font valoir les partisans de Schlieffen, que l'aile droite était chargée de porter le coup décisif, et exigeait donc pour cela une concentration de toutes les forces disponibles. Mais les circonstances avaient changé depuis que Schlieffen n'était plus à l'état-major allemand. La Russie pouvait se mobiliser considérablement plus vite que cinq ou dix ans avant, si bien que l'aile gauche de l'armée allemande devait être plus rapidement renforcée sur le front Est. Entre-temps, de plus, la doctrine militaire française, de défensive, était devenue offensive ; si bien que l'aile gauche risquait aussi de devoir se défendre contre une attaque française. De ce point de vue, les modifications introduites par Moltke étaient logiques.

Ces transformations étaient suffisamment significatives pour que certains en vinssent à préférer parler de « plan Moltke ». Si on le compare au plan Schlieffen, il prenait moins de risques. Contrepartie : réduire les chances pour l'Allemagne de l'emporter.

Un autre élément joua un rôle important pendant l'été de 1914. La capacité de mobilisation rapide accrue de la Russie et le renforcement de ses forces armées avaient pour corollaire qu'en cas de guerre, l'Allemagne ne serait pas en mesure, à elle seule, de parer les premières attaques de la Russie ; qu'elle serait obligée de faire appel à son principal allié, l'Autriche-Hongrie. Ce point est essentiel pour comprendre la crise de juillet 1914.

Dans la fédération allemande construite par la Prusse au cours des guerres des années 1860 et 1870, les militaires avaient joué un rôle d'une importance disproportionnée ; et comme le roi de Prusse était non seulement empereur d'Allemagne mais également chef des armées de l'Empire, il y joua lui-même un rôle essentiel. Otto von Bismarck, en tant que chancelier — autrement dit Premier ministre, c'est-à-dire dirigeant civil —, portait un uniforme militaire par volonté de s'identifier avec l'armée, indiquant par là où cet homme, qui avait créé le nouvel État et était l'auteur de sa constitution, pensait que se trouvait le cœur du pouvoir.

Le Kaiser disposait de pouvoirs presque dictatoriaux en matière de guerre et de paix. Il avait celui de déclarer la guerre et de faire la paix, mais à condition d'obtenir la signature de son chancelier. Étant donné que c'était l'empereur qui nommait le chancelier et que le maintien de celui-ci à ce poste dépendait du bon vouloir du prince, cependant, les possibilités de contrecarrer ses volontés étaient bien minces.

Le Kaiser était commandant suprême de l'armée impériale allemande. Trois corps à qui il arrivait d'entrer en compétition les uns avec les autres, dépendaient directement de lui : le ministère prussien de la Guerre, le cabinet de guerre et le grand état-major général. Leurs fonctions, bien que différentes, se recoupaient parfois. Tous trois étaient nommés par le Kaiser.

On a souvent dit, après la nomination de Helmut von Moltke au poste de chef du grand état-major général, en 1906, que le Kaiser Guillaume II l'avait choisi parce qu'il l'aimait bien. La biographe de Moltke, Annika Mombauer, dans un ouvrage publié récemment et pour lequel elle a pu avoir accès à des sources directes inconnues jusqu'ici, nous dit que « Moltke avait été l'ami du Kaiser ainsi que son adjudant de toujours » ; que, jeune homme, il était l'incarnation du militaire avec sa haute silhouette, et que « ses manières agréables et ses multiples intérêts culturels faisaient de lui un candidat séduisant[30] ».

Né en Prusse-Orientale, Moltke était de la meilleure lignée. Le fait d'être le neveu de son grand homonyme, Moltke « l'Ancien », ne pouvait pas lui faire de mal ; cet illustre parent, commandant des armées de Bismarck, pour avoir vaincu tour à tour le Danemark, l'Autriche et la France, avait été le général dont les victoires militaires avaient créé l'Allemagne moderne. Le neveu savait ce qu'il devait au nom de son oncle. Lors de sa nomination au grand état-major, il demanda à Guillaume : « Votre Majesté croit-elle pouvoir remporter deux fois de suite le gros lot[31] ? »

De haute taille mais ayant pris du poids, il avait cinquante-huit ans à ce moment-là. S'il peignait, jouait du violoncelle et s'intéressait aux questions spirituelles, il nourrissait des opinions conventionnelles en matières politique et militaire. On disait que le *Faust* de Goethe était son livre de chevet, mais il lui aurait fallu une plus grande envergure intellectuelle pour que l'on puisse soupçonner cet ouvrage d'avoir joué un rôle dans la course de la Prusse au pouvoir total.

Sachant que l'Autriche-Hongrie était devenue d'une importance vitale dans le plan Schlieffen modifié, Moltke collabora avec son alter ego autrichien, Franz Conrad von Hötzendorf, à renforcer l'alliance austro-allemande. Il réussit à donner une coloration chaleureuse à des relations restées jusqu'ici contraintes. On croyait cependant savoir que les deux chefs d'état-major ne se livraient pas entièrement l'un à l'autre. Moltke ne révéla pas à Conrad à quel point il avait besoin de l'Autriche pour soutenir le choc initial avec la Russie auquel il s'attendait. Conrad, de son côté, se garda de dire que l'objectif de l'Autriche-Hongrie était avant tout de détruire la Serbie avec l'espoir que l'Allemagne — seule — se chargerait d'en découdre avec les armées du tsar.

Jusqu'à il y a peu, les spécialistes de la période, en particulier en Allemagne, étaient d'accord pour dire que Moltke avait été un chef faible, peu fait pour son poste et n'ayant eu que peu d'importance. La parution de la biographie d'Annika Mombauer risque de faire évoluer ce point de vue. Moltke est un personnage aussi considérable pour ce qu'il a fait que ce pour ce qu'il n'a pas fait.

En tant qu'ami du Kaiser et en situation, comme tel, d'avoir son oreille, Moltke prit l'initiative avec deux propositions : la première, que l'alliance avec l'Autriche-Hongrie était absolument fondamentale pour l'Allemagne, et qu'il fallait donc la renforcer ; la deuxième, que la guerre contre la Triple Entente allait éclater vers 1916 ou 1917, et que l'Allemagne la perdrait, à moins que sa date ne soit avancée de quelques années par le lancement d'une attaque préventive. Moltke la voulait même si, comme nombre de ses collègues, il craignait qu'elle ne mît un terme à la civilisation occidentale.

Chapitre 5

Les prophéties de Zarathoustra

La plus grande course aux armements que le monde eût jamais connue ne se déroulait pas seulement entre des nations mutuellement hostiles, ne visant qu'à se détruire les unes les autres, mais prenait aussi place dans une civilisation où beaucoup croyaient que seule la destruction était source de régénération. Le prophète de cette époque était le philosophe au verbe éloquent, mais peu épris de système, Friedrich Nietzsche (1844-1900). Nietzsche prêchait les valeurs de l'irrationnel et s'il était allemand, son message touchait une corde sensible dans de nombreux pays. C'était un personnage européen, et non un simple provincial.

La Révolution française, en 1789, avait lancé l'Occident dans un cycle de bouleversements qui n'avaient pu réaliser tous les rêves dont elle avait été grosse. Révolutions avortées et révolutions trahies avaient laissé l'Europe frustrée et dans un état d'esprit, à en croire Nietzsche, destructeur. Rejetant les valeurs traditionnelles de l'Europe, Nietzsche avait lui-même déclaré dans *Ainsi parlait Zarathoustra* : « Dieu est mort. »

On fait souvent du ballet *Le Sacre du printemps*, dansé par la troupe des Ballets russes le 29 mai 1909, au théâtre des Champs-Élysées à Paris, le symbole de la révolution nietzschéenne dans les arts. Le tollé soulevé par une partie du public qui protesta bruyamment devant cette célébration païenne de la sauvagerie, bourrée de dissonances, créa un scandale retentissant. Les affrontements furent d'une frénésie qui touchait à l'hystérie.

Il est possible que le sentiment européen de frustration, fondé sur les blocages de la politique et des gouvernements, mais aussi des mœurs et des codes de comportement, des prétentions antagonistes et sans issue de groupes rivaux, ait conduit à un sentiment général d'abandon, de déréliction, à l'impression qu'il ne restait plus qu'à dynamiter le monde, et qu'on verrait bien après. Il n'est pas exclu que l'humeur nietzschéenne des temps ait contribué à rendre la Grande Guerre possible.

Comme l'écrivit A.J.P. Taylor : « Les gens semblaient psychologiquement tendus, pendant les deux ou trois années qui précédèrent la guerre, d'une manière qu'ils n'avaient encore jamais connue ; comme s'ils étaient devenus fatigués, inconsciemment, de vivre en paix et en sécurité. On peut le voir dans des choses n'ayant qu'un lointain rapport avec la politique, comme le mouvement artistique du futurisme, le militantisme des suffragettes, [...] dans le courant syndicaliste de la classe ouvrière. Les hommes avaient envie de la violence pour elle-même ; elle les soulageait du matérialisme ambiant. La civilisation européenne était en fait en train de tomber en pièces avant même que la guerre ne la détruisît[32]. »

Au cours des premières années du XXe siècle, l'Europe se complaisait dans l'exaltation de la violence et éprouvait — du moins dans certains groupes — un besoin de changements radicaux. Dans toutes les activités humaines, les transformations l'envahissaient à un rythme accéléré, beaucoup trop rapide, en fait, pour que quiconque pût le soutenir. Une vue panoramique de ces années-là (entre 1900 et 1914) montrerait à quel point le vieux continent menait la course en tête en matière de révolutions scientifique, technologique et industrielle, révolutions propulsées par une énergie presque sans limites, qui transformait presque tout ; que la violence était endémique dans tous les types de conflits, qu'ils fussent sociaux, économiques, politiques, de classe, ethniques ou nationaux ; que l'Europe consacrait une bonne part de ses activités à une course de plus en plus éperdue aux armements sur une échelle jamais encore vue dans le monde auparavant ; et qu'au centre des affaires du continent, l'Allemagne, grande puissance dynamique, avait pris des dispositions qui faisaient que si elle entrait en guerre, elle entraînerait avec elle le reste de la planète, à ses côtés ou contre elle.

Ces observations étant faites, est-ce que nous n'avons pas déjà répondu à la question : « Comment la guerre a-t-elle pu éclater dans un monde aussi pacifique ? » N'aurions-nous pas été plus justifié de demander : « Dans les circonstances qui prévalaient en l'Europe au début du XXe siècle, comment les hommes d'État ont-ils réussi à repousser la guerre et à maintenir la paix aussi longtemps ? » Ce qui ne veut pas dire que la guerre n'aurait pas pu être évitée, mais simplement qu'il leur a fallu beaucoup de talent pour la retarder jusqu'en 1914.

Au XXIe siècle, nous tenons pour acquis que les gouvernements désirent avant tout maintenir la paix. C'est une sorte de présupposé qui n'est souvent même pas dit. Depuis la mise au point des armes de destruction massive, tout le monde perdrait, nous disons-nous, si jamais une guerre éclatait entre les grandes puissances. L'espèce humaine, entend-on aussi déclarer, ne survivrait pas à un tel conflit. Nous décrivons notre principale organisation internationale, les Nations unies, comme ayant pour première tâche de maintenir la paix, celle-ci étant la base même sur laquelle sa charte a été édifiée par les pays qui l'ont fondée.

Ce serait cependant une erreur de croire qu'il y a un siècle, les dirigeants du monde partageaient notre point de vue sur cette question. À ce titre, il est édifiant de relire ce qui a été le premier « grand discours » de la carrière politique de Theodore Roosevelt, alors qu'il venait d'être nommé secrétaire d'État adjoint dans l'administration du président William McKinley, récemment élu. S'adressant aux cadets de l'École navale américaine, en 1897, il proclama en effet que « aucun triomphe de la paix n'est tout à fait aussi grand que les triomphes suprêmes de la guerre[33] ». Pour lui, la guerre était une chose bonne et saine. « Toutes les races dominatrices ont été des races combattantes ; et dès l'instant qu'une race perd ses dures vertus combatives, elle [...] perd son droit et la fierté de se prétendre l'égale des meilleures [...] La couardise, dans une race comme chez l'individu, est un péché impardonnable. » Certes, les données seraient peut-être différentes un jour, admettait-il ; mais en attendant, la guerre resterait indispensable. « Pour l'instant, aucune nation ne peut tenir sa place dans le monde, ni ne peut édifier quelque chose de valable, si elle n'est pas prête à préserver son droit les armes à la main. »

Ce discours martial fut reproduit dans son intégralité dans tous les grands journaux ; et le chœur d'approbation de la presse, partout dans les États-Unis, montrait clairement que Roosevelt ne parlait pas seulement en son nom. Il vivait dans un monde où l'on considérait la guerre comme désirable, et même nécessaire.

Franz Conrad von Hötzendorf, chef d'état-major général des forces armées de l'Autriche-Hongrie, avait lui aussi fréquemment exprimé l'opinion que la guerre « était le principe de base derrière tous les événements sur cette terre[34] ». Telle qu'il la concevait, elle était aussi la clef du succès personnel. Il entretenait une liaison avec une femme mariée et s'imaginait que s'il revenait du champ de bataille couvert de gloire, sa maîtresse se laisserait persuader de quitter son riche époux.

La recherche de l'« honneur » était également un thème fréquent de l'époque. Dans la conception que Conrad se faisait des choses, la noblesse du guerrier lui faisait gagner l'amour des femmes et les acclamations des hommes. Les chefs d'État et de gouvernement impliqués dans le conflit de 1914 allaient se défendre en disant que l'honneur de leur pays les avait *obligés* à se joindre à la meute, argument que le président américain Wilson présenta au Congrès en 1917, quand il lui demanda d'approuver la déclaration de guerre à l'Allemagne. Certains, parmi lesquels Conrad et son empereur, François-Joseph, s'étaient sentis obligés d'entraîner leur pays dans la guerre pour respecter ce code de l'honneur, dussent-ils le faire courir à sa perte.

Ces conceptions, partagées d'un côté par les guerriers et les aristocrates, et de l'autre par certains intellectuels et artistes, ne l'étaient pas nécessairement par la grande masse des populations européennes, ouvriers, paysans, femmes, commerçants (très soucieux de paix) et classes moyennes. Mais l'opinion publique ne jouait aucun rôle dans les décisions de faire la guerre : elle ne savait même pas où et comment ces décisions étaient prises.

Les quelques douzaines de dirigeants qui les ont discutées et qui les ont prises vivaient dans un univers à eux ; et dans cet univers, les guerriers étaient les plus grands héros.

Chapitre 6

L'effet modérateur de la diplomatie

La paix avait régné sans interruption, entre les grandes puissances, de 1871 à 1914. On peut assez légitimement affirmer que cet état de fait n'avait pas tenu aux seuls talents de diplomate des hommes d'État, mais aussi à leur caractère et à la conception qu'ils avaient des choses. Ils constituaient pour une bonne part une sorte de grande famille élargie : celle des monarques et des aristocrates que la Révolution française n'avait pas balayés. Produits d'un XVIIIe siècle tolérant, ils avaient réussi à conserver leur rang et tout ou partie de leurs privilèges au XIXe siècle. Apparentés par l'éducation et la culture, ils l'étaient aussi souvent par le sang. La conduite des affaires internationales était leur vocation partagée. Cosmopolites, peu enclins aux préjugés, ils étaient parfois capables de mettre le bien-être de l'Europe en tant que telle avant celui de leur propre pays. Et il n'était pas rare qu'un diplomate se mît au service d'un autre pays que le sien : c'est ainsi qu'un Allemand et un Corse servirent de ministres des Affaires étrangères à la Russie, par exemple. On avait même vu — certes, il y avait longtemps — un Autrichien, le comte de Stainville, être le plénipotentiaire de Vienne à Paris alors que son fils était en même temps le plénipotentiaire de Paris à Vienne.

Hans Morgenthau (1904-1980), grand théoricien des relations internationales, a décrit ce système dans des termes chargés de nostalgie :

> *« Aux* XVII*e et* XVIII*e siècles, et à un moindre degré jusqu'à la Première Guerre mondiale, la morale internationale était restée le domaine d'un souverain incarné par une personne, c'est-à-dire un prince et ses successeurs, et d'une classe aristocratique relativement réduite en nombre et homogène. Le prince et les grands aristocrates d'une nation particulière étaient en contact permanent et intime avec le prince et les grands aristocrates des autres nations. Ils avaient noué des liens de famille, parlaient une même langue (le français), partageaient les mêmes valeurs culturelles, un même style de vie et les mêmes convictions morales sur ce que devait être un gentilhomme, ce qu'il devait faire et ne pas faire dans ses relations avec les autres gentilshommes, qu'il soit ou non de la même nation que lui*[35]*... »*

En d'autres termes, ils jouaient au jeu de la politique internationale comme si celui-ci avait eu des règles. La perte des valeurs aristocratiques et l'affaiblissement des liens de classe sont ce qui rendit possible, en juillet 1914, le comportement de certains hommes d'État.

En cet âge démocratique qui est le nôtre, nous avons tendance à oublier à quel point le rôle que jouaient les rois, les empereurs et l'aristocratie héréditaire était encore important il y a seulement un siècle. Une étude récemment publiée — *Royalty and Diplomacy in Europe, 1890-1914*, due à Roderick McLean, vient de nous le rappeler. Les amitiés qui se nouaient entre princes régnants contribuaient à rapprocher les pays — mais l'inverse pouvait aussi être vrai. Les relations ambivalentes qui existaient entre les deux plus puissants empereurs d'Europe, ceux d'Allemagne et de Russie, sont une bonne illustration de ces deux possibilités.

Les deux hommes se rencontrèrent en 1896 à Breslau, dans la Pologne actuelle, pour des entretiens qu'on qualifierait aujourd'hui de « conférence au sommet ». Ils n'eurent pas de difficultés, au début, à trouver un terrain d'entente. Mais la façon qu'eut Guillaume II d'Allemagne de se poser en tuteur et de vouloir prendre l'ascendant sur Nicolas II de Russie irrita ce dernier. À partir de cette date, le tsar éprouva pour le Kaiser des sentiments proches de l'hostilité. Il décida par la suite d'interrompre leur correspondance. Sans tenir compte de ce désir, Guillaume continua de lui écrire pendant encore dix-huit ans. Les deux monarques tinrent quelques autres réunions. Après l'une d'elles, en 1902, Nicolas commenta : « Il est complètement fou[36] ! »

Il arrivait au Kaiser d'exercer une certaine influence ; il peut avoir contribué à convaincre le tsar de se lancer dans la guerre avec le Japon (1904-1905) — guerre qui se révéla désastreuse pour la Russie. Mais pour l'essentiel, Nicolas préférait avoir le moins de rapports possible avec cet encombrant parent. En cela, il n'était pas le seul.

La reine Victoria d'Angleterre, grand-mère du Kaiser, mit en garde Nicolas contre « les procédés malveillants et tortueux[37] » de Guillaume II, qu'elle décrivait à son Premier ministre comme « un jeune homme emporté, prétentieux, et mauvaise tête ». Elle ne l'invita pas à son jubilé de diamant (1897) ni pour l'anniversaire de ses quatre-vingts ans (1899). Cela n'empêchait pas Guillaume II de se prétendre le petit-fils préféré de Victoria.

En dépit des graves défauts du Kaiser et des sentiments d'hostilité qu'il suscitait, un certain sens de la solidarité entre monarques — et parents — subsistait. C'était un sentiment qui portait à la paix et à la stabilité. McLean nous dit que « jusqu'au moins 1908, les deux monarques [Guillaume et Nicolas] restèrent convaincus que ni l'un ni l'autre n'entreprendraient une action hostile envers l'autre ».

Ces relations personnelles jouèrent sans aucun doute leur rôle dans le fait que l'Europe réussit à éviter la guerre entre les grandes puissances, au début du XXe siècle.

DEUXIÈME PARTIE

* * *

En terrain miné

Chapitre 7

La question des Balkans

Depuis le début du XIXe siècle, les hommes d'État européens — Premiers ministres, ministres des Affaires étrangères, ambassadeurs et diplomates des chancelleries qui naviguaient dans les arcanes de la politique étrangère — étaient restés convaincus qu'ils savaient comment l'univers qu'ils connaissaient allait disparaître, même s'ils n'auraient pu dire quand. De l'avis général, la guerre entre les pays industrialisés aurait pour cause le réveil de leur appétit lorsque les vastes et précieux territoires de l'Empire ottoman, alors en pleine déliquescence, seraient à prendre. Il y avait eu une époque, des siècles auparavant, où les Turcs avaient régné non seulement sur le Moyen-Orient, mais sur la plus grande partie de l'Afrique du Nord et sur l'Europe balkanique — jusqu'aux portes de Vienne. Au début du XXe siècle, les armées démoralisées et mal équipées du sultan battaient partout en retraite, lentement mais sûrement, devant celles des chrétiens. La question était de savoir laquelle des grandes puissances européennes allait s'emparer du sud-est de l'Europe, région qu'on désigne sous le nom général des Balkans. C'était le problème à long terme de toute la politique internationale considéré comme le plus explosif par la plupart des chancelleries. « Un jour, la grande guerre européenne sera déclenchée par quelque fichue folie commise dans les Balkans », aurait dit Bismarck à la fin de sa vie.

Redoutant ce cataclysme et ses incalculables conséquences, la diplomatie britannique faisait tout ce qu'elle pouvait depuis longtemps pour retarder le moment où le problème se poserait en soutenant l'Empire turc qui se désagrégeait. Tout au contraire, l'Autriche-Hongrie, bientôt rejointe en cela par la Russie, poursuivait une politique expansionniste au détriment du sultan, et se voyait déjà se tailler la part du lion dans les dépouilles de l'Empire ottoman.

Comme il arrive souvent quand le monde politique porte toute son attention sur une menace particulière, celle-ci ne se matérialisa pas et le danger fut évité. Au cours du XIXe siècle, les peuples chrétiens des Balkans secouèrent les uns après les autres le joug ottoman et s'en libérèrent — mais sans se laisser pour autant absorber par l'une ou l'autre des puissances. Au début du XXe siècle, la Roumanie, la Bulgarie, la Serbie, le Monténégro et la Grèce étaient devenus de facto des pays libres — libres et ardents, parfois rivaux agressifs, et chacun suivant sa propre logique au milieu des affaires internationales. Les rêves expansionnistes étaient bien plus leur fait que celui des grandes puissances. Et les premières parmi celles-ci — la Grande-Bretagne, la France, l'Allemagne et même la Russie — aimaient autant que la frontière ottomane restât maintenant où elle était. En avril 1897, la Russie et l'Autriche-Hongrie tombèrent d'accord pour préserver le statu quo dans ce qui restait des Balkans ottomans.

De ce point de vue, les chancelleries d'Europe pouvaient pousser un soupir de soulagement. Cela faisait un siècle qu'elles avançaient en terrain miné, et voici que tout le monde en était sorti sain et sauf.

Chapitre 8

Un défi pour l'archiduc

Les Habsbourg était une dynastie régnante d'Europe depuis si longtemps qu'on pouvait facilement oublier que le pays où ils occupaient le pouvoir en 1914, l'Autriche-Hongrie, était d'une origine très récente. Si récente, même, que l'homme qui l'avait créée, l'empereur François-Joseph, était encore vivant et sur le trône. En 1914, l'Autriche-Hongrie avait quarante-sept ans et François-Joseph quatre-vingt-quatre.

La Double Monarchie était le fruit d'une improvisation. Sa création avait répondu à une situation d'urgence quand, dans les années 1860, les Allemands d'Autriche, non compris dans l'entité que la Prusse était en train de créer, se trouvèrent coupés des autres Allemands et incapables de se défendre tout seuls. Une alliance permanente avec les dirigeants magyars de la Hongrie fut la solution trouvée par François-Joseph en 1867. Les dispositions économiques de l'accord, renouvelables tous les dix ans, n'étaient donc pas permanentes.

Dans certains cas, l'Autriche et la Hongrie avaient des ambitions et des intérêts qui s'opposaient. L'archiduc François-Ferdinand, neveu de François-Joseph et héritier présomptif du trône, avait apparemment consacré beaucoup de temps à la question de savoir comment il s'y prendrait pour reconstituer le domaine des Habsbourg lorsqu'il monterait sur le trône. L'un des plans qu'on lui impute était la création d'une triple monarchie dans laquelle les Slaves se joindraient aux Magyars et aux Allemands en tant qu'entité gouvernante dans l'Empire, ce qui lui permettrait de jouer les Magyars contre les Slaves. Il semble qu'il ait abandonné ce projet pour d'autres, qui tous avaient pour but de restaurer la grandeur passée de l'Autriche.

François-Ferdinand déplorait le statut qu'avait la Hongrie dans l'Empire. Ses sentiments en la matière étaient connus et les Magyars se méfiaient de lui. Il n'y avait rien de déraisonnable à prévoir qu'à la mort de François-Joseph, les changements constitutionnels radicaux que François-Ferdinand avait à l'esprit créeraient des troubles.

L'Autriche-Hongrie était donc une entité fragile, ayant du mal à conserver sa cohésion et qui ne se maintenait au rang de grande puissance, dans une certaine mesure, que parce que les autres le voulaient bien. Si bien que rétrospectivement, on se rend compte que la question des Balkans — que faire des territoires européens de l'Empire turc en plein effondrement ? — s'assortissait d'une autre de plus en plus insistante : que faire de la Double (et peu solide) Monarchie austro-hongroise ? Certains affirmaient que, après le sultan de Turquie, l'empereur Habsbourg était le nouvel « homme malade » de l'Europe. Dans le jeu mortel de la politique internationale, l'Autriche-Hongrie continuait à chasser, mais devenait elle-même gibier. La question des Balkans était en train de se retourner. Les Habsbourg avaient convoité les territoires des Balkans ; les peuples des Balkans convoitaient à présent les territoires des Habsbourg.

Par sa superficie, l'Autriche-Hongrie faisait partie des plus importants pays européens. Elle comptait une cinquantaine de millions d'habitants et, sur les quelque onze nationalités qui la composaient, deux, les Allemands et les Magyars, exerçaient l'essentiel du pouvoir politique. En Autriche, le tiers allemand de la population tendait à dominer les deux tiers non allemands ; en Hongrie, les 40 % qui étaient magyars dominaient les 60 % qui ne l'étaient pas.

Le nationalisme avait envahi l'Europe depuis l'époque de

la Révolution française. Il avait inspiré une littérature dans laquelle l'Autriche répressive faisait figure de méchant. Sinistre, implacable, farouche ennemie des libertés fondamentales, l'Autriche des Habsbourg jetait son ombre néfaste sur l'Europe, à en croire les écrivains italiens ou le Stendhal de *La Chartreuse de Parme*. Certains des mouvements nationalistes les plus puissants et les plus ardents (et peut-être même la majorité d'entre eux) en Europe, dont ceux des Tchèques et d'un certain nombre d'ethnies des Balkans, avaient pour but avoué l'effondrement de l'Empire des Habsbourg, ou au moins sa décentralisation.

L'un des grands points vulnérables de l'Autriche-Hongrie était qu'elle régnait sur nombre de peuples slaves — le plus vaste groupe ethnique d'Europe — et qu'elle craignait que la Russie, elle-même slave, n'exerçât des pressions sur leur loyauté par le biais d'un programme panslave qu'elle dirigerait en sous-main.

Les historiens affirment que l'armée austro-hongroise était forte, en dépit du nombre respectable de batailles et de guerres perdues accumulées en un siècle. Et pour ce qui était de la Russie, avec son gigantesque territoire et son énorme population, la Double Monarchie avait le sentiment qu'elle ne pouvait l'affronter sur un pied d'égalité ; et que si jamais un conflit éclatait avec l'Empire du tsar, elle aurait besoin de la protection de son puissant allié, l'Allemagne.

Chapitre 9

Une situation explosive : l'Allemagne

Au début du xxe siècle, l'État allemand sortait à peine de l'enfance. Néanmoins, et à de nombreux titres, sa structure politique était déjà démodée, à moins qu'elle ne l'eût été dès le départ. Au cours des trente années de son existence, l'Allemagne était passée d'une société essentiellement agricole au statut de puissance industrielle la plus dynamique du continent. L'agriculture exigeait encore le maintien de barrières tarifaires pour survivre, alors que l'industrie poussait à l'instauration du libre-échange dont elle avait besoin pour se développer ; et ce n'était là que l'une des contradictions qui rendaient bien difficile de comprendre le Reich du Kaiser Guillaume II — et qui le rendaient aussi bien difficile à gouverner. Pays à la pointe de la modernité par certains aspects, l'Allemagne fonctionnait avec un système politique caduc et se trouvait incapable de concilier les divers courants issus du passage à la modernité.

D'après l'historien V.R. Berghahn, « la caractéristique la plus voyante de la politique intérieure de l'Allemagne avant 1914 était [...] l'impasse presque totale dans laquelle elle se trouvait[38] ». Berghahn cite aussi Gustav Schmidt, qui expliquait que la notion selon laquelle « plusieurs groupes se bloquaient mutuellement et donc bloquaient toute issue hors de cette impasse nous offre la clef pour comprendre la politique allemande dans les années qui ont immédiatement précédé la guerre ». Il y avait ceux qui, ayant subi la fascination nietzschéenne, croyaient que la solution était de dynamiter la société. Il est vrai qu'on avait du mal à identifier une solution qui ne passât pas par la violence.

Jusqu'au XIXe siècle, les peuples de langue germanique avaient été fragmentés jusqu'à l'émiettement. Dans l'ancien Saint Empire romain germanique (qui ne les comptait pas tous) on dénombrait environ deux cents principautés, villes et autres États souverains. Napoléon avait essayé de restructurer cet ensemble. La coalition qui avait vaincu ce dernier s'y était essayée à son tour. Finalement, l'unification de l'Europe germanophone se produisit, mais de l'intérieur.

L'Allemagne, telle que nous la connaissons aujourd'hui, fut créée à l'issue d'une série de guerres ayant culminé dans celle de 1870-1871, sous la direction de la Prusse protestante et militariste et de son chancelier, Otto von Bismarck. La nouvelle Allemagne unifiée de Bismarck contenait en fait moins de la moitié des germanophones d'Europe. Elle était composée du royaume de Prusse, de trois autres royaumes, de dix-huit duchés et de trois villes libres. Mais Bismarck en avait délibérément exclu l'Autriche, qui avait dirigé les États allemands de l'Europe pendant presque mille ans, dans le but évident d'assurer à la Prusse le leadership dans l'Europe germanophone. Cela eut aussi l'effet de constituer une majorité protestante : inclure dans la fédération l'Autriche catholique romaine aurait produit une division religieuse dans le pays. Le prince Bernard von Bülow, l'un des successeurs de Bismarck, déclara à ses ambassadeurs, en 1906, que si jamais les Autrichiens germanophones étaient inclus dans l'Allemagne, « nous nous augmenterions de quinze millions de catholiques, si bien que les protestants deviendraient minoritaires [...] le rapport de force entre protestants et catholiques serait semblable à celui qui a conduit à la guerre de Trente Ans, c'est-à-dire, en pratique, à la dissolution de l'Empire allemand[39]... ». Otto von Bismarck avait clairement fait le choix d'une Allemagne unifiée relativement réduite, mais que lui et ses compatriotes prussiens pouvaient contrôler, plutôt que celui d'un pays plus vaste mais plus difficilement contrôlable. Telle était toujours, en 1906, la préférence de Berlin.

L'Allemagne en était cependant venue à croire qu'en cas de guerre, l'Autriche-Hongrie serait une alliée indispensable, même si ce pays était plus faible que l'Allemagne. La pérennité de l'Empire des Habsbourg était d'un intérêt vital aux yeux de Berlin, peut-être même le premier des intérêts de Berlin en politique étrangère.

La Prusse, avec sa culture militariste et aristocratique, était contrôlée par son armée et la classe des propriétaires terriens qui lui donnait ses officiers. Si bien qu'elle exerçait un contrôle considérable, et en cas de guerre, un contrôle presque total, sur le reste de l'Allemagne. Celle-ci, par la rapidité de son industrialisation, était devenue la locomotive économique du continent ; mais ce passage d'une économie agraire à l'industrie avait évidemment nécessité la prolétarisation d'une grande partie de la population rurale. On ne pouvait admettre les hommes issus des classes populaires dans le corps des officiers sans risquer de diluer le caractère prussien et aristocratique de ce corps et donc d'affaiblir le régime qu'il soutenait. Raison pour laquelle l'Allemagne, en dépit de ses ambitions de dominer l'Europe et peut-être même le monde, choisit délibérément de ne pas augmenter la taille de son armée, pourtant seule possibilité de réaliser ses rêves expansionnistes.

En 1896, l'amiral Alfred von Tirpitz expliquait que les forces armées existaient « pour réprimer les révolutions intérieures[40] ». Mais la révolution industrielle qui faisait de l'Allemagne le pays le plus puissant du continent menaçait par là même les fondements du régime. Ce n'était que l'une des nombreuses contradictions de la politique allemande.

Le système éducatif de l'Allemagne, par sa qualité, était la force motrice de la croissance industrielle hors norme du pays. Mais là aussi gisait une contradiction ; car la population la mieux éduquée et formée d'Europe risquait de ne pas supporter bien longtemps une structure gouvernementale caduque, aux mains de dirigeants venant tous d'un même vivier.

Longtemps après la Première Guerre mondiale, des observateurs étrangers, par ailleurs sympathisants, firent remarquer que les autres grandes puissances auraient dû tolérer pacifiquement la croissance de la grandeur allemande, qu'elles auraient dû jouer la carte de l'apaisement avec Berlin. Vue sous cet angle, la responsabilité du déclenchement des hostilités incombe aux principaux pays, Grande-Bretagne, France, Russie et États-Unis, qui ont barré la route à la montée de l'Allemagne en tant que puissance mondiale. Selon ce raisonnement, l'Allemagne n'aurait eu aucun autre moyen de s'imposer que la guerre. Mais pour reprendre un autre argument, celui que l'historien français Elie Halévy soutenait dans les années 1930, lorsqu'une nation acquiert une force immense sur les plans économique et militaire aux dépens d'un ou de plusieurs autres pays, on n'a encore trouvé aucune méthode pacifique pour rétablir l'équilibre ; il ne peut être « rectifié que par une explosion de violence — une guerre[41] ».

Une fois de plus, cependant, on tombe sur une contradiction ; car, comme nous allons le voir, le Kaiser et les dirigeants allemands, en 1912 et 1913, c'est-à-dire pendant les années précédant la guerre, étaient convaincus que leur pays devenait non pas plus fort, mais plus faible que les autres puissances. Nous verrons aussi que le chef de l'état-major général allemand pensait qu'il fallait déclencher les hostilités le plus tôt possible, précisément parce que les chances de l'emporter diminuaient avec les années. En somme, la guerre était nécessaire non pas parce que l'Allemagne était forte, mais parce qu'elle était faible.

La course aux armements, un temps, parut offrir une porte de sortie. Rattrapant et dépassant la Grande-Bretagne et la France sur le plan économique, l'Allemagne aurait dû être capable de dépenser davantage que ses rivales pour équiper et renforcer son armée. Mais l'archaïsme de sa structure politique faisait que par manque d'un système progressif d'imposition fiscale, la croissance de l'économie ne se traduisait pas par une croissance correspondante des rentrées fiscales pour le gouvernement. Au début du XXe siècle, l'Allemagne avait atteint les limites de ce qu'elle pouvait dépenser à des fins militaires, et les avait même légèrement dépassées. Dans sa remarquable étude de l'Allemagne d'avant la Première Guerre mondiale, Berghahn écrit que « la politique d'armement de l'Allemagne était pratiquement la seule responsable de la mauvaise situation financière du Reich. Dans ces années-là, c'est une moyenne de *90 % du budget* qui étaient consacrés à l'armée et à la marine[42] ».

Un grand homme d'État, un Roosevelt, un Churchill ou un de Gaulle, aurait pu proposer une vision plus élevée aux Allemands ; aurait pu, par son charisme, sceller l'union de son pays. Guillaume II donna par moments l'impression de vouloir jouer ce rôle. Il portait des uniformes rutilants, montait des chevaux de race et, parfois, faisait des déclarations spectaculaires mais sans lendemain. L'habit était trop grand pour lui. Il n'avait aucune aptitude pour tenir ce rôle.

Au cours des longues années de son règne, il perdit progressivement le soutien du peuple allemand, se trouvant, de plus, au centre de plusieurs scandales publics sur lesquels nous reviendrons. On s'étonne qu'il ait été considéré, dans les pays étrangers, comme l'incarnation de la tradition et de l'esprit junker, alors que sa popularité était au plus bas parmi les Junkers prussiens militants. Il avait l'air de l'un d'eux ; c'est sans doute ce qui trompait le monde extérieur. Ce sont peut-être simplement le casque à pointe et la moustache en guidon de vélo qui lui ont valu cette image.

Guillaume II était à moitié anglais, sa mère étant la fille de la reine Victoria. Il faisait preuve de toute une gamme d'attitudes contradictoires vis-à-vis de l'Angleterre : amour, haine, envie, admiration et un désir d'être accepté au moins sur un pied d'égalité. On explique ces ambiguïtés du fait de ses sentiments pour sa mère ou sa grand-mère.

Il paraît par ailleurs probable que Guillaume II devait son déséquilibre affectif à un traumatisme nerveux subi à la naissance. Il avait le bras gauche paralysé et la réaction des autres devant ce membre inerte devait l'affecter d'une manière ou d'une autre. Le professeur John Röhl[43], qui est peut-être le plus grand spécialiste de Guillaume II et de son époque, après avoir étudié le volumineux dossier médical du Kaiser, en a conclu qu'il avait subi un déficit en oxygène à la naissance, ce qui expliquait les défauts qui l'affectèrent toute sa vie, comme son manque d'objectivité et son excessive sensibilité. Traits de caractère qui avaient été aggravés par la rigueur avec laquelle il avait été élevé pendant son enfance — y compris un traitement de son bras atrophié par une « machine à élongation »[44]. Son amour des uniformes militaires, sa passion pour la chasse et sa façon de s'identifier à Achille laissent à penser qu'il rêvait d'une gloire martiale qui lui échappa toujours.

C'est en 1888 que Guillaume II monta sur le trône en tant que roi de Prusse et empereur d'Allemagne. Âgé de cinquante-quatre ans en 1913, il régnait donc déjà depuis un quart de siècle. Il avait, pendant cette période de temps, eu à connaître plusieurs crises internationales qui avaient menacé de jeter l'Europe dans la guerre ; elles avaient été à chaque fois évitées, Guillaume II finissant toujours par se ranger dans le camp de la paix. La décision lui revenait. La constitution de la fédération allemande lui donnait le pouvoir de déclarer la guerre, et il jouait souvent avec cette idée.

Il avait une influence perturbante. Il était nerveux, toujours à cran, changeant et imprévisible. Dans l'excitation du moment, il proférait des menaces et prenait la pose, jouant au seigneur de guerre qui s'apprêtait à conduire sa nation à la bataille ; après quoi il faisait machine arrière. Les responsables civils et militaires qui l'entouraient avaient appris à ne pas se fier aux décisions prises dans ces cas-là : ils avaient connu trop de fausses alertes.

Les mémoires laissés par ceux qui ont servi dans le gouvernement allemand de l'époque le dépeignent comme un personnage indiscipliné et inconsistant, enfantin, affectivement à vif, souvent sur le point de s'effondrer, fort ignorant mais n'hésitant pas pour autant à faire des déclarations sans fondements sur des questions dont il ne savait rien. Égoïste, ayant une tendance à la mégalomanie, il parlait et se comportait souvent en monarque absolu. C'était particulièrement vrai dans le domaine des affaires étrangères. Il se vanta ainsi un jour devant le prince de Galles : « Je suis seul maître de la politique allemande, et mon pays doit me suivre, où que j'aille[45]. » Il aurait pu, en fait, exercer plus d'influence sur cette politique, s'il n'avait été aussi capricieux, et ne s'était pas aussi souvent contredit. Du coup, les ministres en étaient venus à ne tenir aucun compte, la plupart du temps, de ce que leur disait le Kaiser et à faire comme on fait avec un enfant qu'on mène par le bout du nez. Chose d'autant plus facile qu'il n'était pas souvent au travail : il passait le plus clair de son temps à la chasse ou sur son yacht et n'était en résidence à Berlin que de janvier à mai, une année normale.

Jusqu'à son accession au pouvoir en 1888, la ligne politique de l'Allemagne avait été très largement définie par le chancelier — à l'époque, Otto von Bismarck. Guillaume II, jeune monarque sans expérience, se sentait mal à l'aise avec ce vétéran et n'appréciait pas sa politique. Il était en désaccord avec lui sur l'agitation des ouvriers de l'industrie : il prenait parti pour eux, alors que Bismarck défendait les patrons. En 1890, Guillaume II affirma son autorité en acceptant la démission que le chancelier de Fer avait eu l'imprudence de lui soumettre.

Les nouveaux ministres firent en sorte que le Traité de contre-assurance, renouvelable tous les trois ans, devînt caduc en 1890. Il avait constitué un élément essentiel dans la politique étrangère de l'Allemagne sous Bismarck, affirmant l'amitié avec la Russie après l'avoir déjà affirmée avec l'Autriche-Hongrie. Dans la vision qu'en avait Bismarck, les trois Empires étaient liés entre eux de telle manière que la rivalité de la Russie et l'Autriche-Hongrie dans les Balkans restait sous contrôle. L'Allemagne était prête à se dresser contre celui de ses deux alliés qui menacerait de rompre ce délicat équilibre. En gardant les deux grandes puissances comme alliées, l'Allemagne assurait sa sécurité sur le front Est.

Pendant un siècle, les historiens ont fait porter la responsabilité de l'abandon du Traité de contre-assurance au Kaiser seulement. Mais, comme l'ont montré certains d'entre eux depuis, ce n'est pas tout à fait vrai. Le 21 mars 1890, Guillaume II assura l'ambassadeur de Russie qu'il envisageait de renouveler le traité. Apprenant le 27 suivant que ses conseillers en politique étrangère y étaient opposés, il déclara : « Alors cela ne peut être fait. Je suis tout à fait désolé[46]... » C'était tout le personnage : il prétendait régner en monarque absolu, mais se laissait néanmoins contredire.

Après Bismarck, le pouvoir passa dans les mains de ceux qui regardaient vers l'est, qui rêvaient peut-être d'expansion territoriale, d'influence ou de marché dans les Balkans, sinon jusqu'au Moyen-Orient et en Chine par la Russie.

Derrière cette vision politique se dissimulait le vieux rêve historique d'un affrontement définitif entre les peuples teutoniques d'un côté, et les peuples de l'Est, Slaves et Orientaux de l'autre, dans lequel ces derniers, en cas de défaite, seraient réduits à l'esclavage. Rêve qui était le pendant des ambitions panslaves qui animaient certains des décideurs politiques de Saint-Pétersbourg.

Les historiens nous disent aujourd'hui qu'en fin de compte, Guillaume II n'a joué qu'un rôle mineur dans les choix politiques de son pays. Mais il est un domaine où son avis eut une influence tout à fait déterminante : l'accent mis, à partir de la fin des années 1890, sur le développement des forces navales.

Le personnage qui symbolise cette nouvelle stratégie était le secrétaire à la Marine de l'époque, l'amiral Alfred von Tirpitz. En un sens, il représentait la récente montée des classes moyennes. Son projet, qui recommandait la création d'une grande flotte de guerre, paraissait résoudre d'un coup plusieurs problèmes. Sa mise en œuvre créerait de nombreux emplois et serait source de prospérité, ce qui permettrait de se concilier une partie de la classe ouvrière, jusqu'ici très largement socialiste.

Ce programme naval était fortement budgétivore et ne put être mis en œuvre que par une profonde redéfinition des priorités par le ministre de la Guerre. D'après Berghahn, « à partir du milieu des années 1890, les budgets affectés à la marine augmentèrent énormément, tandis qu'en même temps ceux de l'armée stagnaient [...] il s'ensuivit deux décennies d'immobilisme[47]... ». Cependant, le développement de la marine ne se fit aux dépens de l'armée que parce que celle-ci l'avait bien voulu : « Ce furent les chefs de l'armée eux-mêmes qui demandèrent un arrêt de son expansion. » En fait, les hauts gradés de l'armée voulaient éviter d'ouvrir le corps des officiers à des éléments qu'ils jugeaient peu fiables : des personnes n'étant pas issues du milieu junker prussien.

Comme l'écrit Berghahn, l'une des fonctions du corps des officiers « était de garantir une absolue loyauté [de l'armée] à l'ordre existant et à son chef suprême, le monarque ». Et plutôt que d'augmenter les effectifs en vue de mieux combattre les ennemis extérieurs, le ministre de la Guerre choisit de conserver le niveau actuel des forces pour mieux combattre les ennemis intérieurs.

Le développement des forces navales dû à l'initiative de Tirpitz devait permettre à l'Allemagne d'entrer en compétition avec les autres grandes puissances dans la chasse aux colonies. Il devait aussi lui permettre d'affirmer sa présence partout dans le monde, et pas seulement en Europe. L'Allemagne jouerait un rôle politique sur la scène mondiale et non plus seulement sur la scène européenne. Par sa nature même, ce programme était un défi lancé à la Grande-Bretagne. En se dotant d'une marine puissante, en tentant de se tailler un empire colonial et d'accéder à la scène mondiale, l'Allemagne visait à rivaliser avec l'Angleterre, sinon à *être* l'Angleterre.

Rétrospectivement, c'était se tirer une balle dans le pied. L'Allemagne et son allié autrichien se trouvent situés au milieu de l'Europe. Ils ont des voisins de tous les côtés : géographiquement, ils sont encerclés. Or le cauchemar de toujours des Allemands, nous dit-on, était de se retrouver pris ainsi en tenaille par une combinaison de puissances hostiles. C'est néanmoins l'Allemagne de Guillaume II qui transforma ce cauchemar en réalité.

À l'ouest se trouvait la France, que l'Allemagne s'était définitivement aliénée en lui prenant l'Alsace et une partie de la Lorraine après l'avoir vaincue, en 1870-1871. Bismarck avait su distraire la France de cette blessure en l'encourageant dans sa quête d'un empire colonial ; mais sous Guillaume II, l'Allemagne ne fit que raviver la plaie en s'opposant également à l'impérialisme français.

À l'est, Berlin braqua délibérément la Russie en ne renouvelant pas le Traité de contre-assurance. Sans y être obligée, l'Allemagne fit le choix de soutenir l'Autriche-Hongrie contre la Russie. Cette diplomatie eut donc pour résultat de créer cette tenaille — un double front — qui était la hantise des généraux allemands.

Au sud, l'Italie avait, contre l'Autriche-Hongrie, des revendications territoriales à faire valoir qui rendaient vraisemblable que Rome jetât ses forces contre la Double Monarchie. L'alliance austro-allemande risquait donc de voir s'ouvrir, en plus, un front méridional.

Comme nous l'avons vu, ce n'est pas tout : avec son programme de forces navales, l'Allemagne s'aliénait aussi la Grande-Bretagne. Celle-ci, la France et la Russie, trois pays qui a plusieurs titres étaient des ennemis naturels et s'étaient combattus pendant plus d'un siècle, en particulier pour se tailler un empire en Asie et ailleurs, n'eurent plus d'autre choix que de s'allier en vue de se défendre. L'encerclement hostile que l'Allemagne redoutait tant fut donc l'œuvre de la politique qu'elle avait adoptée. Ce qui n'empêcha pas le Kaiser et ceux qui l'entouraient, y compris les chefs militaires, d'en rejeter la faute sur le reste du monde.

Dans la mesure où il accordait son soutien à une stratégie politique quelconque, on peut dire que le Kaiser soutint le programme naval de Tirpitz. Cette attitude valut au monarque l'approbation d'une grande partie des classes moyennes qui, en Allemagne, était en faveur du développement du commerce international, donc de la création d'une flotte encourageant cette politique, et qui désirait voir reconnue la puissance de l'Allemagne sur la scène internationale. Car — et ce n'est qu'une contradiction de plus — de tous les peuples de l'Europe moderne à l'aube du XXe siècle, celui qui accédait au premier rang, l'Allemagne, était aussi, d'après tous les témoignages que nous en avons, celui qui était le moins sûr de lui et qui éprouvait le plus un besoin désespéré d'être accepté par les autres et respecté d'eux.

Étant donné le soutien relativement continu que le Kaiser donna au programme naval de l'Allemagne, il aurait pu être tenu responsable de la Première Guerre mondiale si elle avait été le résultat de ce défi lancé à la Grande-Bretagne dans les années 1890. Mais les choses, en fait, ne se passèrent pas ainsi. L'Allemagne abandonna la course à l'armement naval plusieurs années avant le début des hostilités.

C'est le grand rival de la marine, l'armée et son encadrement prussien, qui conduisit l'Allemagne sur la voie menant à 1914. Si l'on veut y voir clair, il faut bien comprendre que le militarisme allemand de l'époque présentait deux aspects, mais que ceux-ci étaient rivaux. Le paradoxe (terme auquel je me vois obligé de faire souvent appel ici, avec « bizarre » et « contradictoire ») était que Guillaume II et Tirpitz, consciemment ou pas, étaient à la tête du parti de la paix. Cela parce que la marine (dans le grandiose plan de Tirpitz) allait avoir besoin de plusieurs dizaines d'années avant d'être prête à une confrontation avec la Grande-Bretagne, et qu'il n'était pas question pour elle d'aller au combat avant. Si bien que Tirpitz était pour la paix, et que la guerre était une possibilité encore trop lointaine pour peser sur la politique du moment. Pour la marine, l'ennemi était l'Empire britannique ; pour l'armée, la Russie.

L'armée n'avait qu'une piètre opinion du Kaiser. Il soutenait la marine dans leurs inévitables rivalités inter-services et, ce faisant, menaçait la mainmise junker sur l'Empire germanique, notamment en ouvrant la porte à des hommes nouveaux, issus des classes moyennes et des professions libérales. De plus, la tendance qu'avait Guillaume II à reculer en cas de confrontation internationale et à chaque fois que se dessinait un risque réel de guerre, était considérée comme frisant le déshonneur aux yeux de l'armée.

L'ambiance sinistre créée par les insuffisances du Kaiser alimentait un pessimisme plus diffus, caractéristique de l'Allemagne d'avant 1914 et de nombre de ses dirigeants, dont Moltke le Jeune. Ce sentiment était dû, d'après Fritz Fischer[48], à la nostalgie d'un monde précapitaliste et à ses valeurs, monde que plus rien ne pourrait restaurer.

Un tableau de l'Allemagne du début du XXe siècle ne serait pas complet si on ne mentionnait pas le rang éminent qu'elle occupait dans la culture et le savoir. « L'Allemagne d'Einstein », comme l'a surnommée l'historien Fritz Stern, était en passe de devenir leader mondial en matière de sciences. On lui devait une grande littérature et de prestigieux musiciens. L'allemand était la langue de l'érudition. Quiconque souhaitait faire carrière dans les études classiques, philosophie, sociologie ou sciences, avait tout intérêt à s'inscrire dans une université allemande. Les Allemands étaient probablement le peuple le mieux éduqué et accompli de la planète.

À la pointe du progrès mais dotée d'une structure gouvernementale arriérée, largement humaniste mais étroitement militariste, l'Allemagne était véritablement la terre des paradoxes. Les observateurs étrangers voyaient en elle une étoile montante, le pays de l'avenir, alors que ses dirigeants la croyaient sur le déclin. L'Allemagne connaissait des réussites stupéfiantes mais était profondément troublée ; elle était puissante, mais craintive jusqu'à la paranoïa. Elle était parfaitement symbolisée par son chef, physiquement et affectivement déséquilibré. Située au cœur de l'Europe, elle était au cœur des problèmes de l'Europe.

Il peut sembler aujourd'hui étrange que les observateurs — du moins ceux d'entre eux que surprit le déclenchement de la guerre, en 1914 — n'eussent pas vu que de nombreux dirigeants allemands brûlaient de l'envie de se battre et risquaient bien de parvenir tôt ou tard à leurs fins, pour peu qu'ils arrivassent à circonvenir le Kaiser. C'est ce qu'un Américain, Edward House, vit clairement ; mais pas les dirigeants européens.

Tout indiquait pourtant qu'une guerre allait éclater et embraser l'Europe, un jour ou l'autre. La difficulté était de prévoir où et quand s'enflammerait l'allumette qui mettrait le feu aux poudres. Rétrospectivement, tout semble indiquer que l'événement aurait dû se produire en 1908, dans la Turquie ottomane.

TROISIÈME PARTIE

* * *

Sur la pente de la guerre

Chapitre 10

La Macédoine, ou l'œil du cyclone

« Le problème le plus difficile, le plus complet et le plus durable auquel a dû faire face [le sultan de Turquie] [...] Du Congrès de Berlin jusqu'à la Première Guerre mondiale, cette question occupa les hommes d'État européens et ottomans plus que tout autre problème diplomatique[49]. »

Shaw et Shaw, *History of the Ottoman Empire and Modern Turkey.*

Tout semble indiquer que le processus qui conduisit à la guerre commença — dans la mesure où l'on peut dire, en histoire, qu'un mouvement a commencé — dans l'ancienne cité impériale de Constantinople, autrefois Byzance, et devenue Istanbul. Dominant les détroits qui séparent l'Europe de l'Asie, elle occupe un site qui fut au centre de la politique mondiale depuis l'époque fabuleuse, et sans doute mythique, où Agamemnon, Ulysse et Achille s'embarquèrent pour la ville proche de Troie. Depuis le IVe siècle et pendant mille ans, la ville servit de capitale à l'Empire romain d'Orient. Cela faisait cinq siècles qu'elle était celle de l'Empire ottoman (ou turc). Elle occupait un lieu voué à rester important bien longtemps après que ceux qui y vivaient auraient disparu. Elle avait survécu à deux civilisations et semblait en passe de survivre à une troisième.

Istanbul était néanmoins tombée bien bas. Sa gloire s'était estompée et sa beauté se dégradait. Elle n'avait pas su évoluer avec son temps ; ses rues n'étaient pas pavées, et les chaussures de ses millions d'habitants se couvraient de boue par temps de pluie, de poussière par beau temps. L'électricité n'y avait pas encore été installée. Istanbul était connue pour ses vents violents, soufflant une fois dans une direction, une fois dans l'autre. Que les vents du changement fussent sur le point de balayer ses rues était une opinion largement répandue ; mais il était moins facile de prédire de quelle direction ils souffleraient.

Ce fut finalement la Macédoine, territoire au centre des Balkans convoité à la fois par la Grèce, la Serbie et la Bulgarie, qui se retrouva dans l'œil du cyclone. C'était un pays frontière, ne connaissant aucune loi et aucun contrôle, résistant à tous les efforts pour le policer. Tout n'y était que brigandage, guérilla, vendettas sanguinaires, terrorisme, assassinats, massacres, représailles, soulèvements — bref, toute la panoplie de ce que l'homme avait pu inventer en matière de violence sanglante. La Troisième Armée ottomane, qui était chargée de pacifier la région, était infiltrée par les membres de l'une des nombreuses sociétés secrètes subversives de Turquie : le Comité pour l'Union et le Progrès (CUP), plus connu sous le nom de Parti des jeunes-turcs. Les jeunes-turcs désiraient ardemment la modernisation du pays. Leur objectif était de réformer l'Empire ottoman et d'empêcher l'Europe de continuer à le dépouiller d'une partie de ses territoires.

Pour la Bulgarie, laquelle considérait la Macédoine comme sa moitié sud, l'expérience des combats donna naissance à des sociétés secrètes ultra-nationalistes meurtrières. Beaucoup plus tard (dans les années 1920-1930) elles allaient d'ailleurs conclure des alliances avec les fascistes italiens et laisseraient une piste sanglante dans l'histoire des Balkans.

La Macédoine jouait pratiquement un rôle identique pour la Serbie, autre prétendant à la province. Les officiers serbes et les volontaires connurent la même expérience de guérilla et d'opérations douteuses. Et donc il en résulta, là aussi, la création de sociétés secrètes par des officiers ultra-nationalistes de l'armée. Comme nous le verrons plus loin, on a souvent accusé des groupes clandestins comme la Main Noire serbe d'avoir été à l'origine de la Première Guerre mondiale. La Macédoine fut l'école, le terrain où ces groupes s'étaient entraînés et formés. Issus d'un passé incendiaire, ils jouèrent un rôle direct dans l'embrasement du monde. Comme les Bulgares, les Serbes avaient recours à l'assassinat pour atteindre leurs objectifs ; comme eux aussi, ils n'hésitaient pas à s'en prendre à leur propre gouvernement et à leurs politiciens. Les sociétés secrètes turques, bulgares et serbes se ressemblaient beaucoup — jusqu'au point de vouloir toutes s'approprier la Macédoine. Ce sont les jeunes-turcs qui se trouvèrent les premiers en mesure d'y parvenir.

Les jeunes-turcs furent poussés à agir lorsqu'ils apprirent, en juin 1908, l'existence d'une proposition anglo-russe d'envoyer des troupes européennes en Macédoine pour y restaurer l'ordre. Si jamais ce projet était mis en œuvre (ce qui, au moins rétrospectivement, apparaît des plus improbable), cela signifiait que les Turcs allaient perdre encore une province.

Les jeunes-turcs sortirent brièvement de leur clandestinité afin de contacter les puissances européennes et de protester auprès d'elles. Au milieu d'une grande confusion, le sultan envoya sa police arrêter les différents chefs du CUP. Ceux-ci échappèrent à l'arrestation et déclenchèrent une rébellion. En réaction au désordre croissant qui s'installait, le sultan décréta, le 24 juillet 1908, le rétablissement de la constitution, ce qui était l'exigence principale des jeunes-turcs. L'année suivante, le sultan abdiqua en faveur de son frère.

Une nouvelle période s'ouvrait dans la politique ottomane. Qui allait la conduire et où elle se dirigerait n'était pas encore très clair. Ce ne fut qu'en 1913 que les jeunes-turcs s'assurèrent définitivement du contrôle de l'Empire ottoman. Les Européens, cependant, savaient déjà que des changements étaient dans l'air.

Aux yeux du ministre des Affaires étrangères de l'Autriche-Hongrie, au moins, la rébellion des jeunes-turcs devait représenter une authentique révolution dans les affaires ottomanes. Cela signifiait vraisemblablement que la réforme et la modernisation que réclamaient les jeunes-turcs allaient peut-être être tentées.

Vu sous cet angle, un signal d'alerte venait de se déclencher. C'était le moment où jamais d'agir. Le temps manquait. Soit les jeunes-turcs rendraient sa vigueur au vieil Empire et mettraient un terme aux annexions par les puissances occidentales, soit ils n'y parviendraient pas, et la Turquie continuerait à se désintégrer. L'accession des jeunes-turcs au pouvoir contenait apparemment un message pour Vienne : frapper sur-le-champ, pendant que la Turquie était encore faible et avant qu'une autre puissance européenne n'intervînt.

Chapitre 11

Première sur la ligne de départ : l'Autriche

En 1908, la Double Monarchie austro-hongroise administrait la double province de Bosnie-Herzégovine. Nominalement, la Bosnie-Herzégovine était encore sous l'autorité du sultan ottoman. La Turquie avait été sur le point de la perdre dans les années 1870 — du fait d'une rébellion locale que vint compliquer une guerre russo-turque. Lorsque les grandes puissances intervinrent, la Bosnie-Herzégovine se retrouva sous l'autorité formelle de la Turquie à l'issue du congrès de Berlin de 1878 ; mais concrètement, son administration était confiée à l'Autriche-Hongrie.

Ce règlement, en fait, ne régla rien. L'Autriche-Hongrie dut envoyer un fort contingent de 200 000 à 300 000 hommes pour mettre un terme aux velléités d'indépendance par des résistants locaux. Nombreux étaient ceux qui convoitaient la Bosnie-Herzégovine : déjà, les deux partenaires de la Double Monarchie, l'Autriche et la Hongrie, la voulaient chacun pour soi, si bien que la diplomatie alla d'atermoiement en atermoiement pour préserver l'équilibre des pouvoirs dans la Double Monarchie. De même, on repoussa le moment de décider qui devait remplacer le sultan ottoman en tant que souverain légal pour préserver un équilibre encore plus fragile, celui qui existait entre les grands pays d'Europe. Ce qui n'empêchait pas les habitants de la Bosnie-Herzégovine, slaves pour la plupart, de nourrir leurs propres ambitions et de rêver d'indépendance nationale, cependant que leurs voisins slaves de Bosnie, de l'autre côté de la rivière, rêvaient, eux, de les annexer.

Le baron Alois Lexa von Aerenthal, ministre des Affaires étrangères de la Double Monarchie (1906-1912), élevé au titre de comte en 1909, avait la réputation d'être, à l'époque, le meilleur à ce poste. Au ministère, il s'entourait d'une cour de jeunes aristocrates qu'il traitait en disciples plus qu'en assistants. Ses admirateurs le trouvaient brillant. Ses détracteurs, *trop* brillant.

Apparemment, Aerenthal vit dans la rébellion des jeunes-turcs l'occasion de remporter un succès éblouissant dans le cadre de la rivalité entre les puissances impériales. Si, comme il le soupçonnait, il y avait là la première (et peut-être la dernière) occasion de s'emparer des Balkans et de dépecer l'Empire ottoman, l'Autriche-Hongrie allait prendre les devants et frapper la première. Le moment était on ne peut plus propice : principale rivale de l'Autriche-Hongrie dans la région, la Russie était tellement affaiblie par sa guerre perdue contre le Japon (1904-1905) et par la révolution de 1905 qu'elle en était hors de combat.

Le 6 octobre 1908, l'Autriche-Hongrie annonça qu'elle annexait la Bosnie-Herzégovine. Pour détourner l'attention de ce mouvement stratégique, Aerenthal avait encouragé la Bulgarie, restée elle aussi nominalement sous l'autorité du sultan, à proclamer, la veille, son indépendance officielle. Pour brouiller un peu plus la vue aux autres ministres des Affaires étrangères d'Europe, il proposa de retirer les troupes austro-hongroises du district turc de Nozabor : de toute façon, Aerenthal considérait que l'immobilisation de ces troupes en garnison ne servait à rien. Le ministre, qui laissait François-Joseph, son propre souverain, dans l'ignorance de ces manœuvres, accumula les mensonges sur ce qu'il faisait et poussait la Bulgarie à faire, en réponse aux questions des autres gouvernements européens. On a là un exemple de l'érosion des valeurs aristocratiques qui, jusqu'ici, avaient été la marque des dirigeants européens.

La réaction la plus violente vint de la petite mais vigoureuse monarchie de Serbie, championne du droit des Slaves du Sud, qui considérait depuis longtemps la Bosnie-Herzégovine comme sa patrie originelle. Nombreux furent ceux qui, dans le gouvernement, dans l'armée et dans la population, envisagèrent sur-le-champ une mobilisation et la guerre contre l'Autriche-Hongrie. *Narodna Odbrana*, organisation paramilitaire serbe nationaliste, prit la tête de la cause serbe.

Le Kaiser lui-même fut abasourdi. Il taxa cette annexion de « redoutable bêtise » et se lamenta : « Ma politique turque, que j'ai si soigneusement édifiée pendant plus de vingt ans, est jetée aux orties[50]. » Il avait appris la chose par les journaux et se déclara profondément « offensé dans mes sentiments d'allié » par le secret gardé d'Aerenthal. Le chancelier allemand réagit en disant : « On peut énoncer notre problème ainsi : nous ne devons pas prendre le risque de perdre l'Autriche — avec ses cinquante millions d'habitants, son armée puissante et efficace, mais nous devons encore moins nous laisser entraîner dans un conflit armé [...] qui pourrait déboucher sur une guerre généralisée, dans laquelle nous n'aurions à coup sûr rien à gagner... »

Izvolsky, le ministre des Affaires étrangères de Russie, laquelle était la principale rivale de l'Autriche-Hongrie dans la région, ne présenta pas d'objection ni n'éleva de protestation. Il s'imaginait qu'en contrepartie, l'Empire des Habsbourg aiderait la Russie à obtenir diverses compensations, notamment le libre passage de la flotte russe par Istanbul et les détroits ; il avait même cru comprendre que Aerenthal lui en avait fait la promesse ferme, et se sentit trahi quand elle ne fut pas tenue. Une note rédigée par Berlin en termes comminatoires et fort peu diplomatiques invitait de plus le tsar à ne pas se faire le champion de la cause serbe. Qu'on en juge : « ... nous attendons une réponse claire et définitive : oui ou non, toute réponse évasive ou vague serait considérée par nous comme un refus[51] ». L'auteur de la note, l'agressif Alfred von Kinderlin-Waechter, adjoint de von Bülow et agissant en son nom, employait le langage menaçant de l'ultimatum. La Russie, qui avait du mal à se remettre de la défaite contre le Japon et de la révolution de 1905, n'avait guère le choix et dut plier. C'était d'autant plus humiliant pour Izvolsky que ceux qui, dans le gouvernement russe, ne partageaient pas ses vues sur la question des Détroits, ne comprenaient pas qu'il eût laissé faire Aerenthal en Bosnie.

L'annexion de la Bosnie-Herzégovine par l'Autriche-Hongrie rompit le fragile équilibre qui régnait dans la péninsule balkanique. Humilié par cet affront, ou peut-être pour d'autres raisons, Izvolsky décida de tout faire pour contrer ce succès des Habsbourg. Il commença par envoyer en Serbie, comme ambassadeur, Nikolaï Hartwig, militant panslave qui avait le soutien de son propre groupe en Russie. En poste de 1909 à 1914, Hartwig entreprit de réunir les Balkans dans un front commun pour reprendre certaines des terres que l'Empire ottoman occupait encore en Europe. La tâche était redoutable, car mettre d'accord ces États rivaux, plus querelleurs les uns que les autres, paraissait souvent impossible ; Hartwig montra cependant qu'il ne fallait pas désespérer.

L'ambassadeur russe commença par forger une alliance entre la Serbie et la Bulgarie, puis leur fit signer un accord avec la Russie. Il conclut ensuite des arrangements avec la Grèce et le Monténégro.

Le chancelier von Bülow avait approuvé l'utilisation d'un langage humiliant vis-à-vis de la Russie ; peut-être était-ce parce qu'il cherchait à obtenir un triomphe évident. Il en avait bien besoin.

Il avait accédé au poste de chancelier en grande partie grâce à l'appui influent de Philipp Eulenberg, le meilleur ami du Kaiser. À la suite d'une série de scandales et de poursuites judiciaires pour homosexualité, Eulenberg avait dû s'exiler. Les histoires de soirées travesties et d'orgies décadentes auxquelles il aurait participé paraissaient impliquer le Kaiser lui-même.

En tant que chancelier, Bülow avait été obligé de reconnaître que l'Allemagne ne pouvait soutenir la course aux armements navals avec la Grande-Bretagne ; or cette politique avait joué un rôle central dans ses choix diplomatiques, influencés par Tirpitz. Mais il avait conscience des difficultés budgétaires qu'entraînait celle-ci et ne voyait aucun moyen d'augmenter les impôts que l'effort aurait nécessités.

Alors que la crise bosniaque commençait à se calmer, Bülow dut faire face à un autre scandale : la parution de l'interview que le Kaiser avait donnée à un journal anglais — avec l'accord de principe de Bülow.

Guillaume II avait accordé cet entretien à un ami britannique, et il fut publié par le *Daily Telegraph* de Londres en octobre 1908. Le but de cet article était de montrer que le Kaiser était pro-anglais et que, par conséquent, la Grande-Bretagne n'avait rien à redouter de lui. On était loin du compte. Guillaume II prétendait en effet qu'au cours de la récente guerre des Boers, en Afrique du Sud (dans laquelle les sympathies et les intérêts des Allemands allaient aux Boers), il avait personnellement empêché d'autres puissances européennes de se liguer contre la Grande-Bretagne ; mais surtout, il affirmait avoir mis au point des plans stratégiques et les avoir donnés à la Grande-Bretagne, et que c'était grâce à ceux-ci que l'Angleterre avait gagné la guerre. Les Britanniques étaient fous de rage — mais ils n'étaient pas les seuls.

Le peuple, le Parlement et les partis, en Allemagne — tout le monde y alla de sa volée de bois vert sur le dos du Kaiser. Il fut même question de demander son abdication. Bien entendu, il n'avait jamais procuré aux généraux anglais leur plan de campagne contre la république du Transvaal. Mais von Bülow, qui avait manqué à ses devoirs en ne contrôlant pas les déclarations de son monarque indiscret, y manqua de nouveau en ne le défendant pas. Pour sauver sa peau, il mentit : non, dit-il, il n'avait pas donné son accord pour l'interview. En 1909, néanmoins, il dut démissionner. Le chancelier qui le remplaça, Theobald von Bethmann-Hollweg, était un bureaucrate qui savait que le Kaiser l'avait nommé à contrecœur et dont la capacité à s'opposer au souverain paraissait douteuse à l'époque, et le paraît encore aujourd'hui. Ni prussien, ni militaire, Bethmann-Hollweg n'était pas du sérail ; il n'avait aucune relation personnelle et n'en établit pas avec les chefs des forces armées ni avec l'empereur.

Pour les militaires prussiens, il paraissait évident que le seul moyen de sauver la monarchie et donc leur mode de vie était de faire la guerre. Le chef du cabinet militaire, le général Moritz von Lyncker, affirmait que la guerre était indispensable « pour sortir l'Allemagne de ses difficultés internes et externes[52] ». À quoi il ajoutait que le Kaiser n'aurait probablement pas le courage d'adopter cette solution.

Moltke, chef du grand état-major général, croyait pour sa part la guerre inévitable, et que le plus tôt serait le mieux. Il se sentit déçu que la crise bosniaque fût résolue pacifiquement ; une telle occasion, maugréa-t-il, « ne se représentera pas demain dans des circonstance aussi propices[53] ». Déjà son prédécesseur, von Schlieffen, avait songé à déclencher, semble-t-il, une guerre préventive en 1905.

Ayant achevé avec succès l'annexion de la Bosnie-Herzégovine, Aerenthal entreprit de défendre le statu quo dans les Balkans. Pour lui, plus question de changements. Il essaya de persuader les autres gouvernements qu'il n'avait aucune vue sur la Macédoine. La Russie, néanmoins, considérait qu'il s'était livré à une agression caractérisée en Bosnie-Herzégovine et que l'Autriche-Hongrie était devenue expansionniste. Pour contrer cette politique, la Russie se sentit obligée de renforcer les sentiments prorusses et anti-autrichiens dans les Balkans, démarche que la Double Monarchie jugea à son tour expansionniste — et exigeant ses propres mesures défensives.

Dans son *Histoire de l'Allemagne*, Gordon Craig nous dit qu'après cela, l'Autriche considéra que la réponse de Moltke avait valeur de traité et liait l'Allemagne. Il écrit qu'en effet, « Moltke avait changé le traité de 1879 qui, de défensif, devenait offensif et plaçait son pays à la merci des aventuriers de Vienne[54] ». La parole de Moltke avait l'appui, de plus, du chancelier.

Chapitre 12

Chamailleries franco-germaniques

Cela faisait longtemps que la France convoitait le Maroc. C'était le dernier territoire africain indépendant, et il aurait bien complété les possessions françaises en Afrique du Nord, à savoir la Tunisie et l'Algérie. Depuis le traité signé en 1906 à Algésiras, après la crise provoquée par l'Allemagne, les grandes puissances avaient accordé à la France la haute main sur les affaires marocaines. Mais ce traité stipulait, à la demande expresse de l'Allemagne, que l'on maintînt le sultanat pour ne pas saper l'indépendance du Maroc, comme la France (ou du moins le parti colonialiste en France) le souhaitait en réalité.

En mars 1911, des tribus rebelles (selon la version des autorités françaises), après avoir créé des désordres dans l'intérieur du pays, menacèrent bientôt Fès, la capitale du Maroc. Le sultan fit appel à la France pour qu'elle envoyât des troupes et restaurât l'ordre. Berlin soupçonnait la France d'avoir elle-même fomenté ces troubles afin d'avoir un prétexte pour envahir le pays. De toute façon, même si cette rébellion était bien réelle, il y avait des chances pour que les troupes françaises, une fois installées au Maroc, n'en repartissent pas. Le nouveau ministre des Affaires étrangères allemand, Alfred von Kiderlin-Waechter, décida de tendre un piège à la France. Il ne bougea pas, attendant qu'elle agît, lui faisant savoir alors que son intervention abrogeait le traité d'Algésiras et qu'il faudrait des négociations pour le remplacer. Son objectif était de contraindre la France à offrir à l'Allemagne de substantielles compensations, sous forme de vastes territoires en Afrique noire. Un tel triomphe diplomatique renforcerait la position du gouvernement en Allemagne, en vue des élections parlementaires proches (1912) ; il en avait rudement besoin.

Les troupes françaises occupèrent Fès le 21 mai 1911. Sans prendre la peine de consulter ne serait-ce que le chef des forces armées de son propre gouvernement, Kiderlin-Waechter fit envoyer un croiseur, le *Panther*, jeter l'ancre dans le port d'Agadir, sur la côte atlantique du Maroc. Après quoi, le 1er juillet, il fit état des prétentions allemandes. Il prenait apparemment pour acquis que la Grande-Bretagne, en tant que rivale de toujours de la France dans son expansion impérialiste, ne se mêlerait pas du conflit ; pas plus que la Russie, qui n'aurait guère envie de prendre des risques pour un pays aussi lointain et peu important que le Maroc. Quant à l'Autriche-Hongrie, elle était l'alliée de l'Allemagne, ainsi, en principe, que l'Italie.

Kiderlin-Waechter avait calculé qu'isolée, la France céderait.

Il apparut néanmoins que la France n'était pas isolée. La Grande-Bretagne se rallia à elle : le chancelier de l'Échiquier (ministre des Finances), David Lloyd George, en dépit de ses positions pacifistes et anti-impérialistes, le déclara dans les termes les plus nets et les plus vigoureux, lors d'un banquet à Mansion House, le 21 juillet. La Russie, quoique de manière plus ambiguë, parut aussi appuyer la France, et l'Autriche-Hongrie refusa de prendre parti et de soutenir l'Allemagne, même sur un plan diplomatique. Quant à l'Italie, elle ne broncha pas.

Le Kaiser et ses conseillers politiques, qui avaient renâclé dès le début, trouvant le projet de Kiderlin-Waechter trop risqué, penchèrent d'autant plus vers l'apaisement. L'Allemagne recula donc. L'Autriche-Hongrie avait réussi à s'emparer de la Bosnie-Herzégovine grâce à l'appui de l'Allemagne, la France avait réussi à s'emparer du Maroc grâce à l'appui de la Grande-Bretagne. La France, qui détenait déjà la Tunisie et l'Algérie, se voyait à présent reconnaître son protectorat sur le Maroc par l'Allemagne. Les compensations que celle-ci reçut en échange parurent dérisoires à l'opinion publique allemande. L'accord fut signé le 4 novembre 1911.

Tout parut se mettre en place à la suite de la crise d'Agadir. Les grandes lignes d'une future guerre — mais non sa cause immédiate — devenaient de plus en plus claires. L'Allemagne savait maintenant que la Grande-Bretagne risquait fort de se ranger aux côtés de la France ; et que la Russie en ferait autant si la question posée était la survie de la France et non une simple histoire de querelle coloniale.

L'Allemagne ne pouvait se fier ni à l'Italie, alliée purement nominale, ni même à l'Autriche-Hongrie, à laquelle l'attachaient pourtant des liens de sang. Alors que l'Allemagne avait toujours considéré l'alliance avec la Double Monarchie comme vitale, l'affaire d'Agadir lui apprit qu'elle jouait en fait à sens unique : Berlin devait aider Vienne dans la poursuite de ses intérêts, mais Vienne n'était pas obligée d'aider Berlin dans la poursuite des siens. C'est ce qu'avait compris le chancelier allemand Bethmann-Hollweg dès avant la crise, lorsqu'il avait dit au Kaiser : « S'il doit y avoir une guerre, il faut espérer que c'est l'Autriche qui sera attaquée afin qu'elle ait besoin de notre aide, et non que nous soyons attaqués et que nous dépendions de la décision de l'Autriche d'être fidèle ou non à sa parole[55]. » En d'autres termes, tout conflit devait commencer par mettre l'Autriche la première en cause, sans quoi celle-ci n'interviendrait pas.

La crise d'Agadir attira l'attention de l'Allemagne sur un autre danger : sa vulnérabilité financière. Il fut donc décidé de rapatrier toutes les dettes étrangères[56]. À partir du milieu de l'été 1911, la Banque centrale d'Allemagne, la Reichsbank, demanda systématiquement le remboursement de ses dettes étrangères. Ce programme, s'il s'était poursuivi, se serait achevé en cinq ans et aurait fait de l'Allemagne un débiteur total ; en 1916, elle aurait rapatrié tous ses fonds. Mais elle aurait aussi détenu d'énormes fonds en liquide empruntés aux autres puissances européennes — fonds qui seraient utilisés pour leur faire la guerre.

Le comportement et les discours de l'Allemagne pendant

l'été de 1911, autrement dit l'envoi du *Panther* au Maroc et le langage qu'elle employait dans ses communications avec les autres puissances, inquiétèrent l'Europe et provoquèrent une réaction des plus fermes. Il y a quelque ironie dans cela, car cette situation n'était l'œuvre ni du Kaiser, ni du chancelier, mais d'un ministre des Affaires étrangères devenu plus ou moins incontrôlable, et qui mourut à la fin de l'année après avoir descendu six cognacs.

David Lloyd George, chancelier de l'Échiquier dans le gouvernement libéral de la Grande-Bretagne, était l'un de ces anciens anti-impérialistes qui avaient changé d'avis sur les Allemands, ce qui expliquait la teneur de son discours de Mansion House, dans lequel il s'engageait à tout faire pour maintenir la suprématie de son pays. Son jeune protégé en politique, Winston Churchill, ministre de l'Intérieur (Home Secretary) et l'un des hommes politiques les plus en faveur des Allemands encore au printemps 1911, fit lui aussi une volte-face complète, comprenant que la guerre devenait inévitable.

Churchill se souvenait d'une promenade en fin d'après-midi, le 24 juillet 1911, faite en compagnie de Lloyd George ; alors qu'ils arrivaient à hauteur des fontaines de Buckingham Palace, un messager les rattrapa et leur demanda d'aller rejoindre de toute urgence le ministre des Affaires étrangères (Foreign Secretary), Sir Edward Grey. Dans son bureau à la Chambre des communes, Grey leur déclara : « Je viens de recevoir une communication tellement abrupte de l'ambassadeur d'Allemagne que je crains que la flotte ne soit attaquée d'un moment à l'autre[57]. » La Royal Navy fut immédiatement mise en alerte.

Grey, Lloyd George, Churchill et les autres ministres concernés se réunirent plus ou moins régulièrement tout au long de l'été, pendant que se déroulait la crise du Maroc. Sous la pression des événements, les responsables du gouvernement anglais se rendirent compte que la Grande-Bretagne n'était pas préparée à la guerre. Les conversations secrètes entre les états-majors anglais, belge et français qui avaient eu lieu en 1905-1906 et qui avaient été renouvelées avec échange de certaines informations, de même que les discussions entre les différentes forces et les comités du gouvernement — tout cela n'avait abouti qu'à des résultats contradictoires et non concluants.

Une conférence au sommet du comité de défense impériale se réunit pendant toute une journée, le 23 août, à l'initiative du directeur des Opérations militaires, le général Sir Henry Wilson. Il semble que ce soit l'unique fois où les deux grands services, l'armée de terre et la marine, aient décrit leurs stratégies respectives — et incompatibles — pour mener la guerre. La conférence prit la décision que la Grande-Bretagne ne se contenterait pas de combattre sur mer, mais qu'elle enverrait une armée, dite corps expéditionnaire, sur le continent pour aider la France contre les Allemands.

Ce fut un choc pour les participants à la conférence que de découvrir deux gros points faibles, l'un et l'autre dans les forces navales. La Navy n'avait rien de prévu pour le transport du corps expéditionnaire britannique sur le continent ; et elle refusait de créer un équivalent à l'état-major général de l'armée de terre. Si l'on voulait faire plier les amiraux, solidement retranchés sur leur position, il allait falloir nommer, comme nouveau secrétaire civil à la Marine, un homme particulièrement énergique. En octobre 1911, le Premier ministre nomma le jeune (il n'avait pas tout à fait 37 ans) et dynamique Winston Churchill à ce poste. Churchill, qui avait préparé un mémorandum sur la question et l'avait fait circuler, avait déjà une idée assez précise de ce qu'allait être la guerre dans ses grandes lignes et se jeta dans une activité frénétique pour la préparer — et la gagner.

Dans les plans de guerre de la Grande-Bretagne, l'Allemagne était l'ennemie et la France, l'alliée.

On ne peut faire un tableau de la France sur la scène internationale en 1914 sans parler de son principal dirigeant, Raymond Poincaré. Sa ligne politique était — et reste encore — mal comprise. On part du principe que son objectif était d'annuler le résultat de la guerre franco-prussienne de 1870, et qu'il désirait lancer une croisade pour récupérer les territoires perdus de l'Alsace et, par-dessus tout, de la Lorraine. Pas du tout, selon son biographe le plus récent. Ce centriste modéré préférait les arrangements pacifiques.

On savait remarquablement peu de choses sur la manière dont il avait conduit les affaires de la France, il n'y a pas encore si longtemps. Dans les années 1980, ses deux biographes français ignoraient toujours l'existence de ses papiers privés, et l'un des deux affirmait même encore en 1984 qu'il les avait détruits. C'est finalement le professeur anglophone J.V.F. Keiger, dont l'ouvrage fut publié en 1997, qui put les étudier et en faire usage.

Raymond Poincaré, né en Lorraine à Bar-le-Duc le 20 août 1860, personnage solide et d'une stature à tout point de vue impressionnante, fut l'homme d'État qui domina la classe politique française de son temps. Du côté de son père, il venait d'une famille où l'on exerçait des professions libérales, et où plusieurs de ses parents s'étaient distingués dans les sciences et dans l'éducation depuis plus d'un siècle. Les ancêtres de sa mère étaient des juges et des hommes politiques. Son cousin Henri Poincaré devint l'un des plus grands mathématiciens du XXe siècle.

Vertueux, prudent, tempérant, modéré et fondamentalement étranger à l'esprit partisan, il n'en était pas moins très ambitieux, voulant toujours décrocher la première place dans les défis placés sur son chemin. À l'âge de vingt ans, il fut le plus jeune avocat de France ; à vingt-six ans, élu député, il en fut le plus jeune parlementaire. À cinquante-deux ans, le 17 janvier 1913, il fut le plus jeune président de la République, pour un mandat qui était alors de sept ans. Il fut aussi le premier à passer directement du poste de président du Conseil à celui de président de la République. Il en avait largement la stature. Dès l'été 1914, il avait pratiquement tout le contrôle de la politique étrangère de la France. En ce qui concernait l'Allemagne, il avait une position typiquement intermédiaire entre Joseph Caillaux, pro-allemand, et un autre homme politique hors norme, Georges Clemenceau. Peut-être était-il légèrement en faveur de l'Allemagne ; le 20 janvier 1914, Poincaré alla dîner à l'ambassade d'Allemagne. C'était la première fois qu'un président de la République faisait ce geste depuis 1870.

Krieger laisse entendre que la sympathie grandissante de Poincaré pour l'Allemagne était le produit d'une confiance tenant en partie aux résultats de la première guerre des Balkans, où les forces balkaniques, entraînées et armées par la France, avaient vaincu les armées ottomanes, entraînées et équipées par l'Allemagne. Qui plus est, Poincaré avait pris parti pour le Comité de l'Orient, parti colonialiste, qui souhaitait que la France contrôlât la Syrie, le Liban et la Palestine si jamais l'Empire ottoman s'cffondrait, objectif qui risquait fort d'opposer la France à ses alliés anglais et russe.

Cependant, quand la nouvelle transpira que la France avait ces visées sur le Proche-Orient, la Grande-Bretagne, son rival traditionnel dans ce domaine, loin de s'y opposer, lui offrit son soutien. Quant à l'Allemagne, qui encourageait jadis les ambitions impérialistes de la France, elle lui barrait maintenant la route. De nouvelles alliances étaient en train de se nouer et de nouveaux alignements de se faire.

L'Allemagne, qui s'était une fois de plus aliéné les autres puissances avec l'épisode du *Panther*, prit alors des mesures pour se défendre contre l'hostilité qu'elle avait elle-même suscitée. David Hermann, historien faisant autorité sur la course aux armements d'avant 1914, observe : « La conséquence militaire la plus significative de la seconde crise marocaine fut la décision allemande de s'embarquer dans un extraordinaire programme d'armement terrestre, en préparation de la future guerre [...] La loi sur l'armement par laquelle se traduisit cette décision déclencha une spirale internationale de construction d'armements terrestres. Les Allemands considéraient qu'ils ne faisaient que réagir à une menace émanant de tous les côtés [...] ils ont cependant franchi le pas, bien que s'attendant tout à fait à ce que leurs rivaux réagissent » de la même manière, en se lançant à leur tour dans un programme accéléré d'armement. « ... Cette guerre n'allait bientôt plus être qu'une question de temps. Et, le moment voulu, la prophétie se réalisa[58]. »

Tandis que la crise marocaine s'apaisait, un autre pays européen cherchait à se tailler un empire dans une partie du monde musulman : l'Italie. La longue péninsule qui s'étire de l'Europe centrale jusque dans le milieu de la Méditerranée avait attendu près de quinze cents ans avant d'être à nouveau réunifiée en un seul État, en 1859, et ses trente millions d'habitants souhaitaient jouer un rôle plus important dans les affaires du monde.

Entité géographique ayant récemment accédé au statut de nation et dont Rome n'était la capitale que depuis 1872, l'Italie voulait prendre rang parmi les grandes puissances et sentait le besoin de se doter d'un empire colonial, comme l'avaient fait les pays plus anciennement établis. Les Italiens poursuivaient le rêve ambitieux de retrouver la gloire de leurs ancêtres de la Rome antique. La progression de l'Autriche-Hongrie dans les Balkans et de la France en Afrique du Nord ne fit que rendre encore plus pressant, pour les Italiens, le désir de réaliser ce rêve.

Chapitre 13

L'équipée italienne, les Balkans s'enflamment

Le territoire de la Tripolitaine, l'actuelle Libye, fut la première cible de l'Italie. Autre région placée sous l'autorité nominale du gouvernement ottoman, elle ne sentait guère le poids de l'autorité turque et était mal défendue. Depuis des années, les diplomates italiens préparaient le terrain en vue d'une future mainmise. En 1900, la France n'avait soulevé aucune objection à cette idée, du moment que l'Italie n'en soulevait pas sur les projets d'annexion qu'elle nourrissait pour le Maroc.

Plus tard, les Italiens prirent des dispositions semblables avec les Autrichiens en ce qui concernait la Bosnie-Herzégovine, et avec la Russie pour le détroit des Dardanelles. Afin de conserver l'alliance italienne, l'Allemagne accepta le principe de l'aventure en Tripolitaine, tandis que la Grande-Bretagne faisait de même, mais avec l'espoir de détacher l'Italie de cette alliance.

Si bien qu'une fois que l'Autriche eut annexé la Bosnie-Herzégovine et la France le Maroc, l'opinion publique et la presse italiennes pressèrent leurs dirigeants d'agir avant qu'il ne fût trop tard. Avec une nonchalance quelque peu méditerranéenne et démodée, le gouvernement italien fit donc part aux autres puissances de son intention d'entrer en guerre, avec... deux mois d'avance.

Comme un jeune diplomate italien s'en souvenait : « Je [...] m'attendais à ce que cette seule communication crée quelques remous. Pas du tout ! Personne n'y prêta la moindre attention [...] On pensait que nous bluffions[59]. »

Le 29 septembre 1911, l'Italie déclara la guerre, accusant la Turquie de porter tort aux intérêts italiens. Les forces italiennes occupèrent rapidement la côte libyenne, mais s'enlisèrent en voulant pénétrer à l'intérieur. Les combats durèrent une année et le cessez-le-feu n'intervint que le 15 octobre 1912 ; la paix qui suivit laissa l'Italie en possession non seulement de la Libye, mais de Rhodes et d'autres îles du Dodécanèse.

La guerre déclenchée par l'Italie fut, pour l'alliance balkanique inspirée par Hartwig, le signal que le moment était venu de frapper — et de prendre l'Autriche de vitesse. Les conflits se multipliaient et commençaient à se superposer les uns aux autres. La guerre italo-turque avait commencé alors que la seconde crise marocaine n'était pas encore résolue et, avec toutes ces braises qui couvaient du fait d'innombrables affrontement locaux, la première guerre des Balkans éclata en 1912, alors que l'Italie n'avait pas encore terminé la sienne. D'ailleurs, la raison principale qui fit que les Turcs acceptèrent les conditions imposées par l'Italie pour conclure les hostilités fut la nécessité, pour le gouvernement ottoman, de se concentrer sur ce qui se passait dans le sud-est de l'Europe. Il y avait un soulèvement en Albanie, un conflit frontalier avec le Monténégro, la guérilla qui se poursuivait en Macédoine et, par-dessus tout, de l'agitation à Istanbul, où des opposants aux jeunes-turcs s'étaient brièvement trouvés au pouvoir.

Comme nous l'avons déjà vu, la Bulgarie et la Serbie s'étaient rapprochées, le 13 mars 1912, grâce à l'entremise du russe panslave Nikolaï Hartwig, qui leur souffla de tirer avantage de la guerre italienne pour réaliser leurs propres objectifs, au détriment d'une Turquie déjà occupée ailleurs. La Grèce intervint à son tour un peu plus tard. Également, par un simple engagement verbal, le Monténégro. Dans un premier temps, la Russie n'informa pas la France de ce qui se tramait ; quand elle le fit, ce fut sans dire toute la vérité. Mais il se peut que même Saint-Pétersbourg n'ait pas été entièrement informé : Hartwig menait ses opérations plus ou moins en franc-tireur. Izvolsky et d'autres dirigeants russes dénoncèrent les dangers de « l'incurable austrophobie de Hartwig » et Dominic Lieven qualifia même son comportement de « déloyal vis-à-vis de la politique générale de la Russie ».

Les peuples des Balkans avaient beau se haïr férocement les uns les autres et avoir des prétentions territoriales et frontalières conflictuelles, ils agirent cependant de concert afin de frapper la Turquie avant que celle-ci n'eût conclu la paix avec l'Italie. Dans une croisade destinée à libérer tous les territoires encore sous la tutelle de l'Empire ottoman dans le sud-est de l'Europe, le Monténégro déclara la guerre à la Turquie le 8 octobre 1912, suivi de ses alliés bulgares, serbes et grecs le 17. La Turquie mit aussitôt un terme à sa guerre avec l'Italie.

À la surprise de tout le monde, les forces ottomanes furent rapidement vaincues, puis écrasées, et enfin chassées de presque toute la Turquie européenne. En une guerre éclair d'un mois, les États balkaniques avaient eux-mêmes réglé en pratique la question des Balkans, rôle que les grandes puissances s'étaient toujours imaginé qu'elles joueraient. Du coup, ce fut la bousculade, chaque pays voulant s'assurer que l'accord auquel on parviendrait, et dans lequel il n'avait en principe pas son mot à dire, ne menacerait pas ses intérêts vitaux. Leur tâche fut compliquée par des changements dans le personnel politique ; les ministres des Affaires étrangères de l'Allemagne et de l'Autriche-Hongrie moururent ; celui de la Russie démissionna. Leurs remplaçants n'avaient pas leur envergure.

En décembre 1912, une conférence des représentants des pays concernés se réunit à Londres et siégea à soixante-trois reprises. On procéda au dépeçage de la Macédoine, mais la Bulgarie estimait avoir été lésée par la Serbie et la Grèce dans la portion qui lui en avait été attribuée. Un traité de paix fut signé le 30 mai 1913, mais il ne tint qu'un mois : dans la nuit du 29 au 30 juin suivant, la Bulgarie attaqua ses anciens alliés, la Serbie et la Grèce, sur l'ordre direct de son roi, Ferdinand Ier, qui n'avait pas consulté son gouvernement. Il s'ensuivit une deuxième guerre des Balkans, qui vit la défaite de la Bulgarie devant une coalition des forces serbes, grecques, turques et roumaines.

Le traité de Bucarest, signé le 10 août 1913 et négocié avant tout par les États concernés, mit fin aux guerres balkaniques. Prise par surprise, l'Autriche-Hongrie, qui aurait fort apprécié de voir la Serbie écrasée, tout d'abord par la Turquie, puis par la Bulgarie, aurait beaucoup aimé intervenir afin de pouvoir dicter des conditions différentes, si elle en avait eu le temps. En fait, l'Empire austro-hongrois commençait à éprouver des inquiétudes pour son avenir. En particulier devant la montée en puissance de la Serbie victorieuse, soutenue par la Russie.

Les craintes autrichiennes n'étaient pas sans fondements. Pendant les guerres balkaniques, le nouveau ministre des Affaires étrangères russe, Sergeï Sazonov, avait déclaré à l'ambassadeur serbe à Saint-Pétersbourg que « nous ferons trembler l'Autriche jusque dans ses fondations[60] » ; quant à ce qui était de gagner le plus possible dans les négociations de paix, « nous devons nous contenter de ce que nous recevrons, en le considérant comme un acompte, car l'avenir nous appartient ».

C'était l'Autriche-Hongrie elle-même qui, en s'emparant de la Bosnie-Herzégovine, avait conduit la Russie et la Serbie à prendre leur revanche. Il était tout à fait possible que la Serbie (qui avait dans l'affaire doublé la superficie de son territoire), la Russie et les forces du panslavisme ne s'en tinssent pas là. En 1908, Aerenthal avait rompu l'équilibre balkanique en faveur de l'Autriche-Hongrie. Hartwig venait de le rompre à nouveau en faveur de la Russie. La Double Monarchie allait-elle riposter ? Ou la germanité allait-elle continuer à reculer devant la slavité ?

Chapitre 14

La marée slave

Les temps avaient changé. Au XIXe siècle, lorsque l'idéologie avait tendance à primer dans la définition d'une ligne de conduite en politique étrangère, la Russie et les États germanophones de Prusse et d'Autriche avaient été les plus proches des alliés. En 1912, ils présentaient encore la même structure, pratiquaient la même politique réactionnaire et partageaient les mêmes valeurs. Mais leur solidarité, fondée sur des convictions communes, s'était transformée en un affrontement mortel fondé, lui, sur des conflits d'intérêts et une rivalité de pouvoir.

Les conflits d'intérêts avaient pour centre les Balkans, où l'on pensait qu'il était vital pour la survie de l'Autriche de ne jamais céder devant les défis lancés par les peuples slaves. De même, la survie de l'Autriche-Hongrie en tant que grande puissance était vitale pour les intérêts de l'Allemagne. Et pour couronner le tout, la taille gigantesque de la Russie, jointe au fait qu'elle s'industrialisait avec une vitesse stupéfiante grâce au soutien financier de la France, était en train de faire de l'empire tsariste un rival potentiel de l'Allemagne en tant que puissance suprême du continent. L'aspect « Teutons contre Slaves » de cette dispute potentielle soulevait des haines raciales. Qui plus est, en voyant l'avenir de l'Allemagne dans la pénétration et l'exploitation du Moyen-Orient et de l'Extrême-Orient, le Kaiser avait choisi un objectif qui n'était qu'un motif supplémentaire pour vouloir en finir avec le monde slave.

Erratique dans ses convictions, Guillaume II ne partageait ces vues que depuis peu. Au début des guerres balkaniques, il ne voyait pas d'objection à ce que l'Empire ottoman fût vaincu. Il estimait que les Turcs devaient être « jetés hors de l'Europe » pour avoir renversé « mon ami le sultan »[61] ; il estimait aussi que l'avenir des Balkans devait être déterminé par les peuples de la région, et que l'intervention éventuelle des grandes puissances pour « maintenir la paix[62] » aurait l'effet contraire, que ces peuples se retourneraient contre elles. Les grandes puissances devaient au contraire former un « cercle » (ce qu'on appellerait aujourd'hui un « cordon sanitaire »[63]) à l'intérieur duquel s'affronteraient seulement les forces locales. « Que ces peuples règlent eux-mêmes la question », écrivit-il dans des notes marginales dans lesquelles s'étalent son irréflexion, son irresponsabilité et son ambiguïté (si bien qu'on peut en faire plusieurs lectures différentes). « Soit ils prendront quelques coups, soit ils en porteront [...] La question des Balkans sera résolue par le sang et le fer[64]. » La décision serait emportée, autrement dit, sur le champ de bataille. Du sang serait versé, il y aurait des morts et des blessés, c'était inévitable. La négociation ne pourrait avoir lieu qu'ensuite. « Après, on aura le temps de parler[65]. » Mais ce processus de guerres ethniques suivies d'une conférence de la paix dont les termes seraient dictés pour l'essentiel par les vainqueurs locaux (de manière, toutefois, à produire un résultat acceptable pour les puissances germaniques) devait s'enclencher « au bon moment pour nous ! C'est-à-dire maintenant ![66] ». Autrement dit, pendant que la France et la Russie étaient encore mal préparées.

Peu de temps après avoir griffonné ces notes, le Kaiser donna l'ordre au ministère des Affaires étrangères de ne pas « entraver les Bulgares, les Serbes et les Grecs dans leur quête légitime de la victoire[67] ». Dans une autre note, il entrevoit la possibilité de créer « les États-Unis des Balkans[68] », une entité qui servirait d'État-tampon entre l'Autriche-Hongrie et la Russie, ce qui résolvait le problème. Elle pourrait aussi devenir un marché important pour les produits allemands.

Alors que se profilait la crise, au cours des derniers mois de la guerre des Balkans, et que la Serbie et le Monténégro, victorieux, cherchaient à se procurer un débouché maritime (Scutari, sur la mer Adriatique, dans ce qui était auparavant l'Albanie ottomane), chose à laquelle l'Autriche s'opposait, le Kaiser écrivit à son ministre des Affaires étrangères : « Je ne vois absolument aucun danger pour l'existence de l'Autriche, ou pour son prestige, dans le fait qu'il y ait un port serbe sur l'Adriatique [...] et je crois maladroit de s'opposer inutilement au désir des Serbes[69]. » Il estimait que les clauses contenues dans le traité de la Triple Alliance (Allemagne, Autriche-Hongrie et Italie) ne l'exigeaient pas, que l'accord était seulement « conçu pour garantir l'intégrité des possessions territoriales actuelles[70] ». Bien sûr, ajoutait-il, « certains des changements qui se sont produits dans les Balkans à la suite de la guerre présentent des inconvénients et des désagréments pour Vienne, mais il n'en est aucun de si important que nous devrions pour cela nous exposer à un engagement militaire. Je ne pourrais en porter la responsabilité devant ma conscience et mon peuple ».

Il formula sa position à plusieurs reprises : « En aucun cas, je ne suis préparé à marcher contre Paris et Moscou à cause de l'Albanie[71]. » Dans un mémorandum aux Affaires étrangères, il déclara « absurde » de risquer une « lutte pour notre existence avec les trois grandes puissances, lutte dans laquelle l'Allemagne pourrait périr », simplement parce que « l'Autriche ne veut pas voir les Serbes en Albanie »[72].

Parmi de nombreux messages ayant la même teneur, Guillaume II fit savoir par câble à son ministre des Affaires étrangères, le 9 novembre 1912, qu'il avait longuement parlé « avec le chancelier du Reich dans l'esprit des instructions que je vous ai données, soulignant qu'en aucune circonstance je ne marcherai sur Paris et Moscou pour le compte de l'Albanie...[73] ».

Le Kaiser tenait à ce qu'il fût bien clair, pour l'Autriche-Hongrie, que c'était seulement si la Russie l'attaquait — et sans y avoir été provoquée par l'Autriche — que Berlin soutiendrait Vienne. On le dissuada d'adopter cette position. Le chancelier Bethmann-Hollweg, peut-être poussé par l'amiral von Müller, fit valoir que l'Autriche perdrait confiance dans la garantie allemande si un tel message était envoyé à Vienne et que l'opinion publique allemande serait furieuse. Le gouvernement allemand devait au contraire inciter le gouvernement autrichien à faire preuve de modération, de manière à ce que l'intervention allemande devînt « compréhensible pour le peuple allemand[74] ». (Mais si l'opinion publique allait être furieuse en cas d'abandon de l'Autriche, le cas de l'Autriche n'était-il pas déjà « compréhensible » ?)

Au cours de la deuxième moitié de novembre 1912, après avoir rencontré des officiels civils et militaires, le Kaiser se déclara satisfait. L'opinion publique, estimait-il, considérait à présent l'Autriche-Hongrie comme la partie provoquée : « La position que je voulais voir atteinte[75]. »

Le 21 novembre, le grand ami de Guillaume II, l'archiduc François-Ferdinand, héritier du trône des Habsbourg, arriva à Berlin et reçut du Kaiser et de Moltke des assurances selon lesquelles l'Allemagne soutiendrait l'Autriche-Hongrie « en toutes circonstances[76] », même au risque d'une guerre avec la Grande-Bretagne, la France et la Russie. Apparemment, Guillaume II avait la conviction que l'Autriche était la partie provoquée, et que ni la Grande-Bretagne ni la France n'interviendraient. Telles furent peut-être ses conditions implicites. Le ministère des Affaires étrangères allemand était d'avis qu'« aujourd'hui, l'Italie et l'Angleterre sont de notre côté[77] ». Le risque était beaucoup moins grand qu'il n'y paraissait. Que ce soit pour une raison ou pour une autre, les dirigeants allemands rendirent publics leurs engagements. Le ministre des Affaires étrangères, le 28 novembre, déclara au Parlement : « Si l'Autriche est obligée, pour quelque raison que ce soit, de combattre pour garder sa position de grande puissance, nous devrons alors nous tenir à ses côtés[78]. » À Londres, le secrétaire au Foreign Office n'en revenait pas : l'Allemagne avait-elle l'intention, demanda-t-il, de donner un « chèque en blanc » à l'Autriche et de la soutenir quoi qu'elle fît, même si les torts étaient de son côté, même si Vienne déclenchait une guerre d'agression ? Grey déclara à l'ambassadeur d'Allemagne que les conséquences d'une telle politique seraient « incalculables[79] ».

Il fit tout ce qu'il fallait pour être sûr que le Kaiser ne se méprendrait pas sur la position de la Grande-Bretagne. Si l'Allemagne refusait de laisser disparaître l'Autriche-Hongrie en tant que grande puissance, la Grande-Bretagne ne laisserait pas disparaître non plus la France. Il semble que Grey ait parlé à Haldane, son ministre de la Guerre, et que le résultat fut un message de Londres qui déclencha une crise.

On était le 8 décembre 1912. À 11 heures du matin, le Kaiser convoqua une réunion d'urgence avec les grands responsables de l'armée — quatre, selon une première version, six, selon une autre — dans ses quartiers de Berlin. Il s'agissait d'évaluer l'importance du télégramme de Londres. Outre Guillaume II lui-même, y assistaient l'amiral Georg Alexander von Müller, chef d'état-major de la marine du Kaiser, l'amiral Tirpitz, le général von Moltke, chef d'état-major général de l'armée, le vice-amiral August von Heeringen, chef de l'Amirauté, et peut-être aussi le général Josias von Heeringen (frère du vice-amiral), le ministre prussien de la Guerre, et le chef du cabinet militaire, Moritz Freiherr von Lyncker. Les responsables civils, à savoir le chancelier Bethmann-Hollweg et le ministre des Affaires étrangères, n'avaient pas été invités.

On n'apprit que cette conférence secrète avait eu lieu qu'un demi-siècle plus tard, lorsque Fritz Fischer montra que cela prouvait, peut-être, qu'il y avait eu une volonté délibérée de la part du Kaiser et de ses chefs militaires de faire la guerre en juin 1914. L'interprétation de la conférence de 1912 reste sujette à controverse, la plupart des historiens refusant de l'accepter sans au moins quelques réserves. John Röhl, l'historien qui est peut-être le plus proche de Fischer sur cette question, fait observer que nous disposons aujourd'hui d'une documentation additionnelle abondante, et que celle-ci devrait nous aider à mieux comprendre les notes prises par Müller qui, dans une première version quelque peu brouillée, étaient jusqu'ici notre seule source.

Guillaume II avait convoqué cette réunion après avoir reçu de son ambassadeur à Londres, le prince anglophile Karl Max von Lichnowsky, un câble rapportant la conversation qu'il venait juste d'avoir avec R.B. Haldane, le ministre de la

Guerre (germanophile) de Grande-Bretagne. D'après le Kaiser, Haldane aurait parlé au nom du ministre des Affaires étrangères britannique, Sir Edward Grey. Étant donné le moyen de communication employé — Lichnowsky et Haldane, deux hommes qui ne cherchaient qu'à améliorer les relations anglo-germaniques — il est assez logique d'en déduire que Grey proposait un médicament qui, s'il n'était pas très agréable à prendre, à première vue, était prescrit pour le bien du malade. Le message que Grey fit parvenir au Kaiser était destiné à attirer son attention sur un fait que n'importe qui s'intéressant aux relations internationales aurait dû savoir sans qu'il fût besoin qu'on le lui rappelât : qu'il était d'un intérêt vital pour la Grande-Bretagne que l'équilibre des puissances fût maintenu en Europe. Si jamais l'Allemagne attaquait la France, la Grande-Bretagne interviendrait pour protéger cette dernière. Maintenir l'indépendance et le statut de grande puissance de la France constituait un intérêt vital pour la Grande-Bretagne. Il était aussi sous-entendu que Londres n'avait pas d'objection à ce que l'Allemagne augmentât encore plus sa puissance en tant que leader sur le continent, tant que l'indépendance des autres pays d'Europe occidentale n'était pas en jeu. Dans les notes marginales laissées par un Guillaume II rageur sur le télégramme, on lit que le principe anglais d'équilibre des puissances est une « idiotie » qui ferait de l'Angleterre « notre ennemie éternelle »[80].

D'après un témoignage indirect, le Kaiser aurait été dans « un état des plus agités » et d'une humeur « ouvertement belliqueuse ». Selon le compte-rendu de l'amiral von Müller, Guillaume II aurait vu dans le message de Haldane « une clarification désirable » des intentions britanniques, qui montrait que les stratèges allemands ayant spéculé sur une éventuelle neutralité de la Grande-Bretagne s'étaient trompés. À la lumière de ce message, si l'Allemagne partait en guerre, il fallait qu'elle sache qu'elle aurait aussi la Grande-Bretagne à affronter ; à cette fin, la marine devait accélérer certains programmes, comme la construction de sa flotte de sous-marins, les U-boats.

D'après le Kaiser — nous sommes en décembre 1912, en

pleine guerre balkanique — l'Autriche « doit traiter la Serbie énergiquement [...] et si la Russie soutient les Serbes, ce qu'elle fait de toute évidence [...] cette guerre sera inévitable pour nous aussi ». Quant à Moltke, comme nous l'avons vu, il déclara : « Je crois que la guerre est inévitable et le plus tôt sera le mieux. » Cependant (et ce bémol allait s'avérer significatif) Moltke ajouta : « Je crois que nous devrions davantage impliquer la presse » afin de forger un soutien populaire à l'idée d'une guerre contre la Russie.

Le Kaiser et Moltke, donc, étaient partisans d'une guerre immédiate. Tirpitz, pour sa part, s'il était d'accord sur le principe, aurait préféré « qu'on retardât les grands combats d'un an et demi ». La flotte avait besoin de temps pour achever l'élargissement et le creusement du canal de Kiel et pour finir d'installer la base d'Heligoland. Moltke lui objecta que même dans un an et demi, la marine ne serait pas encore prête et que d'ici là l'armée, qui était à court de fonds, serait dans une situation bien plus mauvaise.

La réunion semble avoir été ajournée dans un grand bruit de bottes mais sans que les participants en arrivent à une décision unanime. C'est un amiral von Müller déçu qui note dans son journal que le résultat de la conférence « arrivait à un total de presque zéro ». L'après-midi même, il écrivit au chancelier pour l'informer de ce que Bethmann-Hollweg, qui était le chef du gouvernement civil de l'Allemagne, qualifia tout de suite, mais peut-être à tort, de « décision de faire la guerre ». Müller lui fit part de l'ordre du Kaiser de mobiliser la presse pour préparer l'opinion publique à une guerre avec la Russie. Dans la semaine qui suivit cette conférence, Guillaume II parla souvent avec excitation de la guerre, la décrivant à chaque fois comme un affrontement racial.

Depuis le jour où Fritz Fischer a fait état de cette « décision de faire la guerre », les historiens se sont demandé si le fait que la guerre éclata un an et demi après est une pure coïncidence (peu après la conférence, Guillaume II déclara à l'ambassadeur de Suisse que le combat racial allait « probablement prendre place dans un an ou deux[81] »).

Au cours des deux années qui suivirent cette conférence

cruciale, les Allemands se jetèrent plus frénétiquement que jamais dans la course aux armements : mais celle-ci avait été décidée et lancée bien longtemps auparavant. D'après le professeur David Herrmann, spécialiste de cette question, elle avait en partie été entreprise dans un contexte de rivalité interarmes, et l'armée avait voulu porter un coup préventif contre la marine en cherchant à obtenir une augmentation de ses crédits telle qu'une augmentation de ceux de la marine deviendrait impossible ; autre raison, l'opinion publique comme l'armée avaient subi un véritable électrochoc, lors de la crise marocaine de 1911, se rendant compte que l'Allemagne aurait un redoutable défi à relever au cas où elle entrerait en guerre contre une coalition européenne.

La première guerre balkanique, cependant, qui s'était terminée en décembre 1912, au moment de la conférence « décision de faire la guerre », « eut un effet encore plus galvanisateur[82] », nous dit Herrmann, car elle « transforma l'ambiance de tension qui régnait en un sentiment d'urgence ». Les Slaves, semblait-il, raflaient pendant ce temps toute la mise, et l'Autriche-Hongrie, politiquement paralysée, ne faisait rien pour les arrêter. Les chefs de parti allemands, par ailleurs, parlaient ouvertement de la possibilité d'une guerre mondiale.

Le ministre allemand de la Guerre s'entêtait à vouloir limiter les effectifs de l'armée de façon à ce que les Junkers prussiens pussent continuer à la contrôler, tandis que Moltke, au contraire, beaucoup plus inquiet, proposait une augmentation de 50 % de ces mêmes effectifs. La facture de l'armée, en 1912, était impressionnante, et le fut encore plus l'année suivante : c'était la plus élevée de son histoire. La machine militaire allemande du temps de paix tournait à plein régime ; les augmentations ne purent être entièrement absorbées avant 1916.

Comme le savaient les dirigeants allemands, cette politique d'armement à tout-va pousserait les autres pays à tenter de se maintenir à niveau. Mais tous en étaient arrivés aux limites de ce qui était possible. Telle qu'elle était constituée, l'Allemagne ne pouvait pas franchir un cran de plus ; son organisation politique était trop anarchique ; son système d'impôt et de taxe, trop archaïque et vétuste. Elle ne pourrait continuer bien longtemps à ce rythme. La seule chose qui pouvait justifier le niveau des dépenses militaires de 1913 était la volonté de faire la guerre dans un futur très proche. L'opinion publique allemande, cependant, n'y était pas prête. En février 1913, Moltke, chef d'état-major général de l'Allemagne, écrivit à Conrad von Hötzendorf, chef d'état-major de l'Autriche-Hongrie, qu'il serait difficile de trouver un mot d'ordre qui persuaderait les Allemands d'entrer en guerre.

Pour le moment.

Chapitre 15

L'Europe bascule

Entre 1908 et 1913, la révolte des jeunes-turcs avait été suivie d'une succession d'interventions européennes dans des terres autrefois ottomanes ou qui l'étaient encore. Le soulèvement turc s'était traduit par l'annexion de la Bosnie-Herzégovine par l'Autriche-Hongrie. La France avait avancé ses pions au Maroc, inspirant à l'Italie l'idée d'attaquer l'Empire ottoman en Libye et dans la mer Égée, tandis que la Serbie, le Monténégro, la Grèce et la Bulgarie en faisaient autant dans les Balkans. Au cours de ces cinq années, les grandes puissances avaient réussi à éviter une confrontation, éteignant un foyer d'incendie après l'autre, tout en se dirigeant en même temps vers celle-ci. Les dépenses en armement des six grandes puissances, entre ces deux dates, augmentèrent de 50 %.

Considérés dans leur ensemble, les événements de ces années 1908-1913 s'étaient traduits par un changement dans le tableau politique de l'Europe.

• La Grande-Bretagne, lors de la crise d'Agadir, avait montré qu'elle abandonnerait son isolement traditionnel pour se porter au secours de la France, si celle-ci était menacée par l'Allemagne — même si c'était de la faute de la France.

• La France, lors des guerres des Balkans, avait fait comprendre qu'elle irait au-delà du traité purement défensif qui la liait à la Russie, dans un conflit avec l'Allemagne qui serait déclenché par la Russie.

- L'Allemagne, isolée depuis la crise d'Agadir en dépit de son traité avec la Double Monarchie, travailla à renforcer cette alliance en soutenant l'Autriche-Hongrie (comme Moltke le confirma à Conrad lors de la crise de Bosnie-Herzégovine) même dans le cadre d'une agression de la part de celle-ci, plutôt que de se retrouver isolée.
- On ne pouvait faire confiance à l'Italie, militairement imprévisible même quand elle affrontait le léthargique Empire ottoman.
- Les anciennes possessions turques en Europe, libérées par les peuples des Balkans et non (comme on s'y était attendu) par les grandes puissances, devinrent la proie d'une violence tous azimuts et de passions extrêmes entre les groupes ethniques rivaux, au lieu de bénéficier de la stabilité de l'équilibre des pouvoirs qu'auraient pu instaurer les grandes puissances, si elles s'en étaient mêlées.
- La Serbie, qui exultait à la suite de ses victoires éclairs dans les deux guerres des Balkans, ne pensait qu'à l'expansion de son territoire.
- L'Autriche, mortellement effrayée par les projets serbes, en était venue à se persuader que la seule issue, pour elle, était peut-être de frapper la première. Elle pensait que les Balkans avaient le potentiel de ne former qu'un seul bloc, autrement dit de devenir l'équivalent d'une grande puissance, et s'inquiétait à la perspective d'une telle entité slave, religieusement grecque orthodoxe et alignée sur la Russie, ce qui pouvait donc faire changer fondamentalement l'équilibre des forces en Europe en faveur du tandem France-Russie.
- Guillaume II, pendant un temps, avait vu dans un changement de l'équilibre des forces l'occasion de créer un État-tampon, ce qui aurait résolu le problème de la rivalité austro-russe tout en permettant aux chrétiens de s'unir pour s'étendre à l'est contre l'Islam.

Le 23 octobre 1913, l'empereur d'Allemagne Guillaume II décrivit en ces termes les conséquences des guerres balkaniques au ministre des Affaires étrangères autrichien : « Ce qui s'est passé est un processus historique à ranger dans la même catégorie que les grandes migrations de peuples, dans le cas présent, un puissant bond en avant des Slaves. À long terme, la guerre entre l'est et l'ouest est inévitable[83]. » Il continuait en ajoutant : « Les Slaves sont nés non pas pour régner, mais pour obéir... » Ce qui ne l'empêchait pas de penser, en même temps, qu'on pourrait persuader la Serbie d'accepter le leadership de l'Autriche-Hongrie et de sauver l'Occident. Sous une direction teutonique, le monde chrétien chercherait à l'est son expansion, de même que l'Islam l'avait jadis cherchée vers l'ouest avant de connaître un reflux.

Parmi toutes ces variations d'inclination et de perception des choses qui marquèrent la politique internationale pendant les années ayant précédé la guerre, celle qui nous paraît peut-être aujourd'hui la plus étrange et exotique était cette conviction du Kaiser et de plusieurs autres hommes d'État allemands que l'Allemagne s'affaiblissait. Or ce qui nous frappe un siècle après, au contraire, c'est le fait qu'en 1914 l'Allemagne occupait la première place, militairement et industriellement, et allait en renforçant son avance. Les chiffres de la production industrielle, entre autres données, sont là pour le prouver ; d'ailleurs, à cette époque, des politiciens et hommes d'affaires lucides, comme Joseph Chamberlain, constataient le déclin relatif de la Grande-Bretagne par rapport à l'Allemagne. Cela n'empêchait pas Moltke, chef du grand état-major général de l'armée allemande, ainsi que nombre d'hommes de pouvoir à Berlin, de considérer que la guerre était inévitable, et que plus tôt elle aurait lieu, plus ils auraient de chance de la gagner. Si l'Autriche-Hongrie avait besoin d'une guerre aujourd'hui, l'Allemagne, selon Moltke, en avait besoin d'une demain.

Bien que, comme l'indiquait la nouvelle vision des choses du Kaiser, l'Europe se fût un peu éloignée de la ligne rouge, celle-ci restait toujours fort proche. Entre 1908 et 1913, les Européens, en fait, n'avaient cessé de s'en rapprocher. Autrefois, les grandes puissances étaient liés par des traités d'alliance secrets, par lesquels elles s'engageaient à se défendre mutuellement en cas d'attaque. Mais à présent, ces alliances n'étaient plus seulement défensives. La France prendrait les armes pour aider la Russie, la Grande-Bretagne pour aider la France, que celle-ci eût tort ou raison, et l'Allemagne en ferait de même pour l'Autriche-Hongrie. La question que résoudrait cette guerre serait de savoir laquelle des grandes puissances en resterait une ensuite. En 1914, une seule d'entre elles avait le sentiment que son statut et son existence même couraient un danger immédiat si elle n'agissait pas sur-le-champ : l'Autriche-Hongrie.

L'encerclement était le cauchemar de l'Allemagne, et c'était l'Allemagne elle-même qui l'avait suscité. Située au cœur de l'Europe, elle avait tellement terrifié ses voisins qu'ils s'étaient ligués pour se défendre contre elle. Du coup, les mesures prises par eux avaient alimenté la paranoïa des Allemands. Ce qui, au début, n'était qu'une menace imaginaire et inquiétante était devenu une menace concrète et angoissante du fait même de la politique adoptée par l'Allemagne. La France, la Grande-Bretagne et la Russie n'avaient aucune intention d'attaquer l'Allemagne, mais elles élaboraient des plans « au cas où » pour combiner leurs forces lorsque l'Empire de Guillaume II déciderait de frapper, où qu'il frappât.

À tous les points de vue le peuple d'Europe le mieux et le plus largement éduqué et cultivé, le peuple allemand se racontait qu'il était de plus en plus étouffé, jusqu'à la suffocation, par la pression que la civilisation européenne exerçait sur lui de tous les côtés à la fois. Les raisons pour lesquelles les Allemands éprouvaient ce sentiment n'étaient pas très claires à l'époque et ne le sont toujours pas aujourd'hui, mais une chose est sûre : ils l'éprouvaient.

De tels sentiments ne laissaient pas d'influencer les questions politiques et militaires. Certains historiens estiment que la tension, en 1914, a baissé entre l'Allemagne et la Grande-Bretagne, lorsque furent réglés des conflits comme celui relatif au projet allemand de construire une ligne de chemin de fer Berlin-Bagdad, ou de nommer un officier général allemand, Otto Liman von Sanders, comme conseiller militaire auprès de l'Empire ottoman pour réorganiser son armée. Mais lorsque l'ambassadeur d'Allemagne à Londres (qui, on s'en souvient, était anglophile) envoya un message à Berlin incitant vivement les deux pays à s'entendre, le ministère allemand des Affaires étrangères n'en tira qu'une conclusion : que leur ambassadeur avait été victime d'une machination des Anglais, qu'il avait été « roulé dans la farine » (27 juin 1914). Lorsqu'un journal russe souligna que les alliés devaient se préparer : « contre nous », fut ce qu'écrivit Guillaume II en marge. « Ils mettent les bouchées doubles pour nous faire la guerre au plus tôt. » Et devant l'affirmation du journal qui ajoutait que ni la Russie ni la France ne voulaient la guerre, le Kaiser griffonna : « Balivernes[84] ! »

Chapitre 16

L'agitation reprend dans les Balkans

Dans la turbulente région des Balkans du début du XXe siècle, les traités de paix semblaient n'être que de brefs cessez-le-feu destinés à permettre aux belligérants de réorganiser leurs forces en vue du prochain affrontement. Ainsi en allait-il en juin 1914, lors d'une rencontre entre Guillaume II et l'archiduc François-Ferdinand, l'héritier du trône d'Autriche-Hongrie. Ces entretiens furent suivis d'un vaste tour d'horizon entre François-Ferdinand et le ministre des Affaires étrangères de la Double Monarchie, le comte Berchtold. De toutes ces discussions sortit un mémorandum, rédigé par plusieurs mains au ministère des Affaires étrangères autrichien, un texte qui esquissait les grandes lignes d'une stratégie pour l'Autriche-Hongrie.

La rencontre entre Guillaume II et François-Ferdinand avait eu lieu dans une propriété de campagne de l'archiduc à Konopischt, en Bohême (aujourd'hui, en République tchèque). Il n'existe aucune transcription de ce qu'ils se sont dit. Mais plusieurs choses semblent indiquer que le vieil empereur François-Joseph avait demandé à François-Ferdinand d'obtenir un engagement, de la part de Guillaume II, de continuer à soutenir l'Autriche-Hongrie sans condition, comme il l'avait déjà promis en novembre 1912, promesse qu'il n'avait pas encore renouvelée. Le gouvernement autrichien considérait que la

Serbie présentait un risque vital et aurait bien aimé en convaincre le Kaiser.

Les relations politiques entre Guillaume II et François-Ferdinand étaient beaucoup plus compliquées qu'elles pouvaient le paraître en surface. Pour le Kaiser, il s'agissait d'une amitié — au moins en partie — opportuniste. Il avait décidé, pour des raisons pratiques, de nouer des liens personnels avec l'héritier du trône des Habsbourg. À certains points de vue, ce n'était pas très difficile, car ils avaient des goûts communs, notamment la passion de la chasse. Guillaume II prenait bien garde de traiter Sophie, l'épouse de François-Ferdinand, en personne royale plus qu'en simple archiduchesse. Quant à François-Ferdinand, il le considérait comme le partenaire politique qu'il risquait fort de devenir à la mort de François-Joseph, déjà âgé. Il faisait de son mieux pour gagner l'amitié de François-Ferdinand ; mais il semblait que celui-ci n'éprouvât que des sentiments mitigés pour Guillaume II. Il y avait des tensions dans l'alliance germano-autrichienne.

Les deux hommes avaient chacun un tempérament d'autocrate. Ils n'étaient guère patients et nourrissaient chacun de forts préjugés. François-Ferdinand était d'un catholicisme intolérant, tandis que Guillaume II était protestant. Et l'archiduc était profondément blessé à l'idée que l'Empire des Habsbourg, jadis la première des puissances, n'était plus qu'un allié de second plan pour l'Allemagne de Guillaume II. Il détestait la Hongrie et déplorait la faiblesse qui avait obligé l'Autriche à accepter des Hongrois dans le gouvernement. Guillaume II, au contraire, ne tarissait pas d'éloges sur le comte Tisza, le Premier ministre hongrois, sans pour autant convaincre François-Ferdinand.

Les deux hommes entretenaient l'espoir d'une détente avec la Russie, dont le tsar était comme eux partisan de l'absolutisme royal. Mais au moment même où Guillaume II faisait passer son idéologie monarchiste avant son racisme anti-slave, Nicolas II, de son côté, subordonnait son idéologie aux grands intérêts de son pays. De toute façon, le Kaiser redoutait par-dessus tout que les Russes n'eussent l'intention d'envahir l'Allemagne.

A chaque fois, au cours des nombreuses crises qui furent si caractéristiques de cette période, les deux hommes avaient choisi la voie de la paix — ce qui leur valut, à l'un comme à l'autre, la méfiance des autorités militaires de leurs pays respectifs. Ils étaient tous les deux coutumiers des écarts de langage : François-Ferdinand avec les personnes, Guillaume II avec la politique.

Bien que des plus étroitement alliés, en théorie, le Kaiser avait en vue d'ambitieux projets économiques vers l'Asie, et même dans les Balkans, dont était exclue la Double Monarchie de François-Ferdinand. L'Autriche-Hongrie n'avait pas soutenu l'Allemagne pendant la crise du Maroc ; l'Allemagne n'avait pas soutenu l'Autriche-Hongrie en Albanie. Pendant la deuxième guerre des Balkans, l'Allemagne avait soutenu la Grèce alors que l'Autriche-Hongrie prenait parti pour la Bulgarie. Les Autrichiens, pour qui les raisons de craindre la Serbie (celle-ci venait de doubler sa superficie) étaient évidentes, ne comprenaient pas l'aveuglement de l'Allemagne. La Serbie, en effet, exerçait un attrait puissant, quasi magnétique, aux yeux de l'énorme population slave de l'Empire des Habsbourg.

Dans les orientations politiques qui se présentaient pour les Balkans en juin 1914, la question, pour les deux empires, était de savoir quel devrait être leur principal allié : la Roumanie ou la Bulgarie ? L'Allemagne préférait la Roumanie, tandis que l'Autriche, une fois de plus, choisissait la Bulgarie. Sur ce point, cependant, François-Ferdinand était en désaccord avec son gouvernement ; comme le Kaiser, il était pour la Roumanie.

Imaginons un instant ces deux hommes qui se consultaient en juin 1914 ; ils figuraient parmi les personnages les plus haïs de la vie publique européenne ; cependant, ils étaient peut-être les seuls, dans leurs gouvernements respectifs, à poursuivre avec acharnement le but on ne peut plus admirable de maintenir la paix. Personne n'était plus incompris qu'eux. Certes, il arrivait à Guillaume II, qui aimait les fortes paroles, de se lancer dans de belliqueuses diatribes, tel un adolescent agressif essayant d'impressionner ses pairs ; mais à chaque fois, il avait pourtant choisi la paix. Il y avait moins de raison de ne pas comprendre François-Ferdinand qui, en paroles et en actes, était pour la paix. Le général Conrad von Hötzendorf, le chef d'état-major autrichien, et un certain temps protégé de l'archiduc, se souvenait de l'aide de camp de François-Ferdinand déclarant, en 1913 : « L'archiduc a sonné la retraite sur tous les fronts, il ne veut en aucun cas d'une guerre avec la Russie, il ne la laissera pas déclarer. Il ne veut pas un prunier, pas un mouton de la Serbie... » Berchtold, le ministre des Affaires étrangères autrichien, répondit à Conrad : « L'héritier présomptif est entièrement du côté de la paix. » À des hôtes à sa table, François-Ferdinand aurait confié que l'Autriche n'avait rien à gagner dans la conquête de la Serbie, et que partir en guerre serait « quelque peu absurde ».

Le 16 mars 1914, Conrad, dans un entretien avec l'ambassadeur d'Allemagne à Vienne, parla comme souvent de faire la guerre à la Russie. Mais l'ambassadeur lui répondit que c'était impossible : « Deux personnes importantes sont contre, votre archiduc François-Ferdinand et mon Kaiser. »

Une vérité ignorée de la politique internationale, en 1914, en tout cas complètement ignorée de l'opinion publique d'alors, était que si ces deux hommes avaient continué à collaborer et à poursuivre leurs objectifs communs, les grandes puissances d'Europe auraient très bien pu rester en paix.

Parmi leurs inquiétudes, il y avait le problème de l'Albanie, pays créé par les grandes puissances pour contenir les ambitions expansionnistes de la Serbie. Il avait été sous-entendu que le pays aurait une orientation pro-autrichienne et pro-allemande ; on avait même placé un monarque allemand sur le trône. L'Italie, cependant, bien qu'en principe l'alliée de l'Allemagne et de l'Autriche-Hongrie dans la Triplice, manœuvrait en sous-main pour placer le pays nouvellement créé dans sa zone d'influence. Sur cette question, l'Italie devenait une rivale, et peut-être même une ennemie.

La Russie faisait-elle partie des questions inquiétantes ?

Guillaume II et François-Ferdinand avaient tendance à penser que non, et étaient en faveur d'un dégel des relations avec le tsar. Aux Affaires étrangères de Vienne, toutefois, il y en avait pour redouter que, comme en 1912, des Russes panslaves ne parvinssent à confédérer tous les pays balkaniques — mais contre l'Allemagne et l'Autriche-Hongrie et non plus contre la Turquie.

Guillaume II pensait que les pays balkaniques resteraient désunis. Il fallait trouver comment soutenir la combinaison la plus judicieuse. La Roumanie arrivait en tête de liste. Son monarque avait promis, secrètement et personnellement, de soutenir la Triple Alliance. Mais cela n'engageait pas son pays ; Guillaume II et François-Ferdinand espéraient un geste fort et public.

Parmi les problèmes que soulevait cette option, il y avait le fait que la Hongrie, dont le sort était lié à l'Autriche dans la Double Monarchie, avait un contentieux très conflictuel avec la Roumanie — un contentieux qui n'est d'ailleurs pas encore réglé aujourd'hui. François-Ferdinand, farouchement anti-hongrois, était irrité et humilié à l'idée que l'Autriche avait été obligée de partager l'Empire des Habsbourg avec eux. Il aurait aimé s'allier avec la Roumanie au détriment de la Hongrie. Le Kaiser, pour sa part, refusait de prendre ce problème en compte ; il admirait le Premier ministre hongrois et pensait qu'il devait bien y avoir une solution au conflit entre la Roumanie et la Hongrie. Il désirait aussi une alliance avec la Grèce, mais rien ne prouvait que la Grèce fût tentée par ses propositions. Finalement, il aurait aimé réconcilier l'Autriche et la Serbie, au grand dam des Autrichiens qui essayaient en vain de le convaincre que, au contraire, la Serbie constituait une menace grave qu'il fallait neutraliser. De fait, Guillaume II essayait de recréer l'alliance victorieuse de la deuxième guerre des Balkans, à ceci près qu'elle serait dirigée par l'Allemagne et l'Autriche-Hongrie. Il trouvait logique de choisir le camp des vainqueurs.

Berchtold voyait les choses tout autrement. Le ministre des Affaires étrangères de la Double Monarchie ne croyait pas en l'alliance avec la Roumanie (à cause du contentieux hongrois) et estimait qu'il fallait s'entendre avec l'ennemie de celle-ci, la Bulgarie. Néanmoins, la Bulgarie avait des liens avec la Turquie, ce qui rejetait la Grèce dans l'autre camp. Berchtold voulait au fond recréer l'alliance de la deuxième guerre des Balkans, non pas à partir du groupe des vainqueurs, mais de celui des vaincus.

À la veille d'une crise mondiale, en fin de compte, il n'y avait aucun accord entre Berlin et Vienne sur qui était l'ennemi et sur l'interprétation à donner aux querelles qui agitaient les Balkans.

En ce qui concernait le reste de l'Europe, les deux empires germanophones savaient un peu mieux qui était avec eux et qui était contre eux ; il y avait eux-mêmes et peut-être l'Italie, d'un côté ; la Russie, la France et peut-être la Grande-Bretagne de l'autre. De plus, les deux chefs d'état-major allemand et autrichien, Helmut von Moltke et Franz Conrad von Hötzendorf, étaient en contact étroit et avaient des entretiens stratégiques assez réguliers. Les deux généraux étaient partisans de lancer une guerre préventive.

L'historien Hew Strachan, spécialiste de la Première Guerre mondiale, a relevé que Conrad avait proposé « une guerre préventive contre la Serbie en 1906, puis en 1908-1909, puis en 1912-1913, puis en octobre 1913, puis en mai 1914 ; entre le 1er janvier 1913 et le 1er janvier 1914, il relança vingt-cinq fois cette proposition[85] ».

Les généraux étaient subordonnés à des empereurs qui préféraient la paix ; et en Allemagne, Moltke avait de plus à faire face au puissant amiral Tirpitz, qui préférait, au moins pour les années à venir, un statut de guerre froide avant d'engager un conflit sur mer avec la Grande-Bretagne plutôt qu'une guerre terrestre avec la France et la Russie. Par ailleurs, le département de la Guerre menait en sous-main campagne contre Moltke, afin que le corps des officiers demeurât suffisamment réduit pour assurer aux Prussiens le contrôle de l'Allemagne ; mais du coup, il était quelque peu inférieur à ce qui aurait été nécessaire pour gagner la guerre.

Moltke lui-même, en 1913, avait d'ailleurs été contre le déclenchement d'une guerre dans les conditions qui régnaient cette année-là ; le moment lui paraissait mal venu. Il continuait à croire qu'une « guerre européenne devra nécessairement éclater un jour ou l'autre, et la question sera de régler le conflit entre le monde allemand et le monde slave ». Il considérait cependant qu'il ne fallait pas déclencher un conflit sans que l'opinion publique se fût ralliée autour de cette cause : « Il faut réfléchir avec soin avant de se lancer dans une guerre[86]. »

À l'aube du XXe siècle, les Européens étaient plus riches et puissants que n'importe quel peuple. Ils auraient donc dû vivre dans un sentiment de sécurité inconnu jusque-là. Tout au contraire. Ils étaient — eux-mêmes, ou au moins leurs gouvernements — envahis par la peur. Ils sentaient le sol trembler sous leurs pieds. Où et quand, ils l'ignoraient ; mais un séisme, ils en étaient convaincus, allait frapper.

De l'autre côté de l'Atlantique, il y avait au moins un homme d'État américain suffisamment sensible aux réalités européennes pour ressentir la même chose. Il s'appelait Edward House, et pouvait parler au nom du Président. Il décida de tout tenter pour empêcher que ne se produisît le cataclysme qui menaçait.

Chapitre 17

Une tentative pour enrayer le compte à rebours

16 mai 1914, port de New York. Une foule immense s'est rassemblée sur les quais pour assister à l'appareillage du transatlantique *Imperator*, en partance pour l'Europe. Parmi ceux qui montent à bord se trouve Edward House — ou le colonel House, pour lui donner son titre honoraire texan.

Dans un article, le *New York Sun* décrivait House, cinquante-cinq ans, comme « un homme mince, d'âge moyen, avec une moustache grise soigneusement taillée, bien habillé, l'air calme, marchant d'un pas tranquille mais assuré ». Il parlait aussi sans élever la voix, d'un ton qui était parfois d'une grande douceur.

Il était, depuis toujours, un homme politique de l'ombre. Il ne fut jamais candidat à aucune fonction publique. Il faisait partie de ces hommes à qui les autres confiaient leurs secrets. Jamais ils n'avaient d'auditeur plus attentif : l'homme savait écouter. Les personnes qui s'étaient entretenues avec lui repartaient convaincues d'avoir été comprises, ce qui en général était vrai, et qu'il avait sympathisé avec elles, ce qui souvent ne l'était pas.

Assez riche pour être indépendant, en excellents termes avec tous ceux qui comptaient à Wall Street, il habitait à Manhattan mais avait une résidence et sa base politique au Texas. Au besoin, il prenait le train pour Washington et allait à la Maison-Blanche rencontrer son meilleur ami, le président Woodrow Wilson, un réformateur dont c'était le premier mandat. House avait contribué à lui faire gagner l'élection présidentielle de 1912. Celle-ci avait été placée sous le signe des divisions du Parti républicain, et Wilson avait été élu avec moins de 50 % du vote populaire et bien moins de la moitié des voix du collège des grands électeurs.

Wilson est l'une des personnalités les plus étranges jamais élevées au statut de président. Ce reclus, qui ne se sentait à l'aise qu'au milieu des femmes et des enfants, n'avait pas le goût de la politique et n'aimait guère les politiciens, trouvant leurs compromis et leurs accords douteux, et leurs ambitions politiques — la sienne exceptée — sordides.

Un hasard heureux rapprocha Wilson et House lors des élections de 1912. House devint l'alter ego du futur président. Une fois Wilson élu, House prit en charge une bonne partie des aspects politiques de la présidence : les corvées que Wilson ne pouvait ou ne voulait pas assurer. House était celui qui recevait ceux qui voulaient un poste ou recherchaient une faveur de la nouvelle administration. S'il y avait des accords à conclure ou des tractations à mener, il s'en chargeait. Les spécialistes continuent à se disputer sur la contribution respective des deux hommes dans les résultats positifs du gouvernement Wilson ; toujours est-il que House joua un rôle essentiel dans l'établissement de la Banque fédérale, dans la réforme des tarifs douaniers et dans l'institution de l'impôt sur le revenu.

Dans le domaine des affaires étrangères, au moins au cours des deux premières années de la présidence de Wilson, ce fut House, grand connaisseur de la politique internationale, qui suivit de près les événements d'Europe alors que Wilson, fort ignorant en la matière, ne s'y intéressait pas.

House notait, au printemps de 1914, que « le Président ne s'est guère intéressé à la situation qui règne actuellement en Europe... ». Lui-même était très inquiet, et de ce qu'il voyait, et de ce qu'il prévoyait. Apparemment, il était le seul homme d'État américain à comprendre les implications des guerres balkaniques, à sentir en particulier qu'elles pouvaient finir par menacer la paix et la stabilité du monde.

Pour parer aux dangers qu'il voyait se profiler, House proposa de se rendre en Europe afin d'y négocier la création d'une structure internationale qui aurait pour mission le maintien d'une paix durable entre les grandes puissances. Wilson, séduit par le projet, donna son appui à cette entreprise. Le nom que House donna lui-même (à titre privé) à la mission dans laquelle il allait s'embarquer fut « la grande aventure ».

L'efficacité de House et sa valeur aux yeux du Président tenaient en grande partie à sa discrétion. On pouvait lui confier n'importe quel secret. Le personnage suscita une large curiosité populaire. Le représentant comme un homme mystérieux, un rédacteur en chef en fit le portrait suivant à l'un de ses journalistes : « House ne voit personne. On ne peut pas le joindre. Personne ne connaît son adresse, et son numéro de téléphone est sur liste rouge[87]. » C'était fort exagéré ; House, comme tout bon politicien, était disponible pour les autres. Alors qu'il était à bord de l'*Imperator*, préoccupé avant tout par sa mission secrète, il trouva le temps de s'occuper du câble d'une femme qui lui demandait que son mari passât du service consulaire de Rio à celui de Londres — une promotion. « Même en mer, il n'y a pas de repos pour ceux qui cherchent une place[88] », fut son commentaire.

Dans un premier temps, House voulait persuader l'Allemagne et la Grande-Bretagne de se joindre aux États-Unis dans une alliance conçue pour maintenir la paix. Il pensait depuis longtemps que les principales puissances d'Europe avaient accumulé un tel pouvoir que, en se liguant avec les États-Unis, elles pourraient empêcher les guerres importantes.

Idée qui, si l'on peut dire, était dans les airs. Theodore Roosevelt avait un temps envisagé la fondation d'un cartel de quatre ou cinq grandes puissances qui serait chargé du maintien de la stabilité et de la paix sur la planète. Le concept d'une ligue des nations faisait aussi surface, de temps en temps, dans le gouvernement libéral de la Grande-Bretagne.

Andrew Carnegie, magnat de l'acier devenu l'un des

hommes les plus riches au monde, s'était intéressé à un projet assez similaire à celui de House, quelques années auparavant. Envisageant une alliance des « nations teutoniques », Carnegie s'était demandé, quelque peu rhétoriquement : « Pourquoi devraient-elles toujours se quereller ? » Il croyait avoir acquis le soutien du gouvernement britannique, et en particulier du Premier ministre Herbert Asquith et du ministre des Affaires étrangères, Sir Edward Grey. Pour que son projet se concrétisât, il pensait qu'il lui suffisait de convaincre le Kaiser Guillaume II d'en prendre la tête : « Aujourd'hui, un homme a le pouvoir de fonder cette ligue de la paix, expliquait Carnegie en 1907. C'est entre ses mains ; entre tous les hommes, il semble que seul l'empereur d'Allemagne ait le pouvoir d'abolir la guerre[89]... » Pour des raisons pas très évidentes, Carnegie crut que la mort du roi d'Angleterre Edouard VII, en 1910, avait anéanti son plan.

Comme Carnegie, House croyait avoir le soutien du gouvernement britannique et qu'une chose pourrait rendre son projet viable : obtenir celui du Kaiser. Au printemps 1914, dès son arrivée en Europe, House partit pour l'Allemagne. À bord du bateau, puis après avoir mis le pied en Allemagne, le diplomate sonda diverses personnalités allemandes bien placées et informées ; ce qu'il entendit ne présageait rien de bon pour la paix. Le 29 mai, de Berlin, il écrivit une lettre à Wilson pour lui faire part que ce qu'il avait appris jusqu'ici « tendait à confirmer l'opinion qu'il n'y a pratiquement aucune chance d'améliorer les choses [...] la situation est extraordinaire. C'est du chauvinisme poussé jusqu'au délire le plus complet[90] ». Il prédisait « un affreux cataclysme » si Wilson ne prenait pas la situation en main, parce que « personne en Europe ne peut le faire. Il y a trop de haines, trop de jalousies ».

En Russie, une violente campagne de presse avait été lancée contre l'Autriche-Hongrie, et une campagne similaire en Autriche-Hongrie contre la Russie. La Ligue pangermanique, groupe de pression très bien introduit en Allemagne, annonça, le 9 avril 1914, que « la France et la Russie se préparent à un combat décisif avec l'Allemagne et l'Autriche-Hongrie, et ont l'intention de frapper à la première occasion ». Une manchette de journal, le 11 mai 1914, avertit les Allemands qu'« une guerre, comme l'histoire n'en a jamais connu de semblable, est en vue ».

Selon l'analyse que House faisait de la situation, la Russie et la France allaient « s'abattre » sur l'Allemagne et son alliée l'Autriche-Hongrie, pour peu qu'elles eussent le feu vert de la Grande-Bretagne. Mais la Grande-Bretagne hésitait à le donner : si l'Allemagne était écrasée, qui resterait pour tenir tête à la Russie et la contenir ? Cependant, si l'Allemagne continuait de menacer la suprématie maritime de la Grande-Bretagne, Londres n'aurait plus d'autre choix que de relever le défi lancé par Berlin.

D'où le plan de paix de House : un accord entre la Grande-Bretagne et l'Allemagne pour limiter la taille de leurs forces navales respectives, accord que les États-Unis se chargeraient de négocier. Voilà qui pourrait déboucher sur le monde en paix que désirait l'Amérique ; mais, toujours réaliste, House faisait remarquer qu'« il y aurait peut-être quelques désavantages pour nous » si jamais la Grande-Bretagne et l'Allemagne s'entendaient.

L'attitude de l'amiral Tirpitz soulignait une autre faiblesse du plan House. « Il prétend n'avoir aucun désir de conquête et affirme que l'Allemagne ne souhaite que la paix, mais que le seul moyen de la maintenir est d'inspirer la peur à ses ennemis. » House aurait voulu que l'Allemagne arrêtât de renforcer sa marine de guerre, alors que Tirpitz, au contraire, « ne visait qu'à son expansion ».

Le principal objectif de House était d'obtenir un entretien avec le maître de l'Allemagne, et il y parvint. Le 1er juin 1914, lors d'une journée de festivités comprenant des cérémonies religieuses, des parades et des remises de décorations, House fut reçu une demi-heure par le Kaiser.

Les notes laissées par l'Américain indiquent que les deux hommes ont discuté « de la situation européenne en tant qu'elle affecte la race anglo-saxonne ». Le Kaiser estimait que l'Angleterre, l'Allemagne et les États-Unis représentaient la civilisation chrétienne ; que les Latins et les Slaves étaient des demi-barbares en qui on ne pouvait avoir confiance ; et que la Grande-Bretagne avait donc tort de s'allier avec la France et la Russie. Mais d'un autre côté, il dit que le cœur teutonique — Allemagne, Grande-Bretagne et États-Unis — aurait dû s'allier avec les autres pays européens pour défendre la civilisation occidentale « contre les races orientales ».

House essaya de persuader le Kaiser que l'Allemagne aurait dû renoncer à défier la puissance navale britannique. Que dans ce cas-là, la Grande-Bretagne n'aurait plus besoin de s'allier avec la Russie. C'était seulement la menace allemande qui avait poussé les Anglais dans les bras des Russes. La Russie était, à tout prendre, l'ennemie naturelle de la Grande-Bretagne. En d'autres termes, il ne tenait qu'au Kaiser de réaliser ce qu'il affirmait désirer : que la Grande-Bretagne se détachât de la Russie et de la France pour s'allier avec l'Allemagne.

House parla « de la communauté d'intérêts entre l'Angleterre, l'Allemagne et les États-Unis, [pensant] que si ces trois pays s'entendaient, la paix pourrait être maintenue dans le monde [...] Cependant, à mon avis, il ne pourra pas y avoir d'entente entre l'Allemagne et la Grande-Bretagne tant qu'il [le Kaiser] continuera à renforcer sa marine[91] ». Guillaume II répondit qu'il avait besoin d'une marine puissante, mais que lorsque le programme actuel de lancements serait terminé, il n'irait pas plus loin.

House avança aussi l'idée qu'un Américain — lui-même ou le Président — serait peut-être mieux à même qu'un Européen de faire s'entendre les grandes puissances européennes. Guillaume II approuva. House lui répondit qu'il avait tenu à le voir en premier, et qu'il allait se rendre directement à Londres pour essayer d'obtenir l'accord de la Grande-Bretagne à une initiative des États-Unis dans cet esprit.

Quand il quitta Berlin, House nourrissait quelques espoirs de réussir. De Paris, le 3 juin, il fit savoir à Wilson qu'il avait parlé à presque tous ceux qui comptaient en Allemagne. « Je suis content de vous annoncer que j'ai eu autant de succès que je l'espérais et que je dispose de beaucoup d'éléments pour ouvrir les négociations avec Londres. » L'empereur d'Allemagne « avait paru heureux que je me mette à la tâche [...] et fut d'accord avec moi pour dire que tout programme sur lequel les États-Unis, la Grande-Bretagne et l'Allemagne s'entendraient ne pourrait que réussir ».

Le cœur du problème, tel que le voyait House, tenait à ce que « l'Angleterre et l'Allemagne ont un sentiment commun : elles ont peur l'une de l'autre[92] ». Il estimait que sa tâche consistait à faire disparaître cette peur en rapprochant les dirigeants des deux pays et en les encourageant à se connaître et à se faire confiance. House croyait qu'il n'y avait rien de mieux qu'une rencontre au sommet, en face à face, pour aplanir les problèmes ; qu'il était essentiel que « les principaux concernés se retrouvent ensemble [...] pour dissiper les malentendus ». Il avait le sentiment que c'était « une manière juste de commencer la grande tâche que j'ai entreprise ».

House partit de Paris pour Londres le 9 juin. Il nota dans son journal que Walter Hines Page, l'ambassadeur américain en Grande-Bretagne, « a eu la bonté de considérer le travail que j'ai fait en Allemagne comme le plus important pour cette génération[93] ». Page s'employa à organiser une rencontre entre House et le ministre britannique des Affaires étrangères, Sir Edward Grey. Ce ne fut pas facile. House expliqua à Wilson que « tout est ici englué dans les manifestations sociales et il est impossible de travailler rapidement. Ici, on ne pense qu'à Ascot, aux garden-parties, etc.[94] ».

Le 27 juin, House rencontra enfin Grey au cours d'un déjeuner. D'autres personnes étaient présentes, mais les deux hommes furent pratiquement les seuls à parler, se lançant dans un vaste tour d'horizon de la situation politique troublée de l'Europe. Ils s'accordèrent à dire que les dirigeants de la France avaient renoncé à toute idée de récupérer les territoires d'Alsace et de Lorraine perdus pendant la guerre de 1870, ou de prendre d'une manière ou d'une autre leur revanche sur les Allemands. Certes, le peuple français nourrissait encore ce genre de rêves, mais les hommes d'État français reconnaissaient que l'accroissement de la population allemande par rapport à la population française rendait ces rêves de moins en moins réalistes.

Pour ce qui était de la Russie et de la Grande-Bretagne, Grey fit remarquer que les deux nations étaient en contact en de si nombreux points du monde qu'il était important qu'elles restassent dans les meilleurs termes. Grey prétendit comprendre que l'Allemagne eût éprouvé le besoin de se bâtir une grande flotte. Ce fut House qui mit Grey en garde — et non le contraire — contre « l'esprit belliqueux militant qui règne en Allemagne et les fortes tensions dans la population [...] [Je dis que] je pensais que l'Allemagne frapperait rapidement, lorsqu'elle ferait mouvement. Qu'il n'y aurait ni pourparlers ni discussion. Que lorsqu'elle aurait l'impression qu'une difficulté ne pouvait être résolue par des négociations pacifiques, elle ne prendrait aucun risque, mais frapperait. Que je pensais que le Kaiser en personne et la plupart de ses conseillers les plus proches ne voulaient pas la guerre, car ils souhaitaient que l'Allemagne se développât par le commerce et l'accroissement de ses richesses, mais que l'armée était martiale et agressive et prête à faire la guerre n'importe quand ».

Enfin les deux hommes furent d'accord pour dire — moins de vingt-quatre heures avant que l'archiduc François-Ferdinand ne fût assassiné à Sarajevo : « Ni la Grande-Bretagne, ni l'Allemagne, ni la Russie, ni la France ne souhaitent la guerre. » Avec une prescience qui montre à quel point il voyait loin, en termes de stabilité internationale, House invitait les quatre grandes puissances européennes à conclure un accord avec les États-Unis, accord par lequel, agissant de concert, ils consentiraient des crédits à des taux préférentiels « aux pays sous-développés du monde[95] ».

Tandis que le mois de juin tirait à sa fin, House continua de consulter les dirigeants européens, à la poursuite de son rêve de paix pour le monde.

Dix ans plus tard, Grey écrivit que « House venait juste d'arriver de Berlin, et il a parlé sur un ton grave de l'impression qu'il avait ressentie là-bas ; comment il y régnait une ambiance militaire, la tension de ceux qui sont prêts à frapper. On aurait pu attribuer sa réaction au fait que cette impression était normale, pour un Américain voyant de près, pour la première fois, un système militaire continental. C'était quelque chose de tout aussi étranger à notre tempérament qu'au sien, mais qui nous était familier. Nous avions vécu avec pendant des années ; nous l'avions vu grandir et croître depuis 1870. Mais House était quelqu'un d'une envergure exceptionnelle et d'un jugement froid. Et si le militaire avait pris le pas sur le politique ?[96] ».

Au printemps de 1914, tandis que House poursuivait sa mission, les chefs d'état-major de l'Allemagne et de l'Autriche-Hongrie, Moltke et Conrad, prirent ensemble les bains à Carlsbad, en Bohême. Ils discutèrent plans de guerre. Moltke avait aussi eu des entretiens à ce sujet, peu de temps avant, avec Jagow, le ministre des Affaires étrangères d'Allemagne. Jagow avait bien noté ce que Moltke lui avait dit (c'est Jagow qui parle) : que dans deux ou trois ans, « la supériorité militaire de nos ennemis sera [...] si grande qu'il ne savait pas comment on pourrait en venir à bout. Aujourd'hui, nous pourrions encore leur tenir tête. À son avis, il n'y a pas d'autre alternative que de mener une guerre préventive pour vaincre l'ennemi tant qu'il y a une chance de victoire. Le chef de l'état-major général a donc proposé que je pratique une politique ayant pour but de provoquer une guerre dans un avenir proche ».

QUATRIÈME PARTIE

* * *

Un double assassinat

Chapitre 18

La dernière valse

Bien que François-Ferdinand von Österreich-Este, neveu du vieil empereur François-Joseph et héritier présomptif du trône des Habsbourg d'Autriche-Hongrie, n'eût pas toujours été logique ni cohérent dans la vision qu'il avait de l'avenir de son pays, les éléments épars de sa pensée, dans une certaine mesure, se tenaient à peu près. Ils avaient pris les nuances d'une mission historique de restauration car, si ses vœux politiques les plus chers avaient été comblés, c'est à cela qu'ils auraient abouti. Profondément catholique mais anti-italien, il aurait aimé rompre l'unité italienne qui, après des siècles d'efforts, avaient enfin été réalisée cinquante ans auparavant, et pouvoir rétablir l'autorité du pape — ainsi que celle que l'Autriche détenait naguère sur une partie de la péninsule. Son rêve était que l'Empire des Habsbourg fît jeu égal avec l'Allemagne dans le concert des puissances européennes, reprît son ancien rang, c'est-à-dire le premier. Intensément anti-hongrois, il aurait annulé le statut d'égalité du royaume de Hongrie dans la Double Monarchie pour revenir à une structure centralisée dans laquelle les autres nationalités (ou du moins de nombreux Slaves) auraient disposé d'une identique autonomie limitée. Finalement, il aurait réparé la brèche ouverte avec la Russie depuis la dernière moitié du XIXe siècle et se serait entendu avec le tsar et le Kaiser pour promouvoir la cause du monarchisme et des valeurs traditionnelles en Europe et dans le monde, comme cela s'était fait en 1815, par exemple, avec la Sainte Alliance.

Au printemps 1914, l'héritier présomptif était âgé de cinquante ans. Il paraissait avoir surmonté la maladie qui l'avait tourmenté quand il était plus jeune. De taille moyenne, il avait de l'embonpoint et sa moustache en guidon de bicyclette, si elle était plus fournie que celle du Kaiser, se redressait moins fièrement.

François-Ferdinand disposait de sa propre chancellerie militaire, avec le consentement de l'empereur ; la reconnaissance officielle de cet organisme datait de 1908. Avec l'aide de ses conseillers personnels, François-Ferdinand « en arriva à jouir d'une certaine influence et même de pouvoir, et à avoir son mot à dire, pour ne pas parler de droit de veto, sur les postes de ministre de la Guerre et de chef d'état-major général[97] », comme l'a relevé un historien contemporain.

L'archiduc nourrissait une passion pour l'armée de son pays, mais sa tendance, dans les nombreuses crises qu'il connut au cours de sa vie, était de reculer et d'éviter la guerre. En ceci (mais guère dans les autres domaines) il aurait été le véritable héritier de François-Joseph, qui avait vu son Empire perdre tant de guerres et avait toujours semblé pencher pour la paix lors des crises du début du XXe siècle. François-Joseph avait quatre-vingt-quatre ans au début de 1914. Il était monté sur le trône en 1848. La plupart de ses sujets ne se souvenaient pas d'avoir eu un autre souverain. Avec l'âge, il avait acquis l'image d'un vieux gentleman débonnaire, le grand-père de la nation. Il symbolisait la continuité avec le passé et avec ses valeurs et ses vertus. Il se levait avant le jour pour remplir ses devoirs, se mettant au travail tous les matins à l'aube, et restait douze heures ou plus à sa table de travail.

Un tel sens du devoir se traduisait par une certaine raideur, une difficulté à donner, un manque de souplesse — traits qui paraissaient d'ailleurs marquer, d'une manière générale, le régime sclérosé des Habsbourg. La littérature de l'époque laisse à penser que, derrière l'excessif formalisme de la vie à Vienne, se cachaient bien des frustrations et des répressions ;

et le plus célèbre des psychologues de la ville, Sigmund Freud, n'avait peut-être pas tort de laisser entendre que les désirs inavoués, les maladies dont les gens avaient honte et les pratiques sexuelles considérées comme perverses étaient largement répandus sous ce vernis. François-Joseph, tout vertueux qu'il fût, avait transmis une maladie vénérienne à sa ravissante épouse, et passé sa vie privée avec une actrice, Katharina Schratt — curieuse maîtresse, puisqu'il ne la touchait jamais ailleurs qu'aux épaules. Son fils unique, le prince héritier Rodolphe, mourut en compagnie d'une jeune ballerine des suites de blessures par balle qu'on a bien du mal à croire avoir été faites lors d'un accident de chasse (la version officielle). Pour une fois, Hollywood, dans le film *Mayerling*, plus plausible, présenta une version dans laquelle les deux amants se seraient suicidés faute de pouvoir se marier.

François-Ferdinand, cousin de Rodolphe auquel il succéda en tant qu'héritier du trône, s'était trouvé lui aussi dans la même situation de ne pouvoir épouser la femme qu'il aimait.

Grande, brune, la comtesse Sophie Chotek von Chotkova und Wognin était employée comme dame d'honneur dans une maison archiducale où François-Ferdinand se rendait souvent. On pensa tout d'abord qu'il courtisait l'une des filles de la maison. Leur mère découvrit avec horreur qu'il ne s'agissait que d'une couverture, et que l'objet des désirs de l'archiduc était en réalité Sophie, qu'elle mit aussitôt à la porte. François-Ferdinand proposa d'épouser la jeune femme, mais l'empereur refusa.

En réalité, Sophie était d'ancienne noblesse, mais sa famille, appauvrie, n'avait pas eu les moyens financiers de figurer sur la liste, préparée par les puissances européennes en 1815, après le Congrès de Vienne, de celles qui pouvaient prétendre épouser une personne royale. Tenant néanmoins à cette union, François-Ferdinand épousa morganatiquement Sophie en 1900, alors qu'il avait trente-sept ans et elle trente-deux ; mais du coup, il devait renoncer à ce que leurs enfants montassent après lui sur le trône, et la comtesse Chotek (faite plus tard duchesse de Hohenberg), ne pouvait figurer à ses côtés dans les occasions officielles, où elle se retrouvait reléguée à un rang inférieur. Le prince Alfred Montenuovo, le chambellan impérial responsable de l'étiquette, s'en était fait une farouche ennemie.

L'empereur François-Joseph redoutait, semble-t-il, qu'une fois sur le trône François-Ferdinand ne revînt sur sa parole, peut-être en demandant une dispense papale, et ne fît de Sophie une impératrice légitime, ce qui permettrait à leurs trois enfants de devenir à leur tour héritiers présomptifs. À la lumière de cette crainte justifiée, il semble d'autant plus étrange que les personnages officiels de la cour eussent osé se livrer à leurs mesquines persécutions vis-à-vis de Sophie, par une observation méticuleuse du protocole qui était autant d'occasions de l'humilier en public. Elle risquait bien, un jour, de devoir leur rembourser ces avanies ; François-Ferdinand lui-même n'aurait peut-être pas détesté, lui aussi, se venger d'eux.

L'héritier présomptif n'inspirait pas la sympathie. Rares sont ses contemporains qui ont dit du bien de lui. La seule chose qui les touchait vraiment et qui nous touche encore, chez lui, est l'amour qu'il portait à son épouse et à ses enfants. Lorsqu'on lui demanda, en 1913, de bien vouloir aller inspecter les forces armées en Bosnie-Herzégovine pour des manœuvres prévues à la fin de 1914 (une perspective qui n'avait rien de séduisant, à certains points de vue, la région étant encore disputée entre l'Autriche et la Hongrie), il fut convenu que Sophie pourrait prendre place à ses côtés dans les manifestations officielles. Les cérémonies étaient prévues dans la capitale régionale de Sarajevo le 28 juin, jour de leur anniversaire de mariage.

Les responsables autrichiens de ces cérémonies auraient été mieux inspirés non seulement de prendre note, mais de tenir compte du fait que le 28 juin était aussi l'anniversaire de la première bataille du Kosovo (1389), à la suite de laquelle les Serbes auraient perdu leur indépendance pour se retrouver soumis aux Turcs. Les Serbes de Bosnie-Herzégovine, qui ne s'étaient toujours pas remis du fait d'avoir été annexés par l'Autriche-Hongrie plutôt que par la Serbie, risquaient de prendre particulièrement mal cette démonstration de force à une date pareille.

La réputation d'efficacité de la maison civile des Habsbourg fut sévèrement mise à mal pendant ce voyage. Il y eut une panne d'électricité au moment où l'archiduc monta dans le train. Des valets de pied durent apporter à la hâte des chandeliers. D'ordinaire impatient et irascible, François-Ferdinand préféra en plaisanter, et dit qu'il avait l'impression d'« entrer dans une tombe ».

C'est sous la pluie que s'ébranla le convoi, ce mercredi matin 24 juin. Le couple ne voyagea pas ensemble, et Sophie arriva la première à leur destination, la station thermale de Bad Ilidje, à l'extérieur de Sarajevo. François-Ferdinand arriva en fin d'après-midi, le jeudi 25. Ils étaient logés à l'hôtel Bosna, réquisitionné par les autorités pour la durée de leur séjour. Les gens de la ville avaient prêté du mobilier et des éléments de décoration à l'hôtel pour qu'il apparût sous son meilleur jour aux augustes visiteurs.

Le jeudi soir, la fantaisie leur prit d'aller faire les boutiques en ville. Ils flânèrent dans une rue commerçante de Sarajevo où, entre autres, des artisans vendaient les produits de leur travail. Ils passèrent un certain temps dans une boutique de marchand de tapis. La foule qui les suivait paraissait amicale et accueillante.

Les deux jours suivants, Sophie visita des écoles, des orphelinats et des églises, pendant que François-Ferdinand, en tant qu'inspecteur général, présidait, sous une pluie battante, au jeu de guerre dans lequel un groupe armé simulait l'attaque d'un autre tenant le rôle d'ennemi. Comme l'écrivit l'archiduc dans son rapport à l'empereur, tous manœuvrèrent excellemment. Après quoi, l'héritier présomptif invita les officiers, les autorités civiles et les autorités locales à un banquet officiel à son hôtel, le soir du 27 juin, qui devait être suivi d'un bal. Une soirée mémorable en vue.

Ce samedi soir 27 juin 1914, donc, on servit à François-Ferdinand et à ses invités un velouté, suivi d'un soufflé, puis d'une truite en gelée (les poissons provenant des sources de la rivière locale). Comme plat principal il y avait du bœuf, de l'agneau et (selon les versions) du poulet ou de l'oie, le tout accompagné d'asperges et de salades ; puis il y eut des sorbets, des fromages, des desserts, des crèmes glacées et des sucreries. On servit également toute une gamme de grands vins, notamment du champagne, des vins blancs du Rhin, des vins rouges de Bordeaux, du madère, du tokay hongrois et, juste avant le cognac, un vin du pays : un opulent zivalka de la ville proche de Mostar.

La pluie avait cessé pour laisser la place à une nuit d'été agréable ; on avait ouvert les portes-fenêtres de la salle à manger et, sur la pelouse en contrebas, l'orchestre de la garnison donnait un programme de musique légère. Les convives purent entendre entre autres *Le beau Danuble bleu*, peut-être la plus célèbre des valses viennoises.

François-Ferdinand et Sophie, dont l'anniversaire de mariage tombait le lendemain, s'étaient rencontrés lors d'un bal à Prague, bien des années auparavant. Ce fut à un bal qu'ils passèrent leur dernière nuit ensemble. La fin était très proche, mais pas seulement pour eux deux. Leur monde, un monde d'archiducs et de comtesses, de châteaux et de royaumes, de bal masqués et de valses, était sur le point de s'effondrer ; pour cela, il suffit de deux balles de revolver, tirées le lendemain matin dans les rues de Sarajevo.

Chapitre 19

Sur les terres des assassins

Comme nous l'avons déjà fait observer, François-Ferdinand était un réactionnaire qui aurait bien aimé remonter d'un siècle dans le temps. Les Slaves qui complotèrent contre lui étaient encore plus réactionnaires, si l'on compte qu'ils regardaient, eux, plus de cinq siècles en arrière, déplorant encore que le sort des armes, à la grande bataille de Kosovo Polje, le 28 juin 1389, leur eût fait perdre leur liberté. En réalité, ce n'est pas cette bataille qui avait scellé le sort des Balkans chrétiens, mais la seconde bataille de Kosovo Polje, qui eut lieu en 1448. Les apprentis terroristes qui rêvaient de commettre des actes terribles, toutefois, n'étaient pas très férus d'histoire.

On a tendance à penser que les mouvements clandestins extrémistes révolutionnaires sont issus de courants de gauche. Mais les terroristes n'ont pas forcément une vision des choses tournée vers l'avenir ; c'est aussi souvent le passé qui les fascine. Leur rêve est alors de rétablir un royaume, souvent plus ou moins mythique, depuis longtemps disparu ; ils se rallient sous la bannière de causes perdues ; ils prêtent l'oreille à des prophètes qui leur parlent d'époques révolues.

Ce fut le cas des fanatiques qui ont creusé les tunnels de Tora Bora, au cours des premières années du XXIe siècle, cherchant à faire revivre une religion telle qu'elle était enseignée au VIIe siècle, à moins que ce ne fût au XVIIIe. C'était le cas des écoliers des villages les plus reculés des Balkans il y a un siècle, rêvant de devenir des assassins comme les personnages légendaires chantés par les poésies patriotiques.

Ces groupes de la clandestinité terroriste sont tous taillés sur le même modèle, même si leurs messages diffèrent. Ils prêtent de terribles serments de fidélité ; sont soumis à des épreuves terrifiantes ; subissent des cérémonies d'initiation dans lesquelles ils boivent du sang dans un crâne ; doivent se coller un pistolet sur la tête et reçoivent l'ordre d'appuyer sur la détente ; utilisent des noms de code ; et sont organisés en cellules dans lesquelles seul le chef connaît les membres des autres cellules. Malgré des objectifs différents, ils s'assistent parfois les uns les autres, s'empruntent leurs cérémonies, leurs pratiques, leurs façons de faire.

Ce qui distingue les terroristes des assassins ordinaires est qu'ils ne ne désirent pas voir nécessairement se réaliser tout de suite les conséquences de leur violence. Ils tuent des personnes qu'ils considèrent souvent eux-mêmes comme innocentes. Leur seule stratégie, la stratégie du terrorisme, consiste à contraindre la société, par la peur, à faire ce qu'ils veulent qu'elle fasse. Un assassin ordinaire tue Tartempion parce qu'il veut voir Tartempion mort. Un terroriste tue Tartempion, qui lui est totalement indifférent, parce qu'il veut que les autorités réagissent de telle ou telle manière.

À une époque où les maîtres de l'Europe et de l'Asie réprimaient la liberté d'expression en politique, de nombreux jeunes idéalistes ont pu être attirés par l'action clandestine. Dans les soubassements des Empires de la vieille Europe, rongeant ses fondations pendant tout le XIXe et le début du XXe siècle, se creusèrent ainsi des réseaux de sociétés secrètes. Leurs membres étaient des visionnaires, des nationalistes, des officiers, des romantiques, des patriotes, des idéalistes, des fanatiques ou simplement des fous. Ces sociétés étaient illégales et l'existence qu'elles offraient était dangereuse, ce qui, pour des jeunes gens, était souvent davantage un motif de séduction qu'un inconvénient : mener une vie clandestine avait un côté incontestablement romanesque. Certains de ces jeunes terroristes préconisaient les attentats à la bombe et l'assassinat, là où d'autres estimaient que la violence individuelle était moins efficace qu'une organisation de masse ; ils partageaient cependant une même conviction : qu'il fallait renverser et balayer la société telle qu'elle existait, avant qu'il fût possible de construire un monde meilleur.

Faire disparaître les conséquences néfastes de la révolution industrielle était le but recherché par beaucoup, même si ce n'était pas ainsi qu'ils l'auraient exprimé ; à cette fin, ils fomentaient des grèves et des actions de sabotage. D'autres s'enivraient au fort breuvage du nationalisme et rêvaient de renverser un occupant étranger. Comme l'a fait remarquer l'historien Z.A.B. Zeman[98], les pressions populaires donnaient une forte intensité et de l'urgence aux exigences nationalistes. L'Empire des Habsbourg et tous les États multinationaux étaient un terreau parfait pour les jeunes criminels politiques et les extrémistes plus ou moins illuminés, de droite comme de gauche.

On assassinait les rois, les présidents, les Premiers ministres et les hommes politiques en général avec beaucoup de régularité et sans provoquer la surprise scandalisée que de tels événements suscitent de nos jours. Ceci était particulièrement vrai dans le sud-est de l'Europe, région attardée et tribale où les gens vivaient encore en compagnie de leurs animaux ; les affrontements sanglants y étaient fréquents, les vendettas chose courante.

Les récits de fiction d'un Joseph Conrad ou d'un Dostoïevski peuvent nous aider à nous représenter ce monde des sociétés secrètes, tel qu'il était dans les Balkans à cette époque, XIXe siècle et début du XXe. C'est de ce monde qu'était issu Gavrilo Princip, un Serbe bosniaque, adolescent pas très doué mais sérieux, ayant choisi la vocation de martyr. Il appartenait au mouvement Jeune Bosnie, regroupement inorganisé de jeunes nationalistes. Villageois, produits d'une société de structure féodale, les Jeunes Bosniaques — qui appartenaient à la première génération de leur province à avoir su lire et écrire — étaient épris d'une littérature relativement contemporaine et parfois subversive : Walt Whitman, Alexander Herzen, Oscar Wilde, Maxime Gorki et Henrik Ibsen, entre autres, figuraient parmi les auteurs qu'ils pratiquaient et commentaient. Il est difficile d'imaginer comment ces écoliers, dont les racines affectives remontaient à la Serbie martyre du XIVe siècle et les racines économiques au Moyen Âge, réagissaient à la lecture d'ouvrages issus de la société industrielle du XIXe siècle. Ils avaient aussi connaissance des écrits, des théories et des actions des révolutionnaires russes et des nihilistes qui les avaient précédés d'une cinquantaine d'années, mais ils avaient des difficultés à voir comment appliquer, au monde paysan des Balkans, les différentes variantes de socialisme qui motivaient les Russes. Princip lui-même possédait une bibliothèque de littérature anarchiste incluant les œuvres de Bakounine et Kropotkine. Il récitait souvent des poèmes de Nietzsche. Personnage solitaire, il préférait la fréquentation des livres à celle des gens.

Princip était né le 13 juillet 1894, dans le hameau de Gornji Obljaj dans la haute vallée du Grahovo, « la partie la plus pauvre d'une province pauvre », selon les termes de Zeman : la Krajina, en Bosnie occidentale, près de la Dalmatie[99]. La famille Princip y vivait depuis des siècles — siècles au cours desquels les frontières n'avaient cessé de se modifier et les États de changer. Serbes de Bosnie, les Princip étaient viscéralement attachés à leur terre, à leur église, à leurs organisations communautaires, à leur clan. Gavrilo quitta sa vallée à treize ans pour aller à l'école à Sarajevo avant d'aller poursuivre ses études à Belgrade, en Serbie.

Mince, brun, les cheveux frisés, fragile, de tempérament ascétique (il ne buvait ni ne fumait), il s'était laissé pousser une moustache qui le faisait paraître plus âgé mais lui donnait aussi l'allure d'un joueur d'orgue de Barbarie à qui aurait manqué un singe. Il avait rejeté la religion et avait des empoignades verbales avec ses professeurs ; il fréquentait les cours irrégulièrement. Sensible aux souffrances des gens, il voulait être poète. Son allure chétive le contrariait beaucoup. Lorsqu'il voulut se porter volontaire pour le service militaire serbe pendant la guerre des Balkans de 1912, l'officier recruteur le renvoya en lui disant qu'il était « trop petit et trop faible ». Piqué par la remarque, il n'oublia jamais cet officier.

Pendant les vingt années que dura la vie de Princip, l'assassinat avait fait partie intégrante de la vie politique internationale et était, à ce titre, une manifestation caractéristique du fossé qui séparait la société en deux mondes. Parmi ceux qui furent tués, il y eut le président de la République française Sadi Carnot (1894), le shah de Perse (1896), le président de l'Uruguay (1896), le Premier ministre d'Espagne (1897), le président du Guatemala (1898), l'impératrice d'Autriche (1898), le président de la République dominicaine (1899) le roi d'Italie (1900), le président des États-Unis (1901), le roi et la reine de Serbie (1903), le Premier ministre de Grèce (1905), le Premier ministre de Bulgarie (1907), le Premier ministre de Perse (1907), le roi du Portugal (1908), le Premier ministre d'Égypte (1910), le Premier ministre de Russie (1911), le Premier ministre d'Espagne (1912), le président du Mexique (1913) et le roi de Grèce (1913). On peut dire qu'en moyenne, un chef d'État ou de gouvernement était assassiné tous les ans.

Lorsque le jeune Princip (il avait dix-neuf ans) apprit, vers le mois de mars 1914, que l'héritier de l'Empire des Habsbourg devait venir en visite officielle en Bosnie au mois de juin suivant, il forma (prétendit-il ensuite) le projet d'organiser son assassinat. Jusqu'à la fin de sa vie, il affirma que l'idée était de lui et de lui seul. Quoi qu'il en soit, il n'était pas le seul extrémiste nationaliste à avoir cherché, sans succès, à tuer François-Ferdinand ; la dernière tentative remontait à janvier 1914. Beaucoup estiment que ce n'était pas tant parce que l'archiduc inspirait de la haine aux jeunes Bosniaques — ils étaient effectivement mal informés et avaient une conception tout à fait erronée de ses vues, bien souvent — mais il était le symbole même de l'ordre existant que les étudiants voulaient paralyser de peur et abattre.

D'après d'autres sources, les conspirateurs auraient cru que François-Ferdinand se faisait le promoteur du « trialisme », et avait l'intention d'associer les Slaves au gouvernement, sur un pied d'égalité avec les Austro-Allemands et les Hongrois. Cette politique aurait pu désamorcer le nationalisme serbe ou yougoslave et priver la Jeune Bosnie, la Main Noire et les organisations secrètes du même acabit, de leur raison d'être.

Une troisième théorie, enfin, voulait que les nationalistes serbes eussent reçu une fausse information, selon laquelle l'Autriche-Hongrie aurait eu l'intention de conquérir la Serbie. Les manœuvres de Sarajevo (auraient-ils conclu) n'étaient en fait qu'une répétition. Tout le monde savait que la deuxième guerre des Balkans avait épuisé la Serbie, et qu'il allait lui falloir plusieurs années pour récupérer. François-Ferdinand, dans cette optique, aurait prévu de tirer parti de cette faiblesse pour lancer une invasion. Et finalement, les comploteurs prétendaient qu'à Vienne, au cœur même du gouvernement, l'archiduc était le chef du parti de la guerre. En réalité, François-Ferdinand était le premier avocat de la paix.

Princip réussit à convaincre quelques amis de se joindre au complot. Il leur demanda de lui donner des leçons dans le maniement des armes à feu, ce qu'ils firent volontiers. L'un de ces mystérieux amis (les autres ignoraient son nom) était un « gentleman » qui pouvait lui procurer des armes et lui en procura effectivement — bombes et revolver — et même du poison pour se suicider une fois l'attentat commis. Ce même « gentleman » était très haut placé dans une organisation secrète, et lui promettait de lui faire franchir la frontière entre la Serbie et la Bosnie-Herzégovine occupée par les Autrichiens, à temps pour la visite de François-Ferdinand.

Les quatre revolvers, d'origine belge, étaient du dernier modèle. Les six bombes, de fabrication serbe, étaient de faible encombrement et conçues pour être faciles à dissimuler et à employer. Le poison était du cyanure.

Pourquoi le mystérieux gentleman (le major Voja Tankosic, bras droit du chef de la Main Noire) décida-t-il de faciliter la tâche de Princip ? Il n'est pas exclu que son organisation, par son intermédiaire, ait en réalité recruté Princip et ses amis, et non le contraire. Ou encore, en admettant que Princip ait été l'auteur du complot, Tankosic l'a peut-être soutenu parce qu'il voulait « créer des embêtements à Pasic [le Premier ministre serbe][100] », comme il l'avait déclaré quelques années plus tôt.

Parmi les nombreuses versions du drame de Sarajevo, il en est une qu'on tiendrait directement d'Apis, le patron de la Main Noire, qui l'aurait racontée à un ami en 1915. L'ami en question la publia en 1924. Selon son récit, Tankosic se serait plaint un jour à Apis que plusieurs Jeunes Bosniaques ne cessaient de le supplier de les aider à commettre « un grand acte ». Qu'ils avaient entendu parler de la venue de François-Ferdinand pour les manœuvres et qu'ils voulaient profiter de l'occasion pour l'assassiner, qu'ils étaient très décidés. Apis lui aurait répondu qu'on pouvait toujours leur donner leur chance. Puis, quelque temps plus tard, ayant calculé à quel point cet assassinat pouvait être important, Apis aurait jugé que ces écoliers étaient trop inexpérimentés et aurait envoyé un message à Princip pour annuler la mission, avec l'idée de la confier à quelqu'un de plus sûr. Mais Princip aurait tenu tête.

Selon d'autres versions, Apis aurait été le premier à imaginer l'attentat. Mais ces versions ne paraissent pas plausibles, car Apis n'aurait certainement pas choisi d'envoyer des jeunes gens sans expérience, qui auraient eu toutes les chances d'échouer. On peut se demander, avec l'historien britannique A.J.P. Taylor, si Apis n'aurait tout simplement pas calculé que Princip et ses amis n'allaient faire de mal à personne sinon à eux-mêmes, ce qui aurait de toute façon attiré l'attention du monde sur leur cause.

L'affaire de Sarajevo fut jugée au cours de trois procès différents : le premier en Autriche, en 1914, le deuxième en Serbie, en 1917, et le troisième en Yougoslavie, en 1953. Tous les trois avaient une motivation politique, et rien n'est crédible dans leurs attendus. Même les recherches minutieuses de l'historien italien Luigi Albertini et les nombreux entretiens faits ou commandités par lui, pendant l'entre-deux-guerres, n'ont rien résolu. Tous ses témoins ne voyaient là que l'occasion de régler des comptes ou d'avancer leur cause. Certains oubliaient des choses, ou en confondaient plusieurs. Les nationalistes serbes en parlaient avec fierté, s'attribuant un rôle dans l'affaire ou jouant peut-être aux importants en faisant croire qu'ils savaient ce qui s'était réellement passé. Apis, en affirmant avoir été personnellement responsable du double assassinat, a pu penser absoudre son pays de toute implication dans l'affaire. Ou avoir cru que, pour une raison ou une autre, il ne serait pas condamné par le tribunal serbe devant lequel il comparut en 1917, si les juges tenaient compte du fait qu'il était le patriote ayant ourdi le complot contre François-Ferdinand. Ou encore le tribunal peut avoir prononcé la condamnation à mort d'Apis pour être sûr qu'il ne parlerait plus... tout est possible.

Une chose est sûre, cependant : c'est bien Princip qui a tiré.

Le sinistre groupe qui aida Princip s'appelait « L'Union ou la Mort », et devint plus tard plus connu sous le nom de la Main Noire. Il avait été fondé le 3 mars 1911 par sept nationalistes qui continuaient à contester les résultats de la crise bosniaque de 1908-1909. Lorsque le gouvernement serbe accepta, bon gré mal gré, l'annexion de la Bosnie-Herzégovine par l'Autriche-Hongrie, l'organisation nationaliste financée par ce même gouvernement serbe, la *Narodna Odbrana* (« Défense nationale »), l'accepta également. Au départ groupe paramilitaire anti-autrichien, cette organisation était peu à peu devenue une association culturelle.

Les membres de la *Narodna Odbrana* qui n'avaient pas accepté la décision de reconnaître l'annexion fondèrent la société ultra-secrète de la Main Noire afin de continuer le combat. L'un de ses membres fondateurs, un certain Ljuba Jovanovic, était un spécialiste de l'histoire des sociétés secrètes européennes, notamment en France, en Italie et en Allemagne. Son traditionalisme (touchant même à l'imitation servile) est évident dans la constitution, qu'on lui doit, en 37 articles et 28 amendements de la société secrète d'élite. Celle-ci s'inspirait largement des loges maçonniques et du mouvement Jeune Italie de Mazzini, au siècle précédent.

La Main Noire infiltra *Narodna Odbrana* et peut-être d'autres organisations ; en Serbie, elle resta cependant à peu près inconnue hors des cercles gouvernementaux. Son existence était cependant connue dans plusieurs pays étrangers. Elle constituait une faction de poids dans l'armée et était représentée au gouvernement. Elle comptait dans ses rangs des officiers extrémistes et des politiciens ultra-nationalistes. À sa tête (mais sans avoir jamais été véritablement et formellement son chef) il y avait un officier, le patron des renseignements militaires, du nom de Dragutin Dimitrijevic ; de stature massive, il avait pris pour nom de guerre Apis. En 1903, Apis avait dirigé le groupe des terroristes qui avaient massacré le roi et la reine de Serbie dans leur palais (jetant ensuite les corps mutilés par les fenêtres). Sous leur règne, la Serbie avait été un satellite de l'Autriche ; sous celui de la dynastie placée sur le trône par Apis et les siens, les gouvernements successifs poursuivirent une politique anti-autrichienne qui ne tarda pas à paraître insuffisante aux yeux de la Main Noire. Avoir consenti à l'annexion de la Bosnie-Herzégovine en 1909 était à leurs yeux une trahison.

Les objectifs de la Main Noire étaient différents de ceux de Princip. Le but de la société secrète était que la Serbie régnât sur tous les territoires où vivaient des Serbes. Princip, lui, rêvait d'une fédération avec la Croatie, la Slovénie et d'autres peuples slaves : une Yougoslavie. Ces différences n'avaient pas forcément beaucoup d'importance au printemps de 1914, car il s'agissait d'objectifs à long terme.

Qu'il l'eût su ou non, cependant, à court terme Princip se jetait au beau milieu d'un affrontement politique virulent. Le gouvernement serbe et même l'armée serbe étaient divisés en deux factions. Apis était en conflit ouvert avec le Premier ministre Nicola Pasic qui, à soixante-huit ans, était un vétéran de la politique ; nationaliste comme Apis, il se montrait en revanche beaucoup plus prudent. Les deux hommes étaient à la tête des deux factions rivales, et leur opposition était exacerbée au moment où Princip élabora son projet. En mai 1914, Apis tenta de persuader le monarque régnant, le roi Pierre Ier, de se débarrasser de son Premier ministre. La Russie intervint ; en tant que garante de l'indépendance serbe au sein des grandes puissances, elle pouvait dans une certaine mesure dicter ses conditions. Nikolaï Hartwig, ambassadeur de Russie à Belgrade, s'opposa à la démission de Pasic. Apparemment, l'ambassadeur considérait que la Serbie avait besoin de plusieurs années pour se remettre des guerres des Balkans et consolider sa position. Le moment était mal venu pour l'aventurisme.

Le 26 mai, Gavrilo Princip partit de Belgrade. Il avait rendez-vous avec ses complices de la conspiration à Sarajevo. Son voyage dura dix jours, et le conduisit par des régions sauvages et montagneuses, difficiles à traverser. Sa plus grande difficulté serait de traverser la frontière enre la Serbie indépendante et la Bosnie autrichienne. L'organisation lui facilita cependant les choses. Des agents l'attendaient à chacune de ses étapes. L'itinéraire était un « tunnel » (ou un « chemin de fer ») appartenant à *Narodna Odbrana* que la Main Noire lui avait emprunté pour l'occasion. Le 4 juin, Princip arriva à Sarajevo et retrouva ses camarades conspirateurs avec lesquels il prépara et répéta l'attentat.

Luigi Albertini, le grand historien italien, pense que Ciganovic, l'homme qui mit Princip en contact avec la Main Noire, était un informateur de la police. Si c'est vrai, le Premier ministre devait suivre de loin, pas à pas, la progression de Princip. Dans une première version, Pasic aurait donné l'ordre que Princip fût arrêté à la frontière, ordre auquel n'auraient pas obéi des représentants de l'autorité fidèles à Apis, qui laissèrent donc passer les conspirateurs, disant par la suite que l'ordre avait été reçu trop tard pour pouvoir être exécuté. Ces mêmes autorités (dans une variante de cette version) auraient avoué à Pasic ce qu'elles avaient fait. D'une manière ou d'une autre, on s'accorde à penser que le Premier ministre serbe sut que des terroristes, Princip et un compagnon, portant des pistolets et des bombes, avaient traversé la Drina et se trouvaient en Bosnie ; et qu'il savait, ou devait forcément soupçonner, que leur cible était l'archiduc. Pasic, cependant, nia toujours avoir eu connaissance de ce qui se tramait.

Pour le Premier ministre, survivant coriace du milieu politique le plus instable du monde, le choix — à supposer qu'il fût au courant du complot — n'était pas facile. Son pays était épuisé, depuis les guerres des Balkans, et n'était pas en état de déclencher les hostilités avec une grande puissance. Toute action violente dirigée contre François-Ferdinand ne pourrait que créer une situation internationale explosive, un guêpier dont la Serbie aurait du mal à se sortir. Il ne pouvait évidemment rien faire, sinon espérer que ces écoliers inexpérimentés rateraient ce qui était pour eux une première tentative ; mais même dans ce cas-là, les faucons de Vienne y trouveraient un prétexte à agir. Si, par ailleurs, Pasic avertissait les Autrichiens, la chose risquait de finir par se savoir, auquel cas la Main Noire voudrait sans doute l'assassiner, lui aussi, ou se servir de cette information pour faire de lui un traître. Sans compter qu'avertir Vienne revenait à admettre que, dans une certaine mesure au moins, son gouvernement, ou des éléments de celui-ci, était impliqué dans une conspiration contre l'archiduc.

Finalement, en dépit des dénégations qu'il donna par la suite, Pasic envoya sans doute un télégramme à son ambassade de Vienne au cours de la première moitié de juin, donnant pour instruction à son représentant d'avertir l'Autriche que « du fait d'une fuite, [la Serbie] avait des raisons de soupçonner qu'un complot se tramait contre la vie de l'archiduc à l'occasion de son voyage en Bosnie. Étant donné que cette visite risquerait de donner lieu à de regrettables incidents de la part de quelques fanatiques, il conviendrait de suggérer au gouvernement austro-hongrois qu'il serait peut-être judicieux de repousser le voyage de l'archiduc ».

Que Pasic eût ou non envoyé ce câble, il est de fait que l'ambassadeur, Ljuba Jovanovic, demanda une entrevue au gouvernement autrichien. Il avait cependant des raisons de ne pas suivre à la lettre ces instructions. Il était tout d'abord en mauvais termes avec le ministre des Affaires étrangères des Habsbourg, le comte Leopold von Berchtold, la personne qu'il aurait dû alerter ; il préféra donc s'adresser au ministre des Finances, Leon von Bilinski, avec lequel il s'entendait mieux, et qui était chargé (au moins à titre temporaire) de l'administration des provinces nouvellement annexées de Bosnie et d'Herzégovine que devait visiter l'archiduc. Les questions de sécurité étaient cependant du ressort du général Oskar Potiorek, gouverneur des deux provinces, subordonné nominal de Bilinski mais en réalité en conflit avec lui. Potiorek avait délibérément ignoré le ministre lorsqu'il avait mis au point les dispositions à prendre pour le voyage de François-Ferdinand.

L'ambassadeur de Serbie rencontra le ministre des Finances autrichien le 21 juin 1914, à midi. Jovanovic décida, de son propre chef semble-t-il, d'enlever du message ce qui était sa principale raison d'être : à savoir que Belgrade avait des informations solides sur un complot visant à assassiner l'archiduc. Il parla au lieu de cela en termes généraux des dangers inhérents à une visite de Sarajevo, et de la possibilité que des Serbes mécontents ne cherchassent à s'en prendre à François-Ferdinand. Jovanovic avait de bonnes raisons de ne pas vouloir faire état du complot ; il avait été le candidat d'Apis au poste de ministre des Affaires étrangères dans la tentative de coup d'État de mai. Il avait peut-être aussi des informations sur une tentative pour renverser le gouvernement serbe que mijotait Apis pour l'été ; si Apis s'emparait du pouvoir, Jovanovic avait de bonnes chances de se retrouver ministre. Le moment était mal choisi pour lui de se placer dans le camp de Pasic ou d'interférer avec les plans d'Apis.

Bilinski, de son côté, avait ses propres raisons de ne pas prendre au sérieux le vague avertissement de Jovanovic. On l'avait ignoré dans les préparatifs du voyage, en particulier sur le plan de l'organisation de la sécurité. La responsabilité, sur ordre direct de François-Ferdinand, en avait été entièrement assurée par le général Potiorek. Si jamais les choses tournaient mal pendant la visite officielle en Bosnie, la faute en reviendrait entièrement à Potiorek, pas à Bilinski. Sans compter qu'il n'était pas facile de s'inquiéter pour le sort de l'archiduc, le personnage public peut-être le plus détesté de l'Empire.

À Belgrade, la capitale serbe, le Premier ministre essaya de savoir ce qui se passait exactement. Apis fit la sourde oreille, et les hommes qui étaient partisans de Pasic, dans l'armée, au département de la Guerre et au ministère de l'Intérieur, furent incapables de découvrir quoi que ce soit de concret sur Princip, qui se trouvait déjà en Bosnie, hors de leur portée, ou sur ses complices.

Les dirigeants de la *Narodna Odbrana*, la société nationaliste serbe, détenaient des postes dans le gouvernement de Pasic et entendirent donc parler du complot. Ils donnèrent pour instruction à leur contact en Bosnie d'intervenir pour tout arrêter, mais l'homme échoua.

Le 2 juin, le comité exécutif central de la Main Noire se réunit, ou du moins tint une réunion informelle de tous ses membres qui pouvaient être convoqués dans de brefs délais. Lors de cette réunion, le comité fut mis au courant de l'assistance que le major Tankosic avait apportée au groupe de Princip, pour le compte de leur organisation. Pour une raison qui n'est pas connue, le comité donna l'ordre d'interrompre immédiatement la mission. Décision presque unanime, avec seulement deux voix dissidentes, celles d'Apis et de Tankosic.

Apis envoya l'intermédiaire entre Tankosic et le groupe de Princip en Bosnie, où l'homme rencontra Danilo Ilic, qui tenait le rôle de coordinateur technique pour l'équipe d'assassins. Ilic transmit à Princip l'ordre de tout annuler. Princip refusa.

Vers le 21 juin 1914, Apis croyait peut-être le complot annulé, tandis que Pasic le croyait au contraire en marche. Ilic, à Sarajevo, essaya à plusieurs reprises de convaincre Princip d'obéir aux ordres et d'annuler l'attaque. Mais un conflit d'opinions intervenu au milieu du mois de juin entre Apis et Pasic (à propos du complot ou d'autre chose) aboutit à ce que la Main Noire envoya un nouveau message à Princip, annulant l'ordre d'annulation... le complot était de nouveau à l'ordre du jour. La Serbie accusa par la suite l'homme qui avait transmis le message d'être un espion à la solde de l'Autriche, mais l'accusation ne fut jamais prouvée ; en fait, il semble bien qu'il ait été le principal espion d'Apis en Autriche-Hongrie.

Toujours est-il que le secret sur la conspiration, en cette fin de mois de juin, était largement éventé ; on nous dit qu'on ne parlait que du projet d'assassinat de François-Ferdinand dans tous les cafés des Balkans — cafés dans lesquels fourmillaient pourtant les espions autrichiens. Un siècle plus tard, nous ne savons toujours pas avec certitude qui savait quoi et à partir de quand.

Chapitre 20

La filière russe

La Russie fut-elle impliquée dans l'attentat contre le futur empereur d'Autriche ? Question qu'on entendit poser dans les cercles du pouvoir, à l'époque, et que certains historiens se posent encore aujourd'hui.

L'implication de la Russie n'aurait pas été bien logique ; François-Ferdinand était l'élément de son gouvernement le plus favorable à la Russie, et le faire disparaître de la scène aurait été aller à l'encontre des intérêts de la Russie. On peut objecter que tout le monde se méprenait sur les vues politiques de l'archiduc, et que donc Saint-Pétersbourg pouvait aussi s'y tromper et n'avait pas mesuré l'étendue de la sympathie qu'il ressentait pour le régime du tsar. Cependant, en tant que farouche défenseur du système monarchique en Europe, ce dernier aurait rejeté toute idée de faire assassiner un futur monarque pour s'en tenir aux principes qui lui étaient chers.

Comme nous l'avons déjà mentionné, la politique de la Russie dans les Balkans, telle qu'elle fut menée entre 1909 et 1914 par l'ambassadeur de Russie en Serbie, Nikolaï Hartwig, prenait cependant parfois l'aspect d'opérations peu orthodoxes, pour dire le moins. Panslave militant, ayant longtemps servi au Proche-Orient et dans les Balkans, Hartwig « se servit de la cause serbe comme d'une arme dans son affrontement avec son propre gouvernement[101] », d'après l'ambassadeur de France à Belgrade, diplomate bien informé. « Avec le soutien des cercles conservateurs et orthodoxes de Saint-Pétersbourg », il bataillait avec Sazonov, le ministre des Affaires étrangères, et « entraîna la diplomatie russe dans les Balkans, selon une stratégie politique qu'il eut le mérite de concevoir et de mettre en œuvre ».

C'est Hartwig qui avait réussi à faire s'entendre tous les pays balkaniques pendant un temps, contre la Turquie et l'Autriche-Hongrie, et il passait pour dicter sa ligne politique à Belgrade. Il est cependant peu plausible qu'il ait trempé de près ou de loin dans le complot de la Main Noire ; il venait juste de sauver le gouvernement Pasic, attaqué par Apis, et préférait de beaucoup la faction prudente et ennemie des provocations du Premier ministre aux têtes brûlées de la Main Noire.

En revanche, il semble avéré que l'attaché militaire russe à Belgrade, le colonel Artamanov, ait étroitement collaboré avec Apis. Les deux hommes partageaient peut-être un même réseau d'espions. D'après certaines allégations, Artamanov aurait financé, au moins en une occasion, une opération commanditée par Apis. Il n'est pas inconcevable que l'attaché russe ait eu vent du fait qu'Apis aidait Princip. Certains avancent, de manière plus ou moins fondée, qu'Artamanov aurait aussi pu assurer à Apis qu'il tenait de source sûre que si l'Autriche attaquait, la Russie volerait au secours de la Serbie. Il n'existe cependant pas de preuve formelle que quelqu'un ait donné, ès qualités, cette garantie au nom du gouvernement du tsar.

L'historien populaire George Malcolm Thomson a écrit dans *The Twelve Days* (1964) qu'Artamanov « avait trempé dès le début ou presque dans la conspiration de la Main Noire pour tuer l'archiduc[102] ». Thomson se fonde sur les recherches d'Albertini, mais celles-ci sont loin de soutenir cette allégation. Artamanov avait nié toute implication lorsque Albertini l'avait interrogé. Certes, Albertini éprouvait des doutes sur la véracité de la version d'Artamanov, mais il n'avait jamais rien pu prouver.

Un document en date du 12 juin 1914, trouvé par mon chargé de recherches dans les archives, récemment ouvertes, du ministère de la Défense russe, rapporte qu'en 1910, les Russes auraient accordé une subvention de quatre millions de francs français au corps des officiers de l'armée serbe, et que cet argent, détourné, avait disparu depuis longtemps. Ce document avait pour source un agent militaire russe en Serbie et laissait sous-entendre qu'une partie de la somme se serait retrouvée dans les caisses de la Main Noire ; il semble bien confirmer, en outre, que du fait de cette mauvaise expérience, le gouvernement russe aurait décidé de ne plus financer le corps des officiers serbes. Ce qui voudrait dire que la Russie ne voulait pas venir en aide à la Main Noire.

Les Russes ont-il été impliqués dans l'affaire de Sarajevo ? Si oui, il reste à en apporter la preuve.

Quelques jours avant l'assassinat, le Premier ministre de Serbie, Pasic, reçut une lettre anonyme. Son auteur avançait l'hypothèse que le gouvernement autrichien se serait arrangé pour faire tuer ce fou de François-Ferdinand pendant sa tournée d'inspection en Bosnie-Herzégovine, puis accuserait le gouvernement de Pasic du meurtre et le prendrait pour prétexte pour envahir la Serbie[103]. Ce n'est pas ce qui arriva — mais les choses auraient pu se passer ainsi.

Chapitre 21

Les terroristes frappent

Nous sommes le dimanche 28 juin. Tôt le matin, l'archiduc François-Ferdinand et son épouse Sophie ont prié au cours d'une messe dite dans une chapelle installée pour eux à l'hôtel. Laissant la ville thermale de Bad Ilidje, ils embarquent dans le train qui doit les conduire à Sarajevo en moins d'une demi-heure. Des automobiles les attendent à la gare. Cette parade de véhicules à moteur produit un effet d'autant plus frappant qu'il n'y a que très peu de temps qu'ils sont devenus d'un usage courant.

La procession entre dans Sarajevo entre 9 h 30 et 10 heures et roule en direction de l'hôtel de ville. Le maire et le chef de la police ont pris place dans la première voiture. L'archiduc et la duchesse sont dans la deuxième, une voiture de tourisme décapotable qui a été empruntée pour l'occasion. Le gouverneur militaire, le général Oskar Potiorek, est avec eux. Le propriétaire du véhicule, le comte Franz von Harrach, est assis devant, à côté du chauffeur. Le reste du cortège — soit entre deux et quatre voitures, les témoignages diffèrent — roule derrière[104].

La pluie a cessé la veille et les brumes matinales se sont dissipées. Un soleil radieux illumine le couple qui fête son anniversaire ; François-Ferdinand est en grande tenue et porte un uniforme chamarré, Sophie est en robe blanche éclatante.

Côte à côte pour la première fois — enfin ! — dans une cérémonie officielle, ils se repaissent du spectacle de la foule enthousiaste qui les acclame le long de la route, tandis que tonne un bruyant salut de vingt-quatre coups de canon.

Les historiens ont été très vite intrigués par la quasi-absence de service d'ordre. Des militaires auraient dû être placés le long de l'itinéraire : on n'en voyait aucun. Il y avait pourtant 22 000 soldats austro-hongrois dans le voisinage, mais le gouverneur militaire, le général Potiorek, n'avait détaché qu'une garde d'honneur de cent vingt hommes pour escorter et protéger François-Ferdinand et ses proches. Il fut dit — plus tard — que le général voulait prouver que, sous sa poigne de fer, l'ordre régnait si bien que déployer des forces de police était inutile. Si c'est exact, il a plutôt établi la preuve du contraire.

Pays de frontière, pays turbulent, la Bosnie et ses voisins étaient le lieu stratégique de la rencontre de l'est et de l'ouest, le terrain où s'affrontaient les empires, les nationalités, les religions et les clans rivaux. La capitale de la Bosnie, Sarajevo, était une ville ancienne s'étirant le long des berges de la Miljacka, les deux rives étant reliées par toute une série de ponts. Un torrent pendant l'hiver, la Miljacka se réduisait parfois à un filet d'eau, l'été, et laissait apparaître une bonne partie de son lit. Un visiteur britannique, à la fin des années 1930, prétendit que les eaux de la Miljacka étaient rouges ; mais sans doute était-ce une illusion d'optique influencée par l'histoire locale. L'itinéraire que suivait le cortège officiel empruntait le quai Appel, qui suivait la rive du cours d'eau et ne présentait donc des maisons que d'un seul côté ; le quai Appel était en fait la seule grande artère de la ville.

Des siècles passés sous la férule de l'Empire ottoman avaient laissé des traces sur les gens, dans leur manière de s'habiller, dans leurs habitudes, dans leur comportement. L'aspect des rues, en particulier dès qu'on s'enfonçait dans les voies étroites et sinueuses de la vieille cité, avait un cachet incontestablement oriental.

Le ciel de Sarajevo, où pointaient des minarets sous le soleil éclatant, rappelait clairement que cet endroit avait changé de mains. On y comptait une centaine de mosquées et presque autant d'églises. Sa population était faite de gens polyglottes, de religions et de nations diverses, qui avaient appris à vivre non seulement les uns avec les autres, mais sous le drapeau du moment qui claquait au-dessus de leur tête. Les maîtres des lieux ne disposaient que d'un pouvoir au mieux temporaire ; et d'ailleurs ils n'allaient pas tarder à changer une fois de plus, à la suite de l'événement sur le point de se dérouler, ce 28 juin.

Princip avait posté dès le matin ses acolytes le long du quai Appel, à trois emplacements où débouchait un pont. Le cortège officiel allait donc défiler devant non pas une, mais trois embuscades. Danilo Ilic, l'ami de Princip plus âgé que lui, devait servir de coordinateur et n'avait pas de poste fixe ; il pouvait déplacer ses tireurs en fonction des circonstances. On n'a pas oublié qu'il avait essayé, sans succès, de persuader Princip de renoncer à leur mission.

Au premier des ponts, le cortège entra dans une zone dangereuse ; trois des conspirateurs étaient placés côté quai, deux autres côté maisons. La première tentative contre la vie de l'archiduc, due à Nedeljiko Cabrinovic, vint du côté de la rivière. Le terroriste amorça le détonateur de sa bombe en la heurtant contre un lampadaire, puis la lança de toutes ses forces sur le véhicule de François-Ferdinand, où elle échoua sur la capote repliée ; de là, elle roula sur la chaussée pour aller exploser contre la roue du véhicule d'escorte.

La duchesse se sentit frôlée par quelque chose : le détonateur, qui avait fusé, tandis qu'un occupant de la voiture d'escorte, le colonel Erich von Merizzi, un aide de camp du général Potiorek, était blessé au poignet par un éclat. Le bruit de l'explosion fut assourdissant, et un autre officier et quelques badauds furent aussi blessés. Le cortège s'arrêta.

Cabrinovic voulut s'échapper. Il sauta par-dessus le parapet de faible hauteur du quai et se mit à courir dans le lit presque à sec de la rivière. Rattrapé par les policiers lancés à sa poursuite, il avala sa pilule au cyanure, mais le poison était vieux et éventé et eut pour seul effet de le faire vomir.

Princip, qui avait entendu l'explosion et les cris de la foule, se précipita sur les lieux, où il semblait que l'incident fût terminé. Les gendarmes s'étaient emparés de Cabrinovic et l'entraînaient sans ménagement jusqu'au poste de police. Aucun des autres conspirateurs ne fut découvert à ce moment-là.

Ce qui leur arriva a été raconté de la manière la plus concise par l'historien A.J.P. Taylor : « L'un était si étroitement serré par la foule qu'il ne put sortir la bombe de sa poche. Un deuxième se retrouva juste à côté d'un policier et estima que ce serait prendre trop de risques. Un troisième, se sentant désolé pour la femme de l'archiduc, renonça à faire quoi que ce fût. Quant au quatrième, il perdit son sang-froid et courut se cacher chez lui[105]. »

Seul, à présent, Princip retourna au poste qui lui avait été assigné, côté rivière, à hauteur du pont romain. De là, il traversa la rue. Certains disent qu'il resta debout, d'autres qu'il s'assit.

François-Ferdinand annula ce qui était prévu, à savoir que le cortège officiel empruntât les allées sinueuses jusqu'au musée ; mais il ne repartit pas non plus comme il était venu. Après un arrêt à l'hôtel de ville où il dut subir un discours de bienvenue plutôt surréaliste, étant donné les circonstances, il tint à ce qu'on le conduisît à l'hôpital pour rendre visite au colonel Merizzi, qui n'était que légèrement blessé. Le chauffeur du véhicule de tête n'avait pas été averti, ou n'avait pas compris . en repartant de l'hôtel de ville, il prit l'itinéraire initialement prévu et quitta le quai Appel pour s'engager dans la rue secondaire qui conduisait au musée ; le conducteur de l'archiduc le suivit sans se poser de questions. « Demi-tour ! » cria Potiorek. Le chauffeur s'arrêta, ne sachant trop quelle manœuvre faire. Le reste du cortège n'était pas loin, et faire une marche arrière n'était peut-être pas possible. Lentement, il entreprit d'exécuter un demi-tour dans la rue étroite. Tout cela se passait à moins de deux mètres de Princip, qui était entouré de badauds. Sans doute s'étonna-t-il de ce qui se passait, mais il décida rapidement de saisir sa chance. Il voulut tout d'abord prendre la bombe qu'il avait dans sa poche, mais se rendit compte qu'il était trop coincé au milieu de la foule pour pouvoir la lancer convenablement. Il sortit alors son pistolet et tira par deux fois, pratiquement à bout portant, atteignant François-Ferdinand à la jugulaire avec la première balle et la duchesse à l'abdomen avec la seconde. À une telle distance, il lui était à peu près impossible de manquer sa cible.

Princip voulut alors retourner son arme contre lui, mais son geste fut arrêté par un homme qui se tenait à côté de lui et l'agrippa par le bras. La suite n'est pas très claire. Certains prirent les deux coups de feu pour une pétarade de pot d'échappement, chose qui était fréquente en ces débuts de l'automobile. La plus grande confusion se mit à régner, tandis que les policiers se bousculaient entre eux pour s'emparer du jeune assassin. Princip réussit à avaler sa capsule de cyanure ; mais lui aussi ne fit que vomir quelques instants après. La foule commença à le frapper, et il échappa de peu à un lynchage en règle. Princip se défendit en donnant des coups de crosse avec son pistolet. Finalement, la police réussit à l'arracher à la foule. À ce moment-là, la bombe tomba de sa poche. Ceux qui assistaient à la scène crièrent des avertissements, tandis que des renforts de police arrivaient et faisaient dégager la foule.

En attendant, la décapotable où se mourait le couple princier était partie à la recherche de secours. « Ma chère Sophie ! Ma chère Sophie ! Ne meurs pas ! Reste vivante pour nos enfants ! » eut le temps de crier François-Ferdinand à son épouse. Puis, d'une voix plus faible, il ajouta à plusieurs reprises : « Ce n'est rien », lorsqu'un de ses aides de camp lui demanda comment il allait. On conduisit de toute urgence les deux mourants jusqu'à la résidence du gouverneur, qui n'était qu'à quelques minutes. On leur avait tiré dessus à 10 h 30 ; Sophie mourut autour de 10 h 45, et François-Ferdinand vers 11 heures.

Non, ce n'était pas rien.

Chapitre 22

L'Europe indifférente

Commis un siècle auparavant, il aurait fallu des semaines, voire des mois, pour que le crime de Sarajevo fût connu des capitales les plus lointaines. Dans un tel cas, ses conséquences auraient pu être bien différentes. Mais la technologie avait changé les choses. On était maintenant à l'âge du bateau à vapeur et surtout du télégraphe, et les nouvelles voyageaient vite. Les ministères des Affaires étrangères apprirent celle-ci instantanément et les messages de condoléances commencèrent à affluer, provenant de lieux aussi éloignés que la Maison-Blanche à Washington.

Si certains détails sur le déroulement des faits, comme nous l'avons vu, restent encore aujourd'hui sujets à controverse, on fut d'emblée au courant, avec précision, des grandes lignes. Et si le consul britannique à Sarajevo, confondant les deux agressions, déclara que c'était l'attaque à la bombe qui avait tué François-Ferdinand et Sophie, l'ambassadeur britannique à Vienne disposa très vite d'un compte-rendu plus juste.

Dans les rues de Vienne, l'Agence télégraphique officielle d'Autriche fit distribuer, presque sur-le-champ, un récit tapé à la machine de ce qui venait de se passer.

Les rumeurs, elles aussi, voyagent vite. D'après l'une d'elles, persistante, les francs-maçons auraient été derrière l'attentat. Dix ans plus tard, le grand écrivain allemand Thomas Mann souscrivait encore à cette thèse, leur attribuant, au moins en partie, la responsabilité de la crise de l'été 1914. « Les *illuminati* internationaux [...] la loge mondiale des francs-maçons[106] » auraient joué un rôle dans le déclenchement de la guerre.

On soupçonna les services de renseignement allemands ; on évoqua le nom du Premier ministre hongrois. Vingt-cinq ans plus tard, Rebecca West, la journaliste britannique dont la chronique des affaires balkaniques est considérée comme un classique, se faisait encore l'écho de l'hypothèse d'une machination ourdie par le gouvernement austro-hongrois ; sinon, comment expliquer le manque incroyable de précautions, sur le plan de la sécurité ?

L'empereur François-Joseph, s'il fut horrifié par le crime lui-même, ne déplorait pas tellement d'être débarrassé de cet encombrant héritier. Il n'avait aucune envie de le voir monter sur le trône, craignant qu'une fois François-Ferdinand installé au pouvoir, celui-ci ne revînt sur sa parole et ne fît de la duchesse Sophie son impératrice, ce qui compromettrait, dans son esprit, la pureté du sang des Habsbourg. « Pour moi, c'est un grand souci de moins », confia-t-il à sa fille en parlant de la mort de l'archiduc. À un aide proche il ajouta, avec une certaine grandiloquence : « On ne se moque pas de Dieu. Un bras plus puissant que le mien a mis de l'ordre là où je ne pouvais rien faire. »

Berchtold lui-même nota dans son journal que lors de la première réunion du cabinet après l'assassinat, il y eut « certes, de la consternation et de l'indignation, mais aussi une certaine détente dans l'ambiance[107] ».

On était un dimanche. Le président de la République française, Raymond Poincaré, assistait aux courses de Longchamp, lorsqu'on lui communiqua la nouvelle. Il resta jusqu'à la fin des courses, puis reprit ses occupations habituelles. Paris ne se sentait pas affecté.

À Kiel, en Allemagne, Guillaume II régatait à bord de son voilier le *Meteor*, ce 28 juin 1914. Sur la berge, le chef de son cabinet naval, l'amiral George Alexander von Müller, reçut un message codé par câble du consul général allemand à Sarajevo lui relayant la nouvelle. Müller sauta aussitôt dans un canot à moteur, rattrapa le *Meteor* et cria au Kaiser que l'archiduc et son épouse venaient d'être assassinés.

Les délibérations commencèrent sur-le-champ, à bord du voilier. Guillaume II décida de retourner à Berlin « pour prendre la situation en main et préserver la paix en Europe ».

Le coup dut être terrible pour le Kaiser. Il aurait été horrifié par l'assassinat de toute personne royale ; mais il avait travaillé pendant des années à renforcer sa relation personnelle avec l'héritier présomptif de la couronne austro-hongroise. À cette fin, il s'était toujours montré un partisan attentionné et un défenseur de Sophie. Après la disparition de François-Joseph — qui ne pouvait tarder, vu son grand âge — les deux empereurs amis, Guillaume II et François-Ferdinand, auraient pu, par leur collaboration, prendre la direction du continent européen. Telle était, semble-t-il, la vision des choses qu'avait le Kaiser. Ce rêve venait d'être brisé. Tout laissait craindre que l'Empire des Habsbourg, une fois que le vieux François-Joseph aurait quitté la scène, ne fût plus un allié aussi proche et sûr qu'il l'aurait été sous l'autorité de François-Ferdinand.

De Kiel, le correspondant du *Times* de Londres câbla à son rédacteur en chef que « l'intérêt de l'Allemagne pour le problème autrichien sera plus intense que jamais ».

D'après un éditorialiste viennois contemporain bien connu, « la mort de l'archiduc François-Ferdinand [...] fut un soulagement dans tous les cercles politiques, y compris les plus hauts[108] ». Bülow, l'ancien chancelier allemand, rapporte qu'un diplomate hongrois de haut rang lui aurait dit que l'attentat avait été « un don de la Providence[109] » car, par ses sentiments anti-hongrois, François-Ferdinand aurait pu être à l'origine d'une guerre civile entre l'Autriche et la Hongrie.

Lundi 29 juin, Grande-Bretagne

« L'outrage », comme la presse anglaise baptisa l'assassinat, faisait presque l'essentiel du cahier de politique étrangère du *Times*, le lundi matin. D'après le correspondant du journal à Sarajevo, les terribles événements de Bosnie étaient « le fruit d'un complot soigneusement ourdi ».

François-Ferdinand et Sophie, ayant de peu « échappé à la mort » à la suite de l'attentat à la bombe de l'un des assaillants, avaient été atteints chacun d'une balle de pistolet automatique browning, tirées par un étudiant. Le fait que l'un des terroristes était de Bosnie et l'autre d'Herzégovine laissait supposer qu'il s'agissait d'un complot ayant d'importantes ramifications. En réalité, on n'avait encore aucune information solide sur la race et la religion de l'assassin. « Non sans difficulté, on a pu faire échapper les deux assassins au lynchage », ajoutait le journaliste.

Des articles venaient en complément de ce compte-rendu. L'un d'eux évoquait avec sympathie l'empereur François-Joseph, âgé de quatre-vingt-quatre ans, qui venait de recevoir un nouveau coup du sort après avoir déjà perdu par mort violente son frère, sa femme et son fils. « Peu d'hommes auront eu à souffrir une succession de calamités aussi tragiques que le vieillard foudroyé qui est assis sur le trône le plus fier du continent », terminait l'article.

François-Joseph ne laissait pourtant pas apparaître qu'il était « foudroyé ». Et l'opinion autrichienne ne paraissait pas particulièrement bouleversée. « On ne voit guère de manifestations d'excitation publique », rapportait un correspondant à Vienne.

D'après le consul britannique à Sarajevo, « le journal local parle d'un crime d'anarchistes, mais l'attentat semble davantage le fait d'irrédentistes bosniaques, et avoir été concerté depuis un bon moment ».

Une courte notice biographique de François-Ferdinand

expliquait qu'il ne s'était pas attendu, dans sa jeunesse, à monter un jour sur le trône — son cousin Rodolphe était l'héritier, et aurait pour successeurs ses éventuels enfants — et il n'avait pas reçu de formation particulière pour apprendre à gouverner. Ses tuteurs étaient guidés par le principe voulant que « ses facultés intellectuelles [...] ne fussent pas trop sollicitées ». À vingt-cinq ans, « c'était un cavalier accompli, un excellent fusil et un officier tatillon [...] mais ses connaissances, en matières politique et constitutionnelle, étaient limitées ». Matières qu'il ne commença à étudier qu'à partir de 1889 lorsque, à la mort de Rodolphe, il devint à son tour héritier présomptif. Mais il n'était que le neveu de l'empereur, pas son fils.

À Londres, dans la City, le marché des actions, déprimé à l'ouverture, reprit des couleurs lorsque la Bourse de Vienne et des autres grandes places du continent montrèrent des signes de fermeté.

Mark Sykes, un député tory qui n'avait rien d'un provincial ignorant et avait beaucoup voyagé au Proche-Orient (il était d'ailleurs l'un des rares experts de son parti pour ces questions), parla au nom de la plupart de ses collègues lorsqu'il déclara, devant la Chambre des communes, que le moment était mal choisi pour s'occuper des événements de l'étranger, aussi graves fussent-ils : « Il est difficile de parler librement des affaires étrangères quand les affaires intérieures connaissent une situation si difficile. »

Mardi 30 juin

Le sentiment de Sykes trouva un écho dans un éditorial du *Times* qui était d'accord pour dire que ce qui était arrrivé à Sarajevo « tenait la première place dans l'esprit du public [...] et allait attirer l'attention de tous les observateurs de la politique européenne », mais qu'on ne pouvait ignorer les questions de politique intérieure : « Nous devons régler nos propres problèmes ». Le *Times* se référait sans aucun doute au risque de guerre civile dans laquelle la Grande-Bretagne risquait d'être entraînée par les événéments d'Irlande.

Le patron des Affaires étrangères, dans une communication à son ambassadeur en Russie, exprima le vœu que les retombées de ce drame restassent limitées. « La tragédie qui vient d'avoir lieu à Sarajevo, je l'espère, ne conduira pas à d'autres complications ; bien qu'il soit assez évident, déjà, que les Autrichiens attribuent ce terrible événement aux intrigues et aux machinations des Serbes... » Il pourrait peut-être même en sortir un bien : « ... il est possible que le nouvel héritier soit plus aimé que feu l'archiduc ».

En France, lors de la première réunion de cabinet ayant suivi le double assassinat, c'est à peine si celui-ci « fut mentionné[110] », d'après le biographe du président Poincaré.

L'ambassadeur de Grande-Bretagne en Italie rapporta à Londres : « Il a été curieux d'étudier ici les effets de l'abominable assassinat de Sarajevo. Si, de manière ostensible, les autorités et la presse ont bruyamment dénoncé ce crime [...] il est évident, d'une manière générale, que les gens considèrent que l'élimination de feu l'archiduc est presque providentielle[111]. »

Paris avait la tête ailleurs. Paris était complètement sous le coup d'un énorme scandale ; un scandale des plus juteux, dans lequel on trouvait tous les ingrédients : sexe, violence, intrigue internationale. Une histoire d'amour, de passion et de jalousie, une histoire de comportements condamnables au plus haut niveau : l'affaire Caillaux.

Joeseph Caillaux avait été président du Conseil en 1911. Ce politicien de gauche avait dû démissionner en 1912 ; on lui reprochait d'être (soi-disant) trop accommodant avec les Allemands. Redevenu ministre en 1913, il devait faire face à de nombreuses attaques de la droite. Il était partisan de l'amitié avec l'Allemagne et pacifiste.

Caillaux était en outre un vieil ami du président Poincaré, amitié qui remontait au temps où tous deux étaient célibataires et compagnons de plaisir. Mais à la différence du discret Poincaré, Caillaux aimait à poser devant la galerie. Quand les deux hommes étaient partis en vacances en Italie ensemble, avec leur maîtresse respective, le contraste avait été frappant : « J'ai exhibé la mienne, il a caché la sienne[112] », racontait par la suite Caillaux.

Poincaré se maria à l'âge de quarante-trois ans, au cours d'une cérémonie civile tellement privée que très peu de personnes étaient au courant. Caillaux, après son mariage, continua à entretenir des relations avec une maîtresse qui devint finalement sa seconde femme.

En dépit de cette amitié, les deux hommes étaient des adversaires politiques en 1913-1914. Le 4 mars 1913, Poincaré soutint un projet de loi visant à prolonger de deux à trois ans le service militaire en France ; cette mesure semblait la seule façon possible de compenser l'avantage du nombre que possédait l'Allemagne, qui avait une population de 70 millions d'habitants, contre 40 en France. La loi fut adoptée le 7 août 1913, non sans une farouche opposition de Jean Jaurès, le célèbre dirigeant de gauche — ainsi que de Joseph Caillaux, qui venait d'être élu président du Parti radical. Si bien que, Poincaré et Caillaux, les deux anciens amis, se trouvaient à présent en désaccord total.

La campagne politique contre Caillaux était menée, en 1914, par *Le Figaro*, le principal journal de droite. Son rédacteur en chef, Gaston Calmette, était le journaliste le plus puissant de France. Calmette prétendait qu'il allait rendre publics certains documents qui montreraient que Caillaux, alors qu'il était ministre des Finances en 1911, avait fait obstruction à la justice dans un scandale financier dans lequel il était peut-être lui-même compromis. Calmette menaçait aussi de publier les lettres d'amour de Caillaux à sa seconde femme — lettres datant de l'époque où il était encore marié à la première.

Mais il y avait plus : des télégrammes allemands destinés

à Caillaux, datant de la crise d'Agadir de 1911, et qu'avait interceptés le ministère français des Affaires étrangères. Ils auraient montré que Caillaux avait des sympathies pour l'Allemagne. Calmette se proposait de publier également ces documents, ce qui avait entraîné une protestation de l'Allemagne contre l'interception de sa correspondance.

Caillaux était allé voir son vieil ami Poincaré, lui demandant de s'arranger pour empêcher Calmette de publier ce dossier, l'avertissant que s'il ne faisait rien, lui, Caillaux, révélerait ce qu'il savait des négociations secrètes que Poincaré avait menées avec le Vatican. Il en détenait la preuve par des câbles italiens interceptés. Si l'affaire avait été connue, elle aurait pu compromettre le soutien que les anticléricaux apportaient à Poincaré.

Sur quoi le gouvernement français — n'oublions pas que Poincaré était alors président — nia officiellement l'existence des câbles allemands interceptés ; et Caillaux s'abstint de révéler celle des câbles italiens. Ne planait plus sur la tête de Caillaux, à présent, que la menace de la publication des lettres d'amour.

Le 16 mars 1914, la seconde madame Caillaux se rendit au bureau de Calmette. Elle demanda à le voir ; elle attendit ; quand elle fut introduite, elle l'abattit de six coups d'un pistolet automatique.

Son procès pour meurtre était prévu pour le 20 juillet. Pendant les semaines qui précédèrent, l'attention de Paris était entièrement fixée sur cette affaire. Partisans de la droite et de la gauche s'affrontaient dans la rue. Le sort tragique de l'archiduc et de sa duchesse n'intéressait personne.

Poincaré plaisanta en disant qu'il devrait envoyer sa femme abattre Clemenceau[113], qu'il considérait comme un gêneur en politique.

S'il y avait un pays en Europe où l'on aurait dû être particulièrement bouleversé par le drame de Sarajevo, c'était bien la patrie de l'archiduc, l'Autriche. Les gens auraient dû pleurer dans les rues. L'historien Zeman note néanmoins que « l'événement ne fit pratiquement aucune impression. Le dimanche et le lundi, la foule viennoise alla écouter de la musique et boire du vin [...] comme si rien ne s'était passé[114]... ».

L'écrivain Stefan Zweig se souvenait que, ce dimanche-là, il était assis sur un banc, dans un parc de Vienne, un livre à la main. Il fut tiré de sa lecture par un silence soudain : la musique s'était arrêtée. Les gens se rassemblaient autour du kiosque pour écouter une annonce. Zweig alla les rejoindre. Il apprit ainsi, avec la foule, l'assassinat de l'archiduc et de son épouse ; une foule d'Autrichiens, mise au courant de la mort de celui qui aurait dû devenir leur empereur. « Mais, écrivit plus tard Zweig, pour faire honneur à la vérité, on ne pouvait lire sur les visages aucune consternation ni aucune amertume. Car l'héritier du trône n'était nullement aimé [...] On ne le voyait jamais sourire, aucune photo ne le montrait dans une attitude un peu abandonnée. Il n'avait aucun sens de la musique, aucun sens de l'humour, et sa femme avait la même mine revêche. Un air glacial environnait ces deux personnes ; on savait qu'ils n'avaient pas d'amis [...] Le pressentiment presque religieux qui m'avertissait que cet homme à la nuque de bouledogue, aux yeux fixes et froids, serait un jour cause de quelque malheur, ne m'était donc nullement personnel, mais il était répandu au loin dans la nation ; la nouvelle de son assassinat n'éveilla donc aucune sympathie profonde *. »

Dans toutes les capitales européennes, y compris celle de l'Autriche, les réactions à l'assassinat de l'héritier du trône des Habsbourg avaient été d'un calme proche de l'indifférence.

---

* Zweig, *op. cit.*, p. 255-256. La traduction parle fautivement de la date du « 29 juillet » (NdT).

Chapitre 23

Que faire des corps ?

Le prince Montenuovo, grand chambellan de la maison impériale des Habsbourg, et le plus opiniâtre des persécuteurs de Sophie pendant qu'elle était encore en vie, eut la responsabilité d'organiser la levée des corps. Il s'arrangea pour les faire arriver à Vienne tard le soir, à vingt-deux heures, le 2 juillet. Montenuovo avait calculé qu'à cette heure-là, personne ne les observant, il serait plus facile de séparer les deux cadavres. Il enverrait celui de l'archiduc dans la chapelle de la famille des Habsbourg, au Hofburg *, et celui de Sophie à Artstetten, un château dans lequel François-Ferdinand avait fait bâtir une chapelle pour lui-même et son épouse.

La mesquine machination de Montenuovo fut compromise par la présence, à l'arrivée du train, de l'archiduc Charles, neveu de François-Ferdinand qui lui avait succédé en tant qu'héritier présomptif. Charles était venu accompagné « par tout le corps des officiers de la garnison de Vienne ». Les deux corps furent donc amenés à la chapelle du Hofburg pour le service religieux.

Le cercueil de François-Ferdinand était monumental et chargé de tous les symboles et ornements pouvant rappeler qu'il était le deuxième personnage de l'Empire[115]. Celui de

* C'est-à-dire dans le cœur de la capitale (NdT).

Sophie était beaucoup plus modeste et on avait posé dessus les gants blancs et l'éventail noir qui étaient les signes distinctifs de sa position de dame d'honnneur.

On interdit aux enfants du couple d'assister aux cérémonies des funérailles. Ils envoyèrent des fleurs : seul l'un des deux bouquets fut admis.

Vienne demanda aux personnes royales étrangères de ne pas se déplacer, et celles-ci ne le firent donc pas. La cérémonie eut lieu le 3 juillet, après quoi on ferma la chapelle. En pleine nuit, on voulut transférer les cercueils jusqu'à la gare, mais l'expédition fut interceptée : finalement, ils furent accompagnés par un groupe important de nobles ayant à leur tête le frère de Sophie, groupe qui refusa de se laisser exclure.

L'archiduc et son épouse morganatique purent enfin reposer en paix dans la chapelle d'Artstetten, après avoir été en butte aux mesquineries et aux humiliations non seulement quand ils vivaient à la cour des Habsbourg, mais jusque dans la mort. Ce fut un comportement, de la part du gouvernement de la Double Monarchie, pour le moins scandaleux et politiquement maladroit : comment croire, dans ces conditions, que le crime de Gavrilo Princip avait été, comme on le proclamait officiellement, un coup terrible pour l'Autriche-Hongrie ?

Chapitre 24

La traque des suspects

C'est un Princip violemment malmené, en sang, secoué de vomissements, qu'on conduisit au poste de police. Il avait été précédé de peu par Cabrinovic, le lanceur de bombe. Suivant la procédure légale en vigueur, un magistrat instructeur, fonctionnaire local du nom de Leo Pfeffer, avait été nommé pour procéder à l'enquête sur le crime de Cabrinovic. Lorsque la police lui amena Princip, le cadre de l'enquête de Pfeffer s'élargit considérablement : deux attentats de cet ordre, commis à quelques minutes d'intervalle, n'étaient pas des actes isolés, mais une conspiration.

Sur le coup, nota le magistrat, Princip, « épuisé par la raclée qu'il avait subie, fut incapable de proférer une parole. De petite taille, il était émacié, avait le teint jaunâtre et des traits aigus. On avait du mal à imaginer qu'un individu d'aspect aussi fragile ait pu commettre un acte aussi sérieux[116] ».

Plus tard, ayant retrouvé sa voix, Princip déclara pendant son interrogatoire qu'il n'avait pas de complices et avait agi de son propre chef. Il nia connaître Cabrinovic. Parlant de lui-même, il dit : « Les gens me prennent pour quelqu'un de chétif [...] J'ai fait semblant d'être chétif alors que je ne le suis pas[117]. »

Cabrinovic admit qu'il connaissait Princip, mais dit tout ignorer de ce que son ami avait fait. Si Princip avait lui aussi attenté à la vie de l'archiduc, c'était, d'après Cabrinovic, parce qu'il nourrissait les mêmes sentiments que lui et était arrivé aux même conclusions sur ce qu'il convenait de faire.

Le correspondant du *Times* de Londres écrivit, le 29 juin, que Princip et Cabrinovic « auraient, dit-on, adopté une attitude des plus cyniques pendant leur examen » et persisté à dire que personne d'autre n'avait participé au complot.

Leur version des faits — à savoir que ce serait par pure coïncidence que deux jeunes amis eussent tenté d'assassiner, le même jour, indépendamment l'un de l'autre, au même endroit et pratiquement à la même heure, un même personnage public — cette version ne tenait pas debout. S'ils n'avaient rien de mieux à offrir en guise d'explication, cela tenait à ce qu'ils n'avaient à aucun moment pensé à en imaginer une : c'était une mission suicide, ils avaient avalé leur capsule de cyanure, et ils auraient dû être morts.

Pendant que continuait l'interrogatoire, la police lança un vaste coup de filet. Ce ne furent pas seulement les familles de Cabrinovic et d'Ilic (chez qui Princip avait habité) qu'elle arrêta, mais plus de deux cents Serbes bosniaques connus de ses services, dans la seule ville de Sarajevo. Princip se sentait coupable à cette idée que des personnes innocentes fussent punies à cause de ce qu'il avait fait. Cabrinovic, pour sa part, aurait avoué certains éléments (les versions ne sont pas toutes concordantes) de la conspiration au juge Pfeffer. Princip n'accepta de révéler que les noms des autres conspirateurs : après tout, ils s'étaient tous portés volontaires pour une mission suicide.

Ilic, pris avec d'autres dans le coup de filet de la police, accepta de tout dirc pour sauver sa peau. Contrairement à Princip, il avait plus de vingt et un ans et, comme tel, était passible de la peine de mort. Il raconta donc aux Autrichiens tout ce qu'il savait.

Le 2 juillet, tous les conspirateurs avaient été identifiés ; le 3, ils avaient tous été appréhendés et placés en détention sauf un, personnage mineur du complot qui avait réussi à passer au Monténégro et ne fut jamais arrêté. Tous tentèrent d'éviter de donner des informations qui auraient trahi leurs liens avec la

Serbie. Ils n'y réussirent pas complètement. Le 5 juillet, le général Potiorek, le gouverneur militaire de la Bosnie, pouvait faire savoir par câble à son supérieur, le ministre des Finances Bilinski, que les armes des conspirateurs leur avaient été fournies par le major serbe Tankosic, qui avait aussi appris à Princip comment se servir de son pistolet automatique.

L'attaché militaire de l'Autriche en Serbie découvrit une preuve vitale — si on l'avait utilisée convenablement — des liens qui existaient entre les conspirateurs de Princip et Apis, et donc avec le gouvernement serbe. Il en fit part au ministre de la Guerre, lequel ne transmit pas l'information et se contenta de l'archiver[118].

Cet élément de preuve, s'il était prometteur, n'était néanmoins pas concluant. Le gouvernement des Habsbourg était convaincu que la Serbie, d'une manière ou d'une autre, était impliquée dans l'attentat ; mais il n'en avait pas la preuve formelle. Un haut fonctionnaire qui s'était rendu à Sarajevo pour voir par lui-même ce qu'il en était fit savoir par câble qu'il n'y avait « rien qui indiquait que le gouvernement serbe avait connaissance du complot[119] ». De plus, Vienne continuait à se tromper sur l'identité de la société secrète qui avait soutenu Princip : ce n'était pas la *Narodna Odbrana*, association avant tout culturelle, mais la Main Noire, que les Autrichiens, qui ignoraient jusqu'à son existence, ne pouvaient désigner par son nom.

L'ambassadeur d'Allemagne à Belgrade, capitale de la Serbie, rapporta au chancelier Bethmann-Hollweg, le 30 juin, que les Serbes s'inquiétaient à l'idée qu'on pût les tenir pour responsables du double assassinat et qu'ils étaient « très déprimés », mais que « l'on ne pouvait nier [...] la complicité morale de la Serbie dans le crime ». Il citait l'ambassadeur de Russie qui avait déclaré, en français : « Espérons que ce ne sera pas un Serbe. » (« Je parie qu'il le savait[120] ! » s'emporta le Kaiser, sceptique.)

Dans un deuxième rapport remis au chancelier deux jours plus tard, il disait que le chargé d'affaires autrichien à Belgrade avait demandé le 1er juillet au ministère serbe des Affaires étrangères, de sa propre initiative, quelle enquête était menée sur le crime. « Aucune n'a été ouverte », lui répondit-on. Comme l'attaché manifestait son étonnement, les Affaires étrangères téléphonèrent au ministère de l'Intérieur. On lança alors des recherches dans le quartier où avaient habité certains des conspirateurs.

Ce même 1er juillet, Pasic, le Premier ministre serbe qui détenait aussi le portefeuille des Affaires étrangères, fit tenir une circulaire à ses ambassadeurs selon laquelle « la presse autrichienne et hongroise [accusait] de plus en plus la Serbie pour l'Outrage de Sarajevo ». Traitant la chose « d'absurde », il affirmait que cet acte avait été « des plus sévèrement condamnés dans tous les cercles de la société serbe ». Les autorités serbes n'avaient rien pu faire pour arrêter le bras des assassins, « les deux étant des sujets autrichiens ». Il priait ses représentants à l'étranger d'utiliser tous les moyens à leur disposition pour « mettre le plus rapidement possible un terme à la campagne anti-serbe de la presse européenne »[121].

Les dirigeants civils, le chancelier, le ministre des Affaires étrangères et l'ambassadeur auprès de la Double Monarchie — tout le monde, en Allemagne, incita instinctivement l'Autriche à faire preuve de retenue.

Mais pas le Kaiser.

Guillaume II était fou de rage. Il ne minimisait plus, comme auparavant, le problème serbe. Il partageait à présent le point de vue de son ami défunt. Car le Kaiser faisait partie de ceux qui, sans attendre d'en avoir la preuve, avaient la certitude que la piste de la culpabilité remontait jusqu'à Belgrade. « Maintenant ou jamais, déclara-t-il. Il faut s'occuper des Serbes, et tout de suite[122] ! » Ses paroles ont retenti tout au long du XXe siècle. On les a souvent répétées et citées pour montrer que cette réaction viscérale avait conduit à l'éclatement de la guerre.

Un agent autrichien opérant dans la ville forteresse de Nish, en Serbie, fit savoir au ministre autrichien des Affaires étrangères, le comte Berchtold, qu'on ne voyait « aucun signe de consternation ou d'indignation ; l'ambiance qui prédomine est à la satisfaction et même à la joie, et cela de façon souvent tout à fait ouverte [...] C'est en particulier le cas dans ce que l'on appelle les "cercles éclairés" : les intellectuels, les politiciens professionnels, les enseignants, les hauts fonctionnaires, les officiers et les étudiants[123] ».

En ces premiers jours de juillet, aucune des parties impliquées ne paraissait avoir conscience de la manière dont les choses étaient perçues à l'étranger. Belgrade, incapable de cacher la joie qu'éprouvait la population serbe, semblait ne pas se rendre compte que du coup, elle devait absolument tout faire pour convaincre les autres qu'elle n'était pour rien dans le crime. Vienne, de son côté, ne donnait pas l'impression de comprendre qu'elle avait aussi beaucoup à faire si elle voulait persuader les autres puissances que le gouvernement serbe — et pas seulement quelques voyous de son appareil — était le vrai coupable.

L'ambassadeur de Russie à Vienne, M.N. Shebeko, diligenta une enquête à sa propre intiative et envoya le prince M.A. Gagarine à Sarajevo. Ce qui frappa le plus Gagarine fut le manque flagrant de mesures de sécurité de la part de l'administration autrichienne, et il soupçonna que cette dernière accusait les Serbes pour dissimuler sa propre incompétence[124]. Les assassins, après tout, n'étaient pas serbes, mais en tant que bosniaques, sujets de l'empereur d'Autriche-Hongrie. Gagarine en retira l'impression que si les Serbes avaient décidé de tuer eux-mêmes François-Ferdinand, ils s'y seraient beaucoup mieux pris.

Gagarine aurait peut-être fait preuve de moins de scepticisme si les Autrichiens avaient communiqué les preuves qu'ils avaient trouvées. Mais l'enquête officielle continuait d'être poursuivie en secret. On peut légitimement supposer que si l'Autriche s'y était prise autrement, si elle avait réussi à convaincre la Russie que la Serbie était une zone d'entraînement pour des terroristes ne visant qu'à abattre des têtes couronnées, le tsar aurait peut-être serré les rangs avec l'Autriche-Hongrie et l'Allemagne pour écraser les régicides. Et il n'y aurait pas eu de guerre en 1914 — même si celle-ci aurait eu des chances d'éclater un peu plus tard.

CINQUIÈME PARTIE

* * *

Mensonges

Chapitre 25

L'Allemagne signe un chèque en blanc

La vérité était qu'à l'exception possible de Berchtold, à peu près personne, en Autriche-Hongrie, ne déplorait que François-Ferdinand eût été évincé de la scène. Certes, les dirigeants de la Double Monarchie étaient consternés qu'on s'en fût pris à une personne royale ; mais tant qu'à sacrifier quelqu'un, l'archiduc était la première personne à qui à peu près tout le monde aurait pensé.

Cependant, juste après l'empereur, l'héritier présomptif était le personnage le plus important de l'Empire des Habsbourg. En l'assassinant, les apprentis terroristes serbes lançaient un défi public à l'existence même de cet Empire. Si Vienne n'y réagissait pas, elle perdrait la partie par défaut : tel était l'argument qu'on pouvait faire valoir à bon droit et qu'on fit valoir à l'époque, l'argument que de nombreux historiens ont repris depuis.

Ce ne fut pourtant pas pour cette raison que la Double Monarchie chercha à détruire la Serbie, et cela ne pouvait pas l'être, pour la simple raison que, François-Ferdinand mis à part, les dirigeants des Habsbourg ne rêvaient que de détruire la Serbie déjà bien avant l'assassinat. Ils auraient lancé leur campagne, non pas en 1911, mais sans doute en 1912 ou 1913, si un ensemble de choses ne les en avait pas empêchés : l'opinion de l'Europe, la peur de la Russie, le manque de soutien de la part de l'Allemagne.

Ce que le double crime offrait à Vienne n'était pas une raison, mais un prétexte pour agir. Elle tenait là un motif pour détruire la Serbie, un motif que l'Europe accepterait et croirait, avec lequel les autres puissances pourraient même se sentir solidaires. Un prétexte qui conduirait sans doute l'Allemagne à la soutenir et la Russie à ne pas bouger. Par le passé, deux hommes, François-Ferdinand et Guillaume II, s'étaient interposés pour empêcher toute croisade contre la Serbie ; or, de deux manières différentes, l'Outrage avait levé ce double obstacle : en tuant l'archiduc et en faisant changer d'opinion au Kaiser qui, au comble de la rage, était maintenant dominé par un violent désir de vengeance.

Au cours des guerres balkaniques des années 1912-1913, l'Autriche s'était mise à avoir peur de la Serbie d'une manière qui frisait l'hystérie. Le Kaiser avait fait peu de cas de cette peur, au grand chagrin des Austro-Hongrois. Et voici qu'enfin l'imprévisible Guillaume II venait de changer d'avis, du fait des événements de Sarajevo. On faisait d'une pierre deux coups.

En ce sens, et du point de vue viennois, Gavrilo Princip avait commis le crime parfait.

Lorsque l'ambassadeur d'Allemagne à Vienne prit le risque d'offrir ses conseils aux dirigeants austro-hongrois, juste après l'Outrage, leur disant d'avancer lentement, avec prudence, le Kaiser fulmina. « Comment s'est-il autorisé à agir ansi ? C'est complètement stupide ! Ça ne le regarde pas, ce que doit faire l'Autriche dans cette affaire ne regarde qu'elle[125] ! » Guillaume II lui-même ne croyait donc pas que la situation, dans les Balkans, pouvait être réglée autrement que par la force.

Comment le gouvernement des Habsbourg allait-il réagir à ces événements ? Le responsable des Affaires étrangères était

Leopold Berchtold. La Double Monarchie, mais aussi toute l'Europe, se tournait vers lui pour avoir la réponse.

Âgé de cinquante et un ans en 1914, le chef de la diplomatie austro-hongroise n'avait pas l'étoffe d'un homme de pouvoir, et n'avait accepté sa nomination au poste de ministre qu'avec la plus grande répugnance. Appelé pour remplacer Aerenthal à la mort de ce dernier, en 1912, il avait conservé comme conseillers les têtes brûlées que son prédécesseur avait recrutées. Berchtold avait tendance à les laisser faire ce qu'ils voulaient. Indécis, d'une faible envergure intellectuelle, mais plein de charme et de bonnes manières, une vie de play-boy lui aurait mieux convenu. Il avait l'air du genre d'homme à envoyer des bijoux et des fleurs aux ballerines et à en attendre quelque chose en retour. Né riche, il l'était devenu plus encore. Il possédait de vastes terres et des haras. Diplomate par nature, il restait néanmoins un amateur en tant que ministre des Affaires étrangères.

Il n'avait cessé, par le passé, de tergiverser sur la question serbe. François-Ferdinand, après les entretiens de Konopischt du milieu de juin, avait cru comprendre que son ministre était d'accord avec lui pour dire que la Double Monarchie ne devait pas s'occuper des Serbes. Le mémorandum que Berchtold avait commandé à ses services (et qui avait été rédigé par Franz Matscheko avec Ludwig von Flotow et Johann Forzach, des tenants de la tradition expansionniste chère à Aerenthal), cependant, recommandait une politique vigoureuse : une alliance étroite et active avec l'Allemagne qui prendrait l'offensive en Europe contre la supposée menace russe. Ce mémorandum envisageait, entre autres, l'encerclement diplomatique dc la Serbie.

Tout de suite après le double assassinat de Sarajevo, Berchtold donna des ordres pour que le mémorandum fût révisé à la lumière de ce rebondissement. La nouvelle version réclamait toujours les mêmes mesures énergiques. Les objectifs demeuraient les mêmes. Mais de nouvelles possibilités se dessinaient. Le terme de *guerre* n'y figurait pas encore. Le 30 juin, cependant, Berchtold parlait déjà de la nécessité « d'un règlement de compte définitif et fondamental[126] » avec la Serbie.

C'était une question dont il fallait débattre avec l'Allemagne. Le gouvernement de l'Autriche-Hongrie n'était pas assez puissant pour prendre position seul. Lorsque Vienne avait demandé aux personnes royales d'Europe de ne pas venir aux funérailles de François-Ferdinand, une exception avait été faite pour Guillaume II, que l'on avait invité en tant qu'ami personnel de l'archiduc. Sa présence aurait eu, de plus, l'avantage de permettre de mener des entretiens politiques et de prendre des décisions. Redoutant un nouvel attentat qui aurait visé Guillaume II, cependant, les autorités allemandes persuadèrent celui-ci de ne pas se rendre à Vienne.

Comment le gouvernement autro-hongrois allait-il pouvoir s'assurer l'aide du Kaiser, dans la politique qu'il voulait mettre en œuvre ? Pour solliciter le soutien allemand, rien de mieux qu'un plan, rédigé en bonne et due forme : tel était l'avis de l'ambassadeur d'Allemagne à Vienne.

Or Berchtold disposait déjà d'un tel document : le mémo rédigé par ses services, qui conseillait que la Serbie fût encerclée, isolée et écrasée ; avec quelques modifications, il pourrait devenir la proposition écrite requise. L'empereur d'Autriche, François-Joseph, accepta de rédiger une lettre à Guillaume II pour présenter ce texte. Une lettre écrite d'empereur à empereur, d'homme à homme. Le comte Alexander Hoyos, le chef d'état-major de Berchtold et l'un des plus excités de l'ancienne bande d'Aerenthal, se porta volontaire pour remplir l'office de courrier.

Hoyos avait quelque raison de penser que sa mission était prometteuse. Quelques jours auparavant (le 1er juillet), il avait eu une longue entrevue avec un journaliste allemand, Victor Naumann, qui entretenait des liens étroits avec d'importantes personnalités politiques berlinoises et, en particulier, avec les services des Affaires étrangères. Naumann lui avait dit que si jamais Vienne voulait demander son soutien à Berlin, c'était le bon moment : le Kaiser était horrifié par le double assassinat de Sarajevo. Qui plus est, le gouvernement était dans l'ensemble moins opposé à lancer une guerre préventive contre la Russie que par le passé (détail intéressant, car il montre que Berlin renâclait encore à l'idée de lancer cette guerre préventive).

Le moment était venu « d'annihiler la Serbie, dit Naumann. [...] si on profite du fait que le Kaiser est actuellement horrifié par le double assassinat de Sarajevo, et si on sait trouver les mots qu'il faut, il donnera [à l'Autriche] toutes les assurances et, cette fois, ira jusqu'à la guerre car il perçoit les dangers que court le principe monarchique[127] ».

Naumann ne parlait peut-être pas seulement pour lui-même, mais aussi au nom d'une faction du gouvernement allemand. Que ce fût le cas ou non, on le savait habile et bien informé. En fait, juste avant de venir à Vienne, il avait eu un entretien avec Wilhelm von Stumm, l'un des faucons des Affaires étrangères allemandes.

Certains, en Allemagne, voyaient dans l'Outrage une bonne occasion d'agir pour l'Allemagne comme pour l'Autriche. L'ambassadeur de Saxe à Berlin, dans un rapport à son gouvernement en date du 2 juillet, signalait que les militaires allemands faisaient pression pour déclencher tout de suite une guerre contre la Russie et la France, en profitant du fait que les deux pays n'étaient pas prêts. Vues largement partagées, comme le fit savoir l'ambassadeur de Vienne à Berlin.

Moltke, le chef d'état-major général de l'Allemagne, envisageait une autre possibilité, dans laquelle l'Autriche agirait seule : « L'Autriche doit battre les Serbes et conclure rapidement la paix en exigeant une alliance austro-serbe comme seule condition. Comme l'a fait la Prusse avec l'Autriche en 1866[128]. »

Berchtold fit savoir à l'ambassade allemande à Vienne que son envoyé, Hoyos, ami personnel du neveu du chancelier d'Allemagne, était en route pour Berlin avec l'espoir de rencontrer le Kaiser et le chancelier, et qu'il arriverait le lendemain. Il fallait faire d'autant plus vite que Guillaume II devait quitter sa capitale le 6 juillet pour sa croisière annuelle en mer du Nord.

Le 5 juillet au matin, Hoyos instruisit le vieil ambassadeur d'Autriche en Allemagne, Ladislaus Szögyenyi, lequel partit pour Potsdam et déjeuna avec le Kaiser. Pendant ce temps, Hoyos déjeunait avec Arthur Zimmermann, sous-secrétaire aux Affaires étrangères allemandes. Il y eut donc deux déjeuners de travail. C'est à celui du moindre niveau de responsabilité que le représentant de l'Autriche fut le plus explicite sur les objectifs réels de son pays. Hoyos parla ouvertement de la guerre, de rayer la Serbie de la carte, puis de la partager entre ses voisins. Ses idées reçurent un accueil favorable.

Pendant ce temps, à Potsdam, Szögyenyi donnait à Guillaume II les deux documents que lui avait confiés Hoyos. Le mémo se terminait en précisant qu'il avait été rédigé avant le double assassinat de Sarajevo, et que cet événement n'avait fait que confirmer l'analyse qu'il présentait. La lettre d'accompagnement de François-Joseph, écrite dans un style plus personnel, jouait davantage sur l'émotion. Les deux documents insistaient sur le cas de la Roumanie, mettant en garde contre ses liens de plus en plus étroits avec la Russie et la Serbie. Aucun des deux ne réclamait une action précise, mais les deux faisaient figurer parmi leurs objectifs celui d'éliminer la Serbie « en tant que puissance politique montante dans les Balkans[129] ».

Guillaume II commença par répondre qu'il devait consulter son chancelier. Mais à la fin du repas, pressé de s'exprimer, il prit l'engagement que l'Allemagne donnerait un soutien sans condition à l'Autriche-Hongrie, quelle que fût la stratégie choisie vis-à-vis de la Serbie. Autrement dit, il donnait à l'Autriche-Hongrie ce que des historiens ont appelé en français *carte blanche* ou encore un « chèque en blanc ». Il dit qu'il soutiendrait la Double Monarchie même en cas d'intervention de la Russie. Il avertit cependant son invité que si l'Autriche-Hongrie avait l'intention de frapper, elle devait le faire vite. Puis il eut un entretien avec le chancelier Bethmann-Hollweg et ceux de ses conseillers militaires qu'on avait pu convoquer dans des délais aussi brefs (on était en période de vacances). Il tint une autre réunion le lendemain matin. Un consensus se dessina en faveur de la position de Guillaume II. Même le chancelier Bethmann-Hollweg était d'accord.

D'après les travaux les plus récents des historiens, ce fut d'ailleurs celui-ci qui mit au point les termes de la réponse allemande. Venu de la fonction publique et rejeton d'une famille de banquiers, âgé alors de cinquante-sept ans, Bethmann-Hollweg avait passé sa carrière à mettre un frein à des forces puissantes et à calmer des personnalités impatientes.

Chancelier depuis plusieurs années, il avait résisté à la pression des militaires de l'armée de terre, lesquels étaient convaincus que la guerre avec la Russie était inévitable et recommandaient une attaque préventive tant que les Russes n'étaient pas prêts. Mais Bethmann-Hollweg devait aussi faire face à celle de Tirpitz qui voulait au contraire qu'on reculât le plus possible l'échéance des hostilités, en attendant le jour lointain où la marine allemande serait enfin prête à tenir tête à celle de la Grande-Bretagne. Avant tout, Bethmann-Hollweg servait le Kaiser qui, en fin de compte, choisissait en général la voie de la paix.

Il avait maintenant sur son bureau le document émanant de Vienne, daté du 4 juillet, demandant si l'Allemagne protégerait l'Autriche-Hongrie contre la Russie au cas où la Double Monarchie tenterait d'écraser la Serbie. Ce que comptaient faire les Austro-Hongrois ne figurait pas en toutes lettres dans le texte. Il n'était même pas clair qu'ils eussent le courage de faire quoi que ce fût. Mais les deux côtés, Berlin et Vienne, étaient inquiets, comprit-on par la suite, sur ce qui se passerait si Berlin ne donnait pas la garantie demandée.

Les deux pays étaient conscients de leur isolement international ; l'un comme l'autre avaient peur de perdre leur seul véritable allié. Dans les milieux gouvernementaux allemands, on redoutait que l'Empire des Habsbourg ne se désintégrât à la mort de François-Joseph. On craignait aussi que (comme lors de la crise marocaine de 1911) l'Autriche-Hongrie ne soutînt pas l'Allemagne dans les querelles que celle-ci pourrait avoir, qu'elle ne prît les armes que lorsqu'elle était directement concernée. En Autriche-Hongrie, par ailleurs, certains avaient peur que l'Allemagne ne finît par s'éloigner d'un allié s'étant révélé inutile et sans la moindre combativité.

L'essence du consensus qui s'établit côté allemand dans les entretiens des 5 et 6 juillet était que les circonstances étaient favorables à une démarche audacieuse : l'Autriche-Hongrie pouvait régler le problème serbe sans risquer de provoquer une guerre élargie, à condition d'agir rapidement. Les Autrichiens devaient lancer une *Blitzkrieg* — une « guerre éclair » — même si le mot n'avait pas encore été inventé. La réaction allemande à la mission Hoyos, d'après les recherches du professeur Berghahn[130], portait l'estampille de Bethmann-Hollweg, qui en aurait choisi les termes. C'est le plan de Berlin que Vienne entreprit de suivre (étant entendu que le reste du monde devait ignorer ce détail).

Le 6 juillet, Bethmann-Hollweg, chancelier d'Allemagne, confirma l'engagement secret du Kaiser de soutenir l'Autriche en cas de guerre.

La plupart des historiens ont jugé que cet engagement de l'Allemagne était pour le moins irréfléchi. Samuel Williamson, l'un des grands spécialistes du rôle de l'Autriche-Hongrie dans les origines de la Première Guerre mondiale, a écrit que « l'Allemagne, par ses engagements, avait abandonné la direction et le rythme à donner à la crise de juillet » à l'Autriche[131].

Néanmoins, on peut se demander si ce « chèque en blanc » n'a pas été mal interprété. Les Allemands ont pu croire que c'était leur plan de guerre éclair que l'Autriche-Hongrie allait mettre en œuvre. L'engagement de l'Allemagne comportait des conditions ou, du moins, le Kaiser a pu croire qu'elles étaient implicites. Cette garantie prenait effet, ne l'oublions pas, dans le contexte d'une guerre qui avait duré plusieurs années dans les Balkans et pendant laquelle l'Autriche-Hongrie avait sollicité trois fois le même type d'engagement que Hoyos venait d'obtenir ; la réponse avait été une fois oui et deux fois non. Guillaume II, dans son esprit, avait assorti de conditions préalables son engagement d'un soutien plein et entier dans le conflit que l'Autriche-Hongrie avait avec la Serbie : mais des conditions préalables qui devenaient plus claires si l'on tenait davantage compte du contexte des années 1912-1914 que de celui de la seule années 1914.

— Il fallait que l'Autriche-Hongrie fût perçue, au moins par le peuple allemand et idéalement par toute l'Europe, comme le pays qui avait été provoqué. Ce qui, du point de vue de Guillaume II, n'avait pas été le cas au début de l'automne 1912, ni à la fin du printemps 1914 ; mais qui avait été vrai à la fin de l'automne 1912 et l'était de nouveau avec le double assassinat de Sarajevo.

— L'Autriche-Hongrie devait agir par elle-même et frapper à la vitesse de la foudre.

— Le Kaiser avait clairement la conviction que l'Autriche avait l'intention de punir la Serbie pour le double assassinat. Ou on ne le lui avait pas dit, ou il ne l'avait pas compris, mais il ignorait qu'en fait, la Double Monarchie se proposait rien de moins que de détruire la Serbie — objectif contre lequel Guillaume II s'était élevé par le passé, lorsqu'on l'avait évoqué ouvertement devant lui.

— Les circonstances devaient être telles que la Russie, la France et la Grande-Bretagne eussent peu de chances d'intervenir. Le Kaiser et une bonne partie de son entourage croyaient, en juillet 1914, qu'on se trouvait dans ce cas de figure.

— Guillaume II pensait que la crise serait rapidement résolue : « Que la situation serait réglée en une semaine, la Serbie faisant machine arrière... »

— Dans le cas contraire, expliqua Guillaume II à l'un de ses officiers de marine, « le gouvernement autrichien exigera les compensations les plus exorbitantes et, ne les ayant pas obtenues, enverra ses troupes en Serbie[132] ». Dans la vision qu'en avait l'empereur d'Allemagne, il s'agirait d'une rapide descente de l'armée des Habsbourg sur Belgrade, la capitale de la Serbie se trouvant juste de l'autre côté de la frontière ; la ville serait occupée et les choses se termineraient par un traité de paix imposé de force à la Serbie, faisant de celle-ci une alliée de l'Autriche-Hongrie — démarche qui n'était pas sans rappeler l'alliance que l'Allemagne avait imposée à l'Autriche-Hongrie après l'avoir vaincue, en 1866, et dont, nous l'avons vu, se souvenait très bien Moltke.

Ces 5 et 6 juillet 1914, ni le Kaiser ni ses conseillers n'eurent l'impression de risquer beaucoup en donnant cette garantie. Erich von Falkenhayn, ministre prussien de la Guerre, n'était pas convaincu que Vienne « fût tout à fait sérieuse » ou eût pris « la moindre résolution ferme ». Tout le monde estimait que « les Russes, bien qu'amis de la Serbie, n'interviendraient pas, en fin de compte[133] ». Le Kaiser dit à Szögyenyi que « la Russie n'est en aucun cas préparée pour la guerre[134] » ; à ses conseillers militaires, que la France avait « bien peu de chances de se laisser entraîner dans une guerre », car elle manquait d'artillerie lourde[135]. De plus, il croyait que jamais le tsar n'entrerait dans une guerre aux côtés de régicides. Falkenhayn demanda s'il fallait faire des préparatifs pour le cas où les grandes puissances entreraient en guerre, et Guillaume II lui répondit que non.

Les autorités militaires allemandes avaient de toute façon toujours laissé entendre qu'elles étaient parées à toute éventualité. Le Kaiser et ses généraux ont peut-être été partisans du chèque en blanc pour des raisons opposées. Le premier parce qu'il croyait qu'il n'en résulterait pas une guerre avec la Russie et la France ; les seconds, au contraire, parce qu'il ouvrait la possibilité qu'une telle guerre en résultât.

Si bien que trois semaines après avoir refusé son soutien inconditionnel à la cause de François-Ferdinand vivant, Guillaume II le donnait maintenant qu'il était mort. La disparition de l'archiduc avait tout changé. À ce titre, Guillaume II n'était pas le seul à avoir évolué. Les dirigeants des autres pays ressentaient la même chose et les sympathies de l'Europe iraient non plus à la Serbie mais à l'Autriche, à condition que celle-ci frappât sur-le-champ.

Les mensonges, ou en tout cas les déclarations destinées à tromper faites par les gouvernements autrichien et allemand, menaçaient cependant de se retourner contre eux.

L'Autriche-Hongrie mentait lorsqu'elle déclarait vouloir frapper pour venger le meurtre de l'archiduc. Le double assassinat de Sarajevo n'avait en fait que peu de choses à voir avec le désir des Habsbourg d'écraser la Serbie. La première chose qui trahit l'Autriche-Hongrie fut qu'elle n'attaqua pas immédiatement — ce qu'on fait lorsqu'il s'agit d'un geste d'autodéfense. Ou alors, on poursuit l'enquête de manière rigoureuse jusqu'à ses conclusions, on en publie les résultats et on attribue la culpabilité au su et au vu de tous, ce que Vienne ne prit pas le temps de faire non plus.

Le fait, connu aujourd'hui mais qui ne l'était pas à l'époque, que le mémo soumis au Kaiser en faveur de la guerre (même si le mot n'était pas écrit dedans en toutes lettres) eût été préparé avant le double assassinat de Sarajevo montre que la stratégie qu'il proposait datait aussi d'avant cet événement.

L'Autriche ne tint pas très bien son rôle. Son comportement, dans les semaines qui suivirent l'Outrage, ne fit rien pour persuader l'Europe qu'elle était avant tout motivée par son désir de venger son prince. L'incrédulité gagna les capitales et ne fit que croître.

Les représentants de l'Autriche donnèrent à Guillaume II l'impression qu'ils se conformeraient à ce qui lui paraissait essentiel : qu'ils allaient agir à la vitesse de l'éclair et régleraient la question en deux ou trois semaines. Et l'Allemagne comptait là-dessus.

Mais l'Empire des Habsbourg en était incapable, et l'avoir promis était une autre déclaration mensongère qui n'allait pas tarder à rattraper Vienne. La seule excuse de la Double Monarchie était peut-être que les Autrichiens eux-mêmes n'avaient pas conscience qu'ils n'auraient pas les moyens de tenir leurs engagements.

Quant aux Allemands, si on ne peut pas vraiment affirmer qu'ils mentirent, ils firent preuve, toutefois, d'une certaine duplicité. Le Kaiser et ses conseillers étaient certains qu'aucune des grandes puissances européennes n'interviendrait pour mettre un terme à la guerre éclair attendue de l'Autriche. Ils s'engagèrent à défendre la Double Monarchie uniquement parce qu'ils étaient convaincus qu'ils n'auraient jamais besoin de tenir parole. Dans leur esprit, le chèque en blanc qu'ils avaient signé ne serait jamais présenté.

Chapitre 26

La grande mystification

Se tenant en quelque sorte par la barbichette, les deux parties s'employèrent à jouer leur rôle. L'Autriche-Hongrie entreprit (en donnant l'apparence d'agir spontanément) de proclamer haut et fort qu'elle allait soumettre les assassins et leurs commanditaires serbes à sa justice. Soulevées par une juste colère, les armées des Habsbourg puniraient les coupables et exerceraient leur droit légitime à l'autodéfense contre toute attaque éventuelle de Belgrade. Même si elle n'applaudit pas, l'Europe devait au moins admettre que les Autrichiens étaient effectivement en droit d'agir ainsi.

Il était vital que le monde ignorât le rôle joué par l'Allemagne et l'existence de la garantie donnée par Guillaume II. Il est incontestable que les deux alliés ont agi comme s'ils considéraient que le secret, dans cette affaire, était essentiel. Ils mentirent de manière répétée dans les semaines qui suivirent, rompant avec la tradition de confiance qui avait été la marque de la diplomatie européenne au siècle passé.

Aurait-on découvert en temps utile quelle était la participation de l'Allemagne à cette mascarade, l'Europe se serait rendu compte que l'Autriche pousuivait d'autres objectifs que ceux qu'elle proclamait. Il ne s'agissait pas de venger la victime d'un assassinat ; mais, sous le manteau de la recherche de la justice, de faire reculer la Russie dans les Balkans.

L'Europe aurait compris que l'Autriche-Hongrie avait l'intention non pas de punir la Serbie, mais de la détruire ; non pas de la vaincre, mais de la rayer de la carte.

Le monde aurait alors vu que l'Allemagne n'était pas, comme la France ou l'Italie, un témoin innocent de ce qui se passait, mais une participante à part entière au projet autrichien ; que l'association des pays germanophones venait en fait de s'engager dans une partie d'échecs dont le but était un rééquilibrage de pouvoir, en leur faveur, dans les Balkans.

Raison pour laquelle il était impératif que l'Autriche-Hongrie attaquât la Serbie avant que la diplomatie européenne ne se fût réveillée ; celle-ci devait être bercée par l'illusion qu'en fait, l'Autriche ne bougerait pas tant que l'enquête judiciaire n'aurait pas déterminé exactement les responsabilités des uns et des autres, et cela pouvait durer des semaines. Inconsciente de ce qui se jouait, l'Europe ne prendrait pas ses précautions. Restait aux puissances centrales à bien tenir leur rôle.

Les dirigeants européens avaient depuis longtemps adopté l'habitude de prendre des vacances d'été. Au début juillet, Berchtold et Bethmann-Hollweg, afin de donner un sentiment illusoire de sécurité aux diplomates, firent semblant d'adopter le rythme ralenti des vacances. Berchtold dit à son ministre de la Guerre et au chef d'état-major des armées autrichiennes de prendre leurs congés « afin de dissiper toute inquiétude qu'il pourrait y avoir ». L'empereur François-Joseph reprit ses vacances interrompues. Le chancelier allemand Bethmann-Hollweg employa le même stratagème en partant pour sa propriété de campagne. Le chef de la marine de guerre, Tirpitz, séjournait en Forêt-Noire ; le chef d'état-major général de l'armée, Moltke, prenait les eaux dans la célèbre station thermale de Carlsbad. Les adjoints de Moltke et de Tirpitz furent aussi envoyés en vacances, de même que le ministre de la Guerre, le vice-chancelier et le ministre de l'Intérieur. Quant au ministre des Affaires étrangères, il fit mieux : il partit en voyage de noces.

Sur le conseil de son Premier ministre, Guillaume II, qui avait eu l'intention d'annuler sa croisière, alla rejoindre son bateau, bien que trouvant que toute cette mascarade était « enfantine ![136] ».

Ce qui caractérisa particulièrement ce mois de juillet 1914 fut que les activités importantes qu'il connut se déroulèrent de manière invisible. On aurait dit une pièce de théâtre dans laquelle la scène restait vide et où tout se jouait en coulisses.

Le 6 juillet, tôt le matin, avant d'embarquer, le Kaiser envoya plusieurs officiers porter des messages pour lui. L'amiral von Capelle, adjoint de Tirpitz, se souvenait, après un coup de téléphone qui le convoquait entre 7 et 8 heures, d'avoir trouvé Guillaume II dans les jardins de son palais : « Nous avons fait des allées et venues ensemble pendant quelques minutes, le temps qu'il m'expose brièvement ce qui s'était passé la veille... » En particulier, l'empereur lui parla du « chèque en blanc » à l'Autriche-Hongrie, information que Capelle était apparemment chargé de transmettre à Tirpitz. Le Kaiser « ne croyait pas en une généralisation du conflit. D'après lui, le tsar, dans un cas pareil, ne se mettrait pas du côté des régicides. En outre, ni la France ni la Russie n'étaient préparées à la guerre [Guillaume II ne mentionna pas la Grande-Bretagne]. Sur le conseil du chancelier impérial, il allait commencer sa croisière en mer du Nord, afin de ne pas laisser planer de soupçons ».

Un message écrit, de la même teneur, fut envoyé par le capitaine de frégate Zenker à ses supérieurs. « Sa Majesté a promis », disait-il, de protéger l'Autriche si la Russie intervenait « mais elle ne croit pas que la Russie entrera en lice pour la Serbie, qui s'est souillée elle-même par cet assassinat. Il n'y a guère de chances pour que la France entre en guerre, non plus, étant donné sa carence en artillerie lourde d'appui tactique. Toutefois, si une guerre contre la France et la Russie est improbable, on ne doit pas en écarter la possibilité d'un point de vue militaire[137] ».

Guillaume II savait qu'il avait la réputation de faire machine arrière en cas de confrontation et de crise. « Cette fois-ci, je ne céderai pas[138]... » déclara-il au fabricant d'armes Krupp.

Une fois à bord de son yacht, le Kaiser fit tout son possible pour ne pas avoir l'air de quelqu'un qui attend d'importantes nouvelles. Toutefois, le jour même (6 juillet) il fit comprendre à deux de ses aides de camp navals qu'on connaîtrait dans neuf jours ce qu'allait être la réaction de l'Autriche à ce que les Serbes avaient fait. En une autre occasion, il déclara que la situation serait réglée d'ici une à deux semaines. Il dit aux chefs des unités combattantes qu'il « ne prévoyait pas de complications militaires majeures. À son avis, dans ce cas, le tsar ne prendrait pas parti pour les régicides. Qui plus est, ni la France ni la Russie n'étaient préparées pour la guerre [...] Sur le conseil de son chancelier [...] il partait pour cette croisière afin de ne laisser planer aucun soupçon ».

Autrement dit Guillaume II tint un discours identique à tout le monde, y compris aux officiers de son cabinet militaire et au ministre prussien de la Guerre à qui il dit : « Plus les Autrichiens s'en prendront rapidement à la Serbie, mieux cela vaudra, et [...] les Russes, bien qu'amis des Serbes, n'interviendront pas. »

Le 9 juillet, l'ambassadeur d'Allemagne à Londres rapporta qu'il avait discuté des suites de l'affaire de Sarajevo et de la réaction possible de l'Autriche avec Sir Edward Grey, le ministre des Affaires étrangères britannique. Grey « était d'une humeur tout à fait confiante, et déclara d'un ton joyeux qu'il ne voyait pas de raison de considérer la situation sous un jour pessimiste[139] ».

11 juillet. Question du yacht impérial à destination des services des Affaires étrangères : le télégramme de félicitations habituel envoyé au roi de Serbie pour son anniversaire, le 12 juillet, doit-il être expédié cette année ? Réponse : « Étant donné que Vienne, jusqu'ici, n'a lancé d'action d'aucune sorte contre Belgrade, l'omission du télégramme habituel pourrait faire l'objet d'une interprétation et être la cause d'inquiétudes prématurées [...] il doit être envoyé[140]. »

14 juillet. De Vienne à Berlin : l'ultimatum qui doit être envoyé à la Serbie est rédigé de telle manière que « la possibilité qu'il soit accepté est pratiquement exclue ». Il n'a cependant pas trouvé sa forme finale et ne la trouvera pas avant le 19 (« Bien regrettable[141] », nota le Kaiser).

Vers la mi-juillet, l'indécision de Vienne avait de quoi provoquer des reproches justifiés de la part de ses alliés. On ouvait même se demander, comme le firent des diplomates bavarois, si l'Autriche-Hongrie, lors des entretiens des 5-6 juillet, n'aurait pas préféré, en fin de compte, que le Kaiser refusât de donner un chèque en blanc, autrement dit d'apporter un soutien sans condition, de façon à avoir une excuse pour ne pas agir.

Comme tant d'autres diplomates européens, Giesl, ambassadeur d'Autriche-Hongrie à Belgrade, s'était trouvé en vacances au moment du double assassinat de Sarajevo. Il retourna à son poste le 10 juillet. Le représentant de la Russie, Hartwig, lui fixa rendez-vous le jour même pour lui présenter les condoléances officielles de son gouvernement. Hartwig nia, comme la rumeur en avait couru, qu'il avait omis de faire mettre le drapeau russe en berne pour marquer l'occasion.

Le diplomate russe, qui était obèse, souffrait non seulement d'asthme mais aussi d'angine de poitrine. Il se plaignit de son cœur. Ses devoirs l'obligeaient à rester à son poste encore deux jours ; après quoi il irait passer ses vacances dans une station thermale. Puis, revenant aux questions de politique, Hartwig voulut savoir ce qu'allait être la réaction de l'Autriche-Hongrie à « l'Outrage de Sarajevo ». Giesl l'assura qu'il ne devait rien craindre pour la Serbie. Hartwig parut soulagé. Et tout d'un coup, sans bruit, il glissa sur le sol. Appelé sur-le-champ, un médecin ne put que constater le décès du diplomate, foudroyé par une crise cardiaque.

Giesl fit prévenir la fille d'Hartwig, Ludmilla. Elle repoussa tous les efforts du diplomate pour la réconforter : « paroles d'Autrichien[142] ». Elle fouilla la pièce ; elle demanda si on avait servi quelque chose à boire ou à manger à son père (la réponse était non), et ramassa soigneusement tous les mégots, probablement pour faire vérifier que les cigarettes n'avaient pas été empoisonnées.

L'archiduc François-Ferdinand et sa famille.

Vue aérienne de Sarajevo en 1914.

L'archiduc et l'archiduchesse à Sarajevo,
le matin du 28 juin 1914.

La scène de la première tentative d'assassinat.

Le couple royal quitte la mairie.

L'arrestation de Gavrilo Princip.

L’empereur François-Joseph.

Ci-dessus : Le président des États-Unis Woodrow Wilson
et le secrétaire d'État Jennings Bryan.
Ci-dessous : Le colonel Edward House, représentant diplomatique de
Woodrow Wilson.

Le Premier ministre serbe Nicola Pasic.

Le chef de l'armée austro-hongroise, Conrad von Hötzendorf.

À gauche : Le comte Berchtold, ministre autrichien des Affaires étrangères.

Ci-dessous : Le Premier ministre britannique Herbert Asquith.

À gauche : Le secrétaire
britannique
des Affaires étrangères,
Sir Edward Grey.

Ci-dessous :
David Lloyd George,
ministre britannique
des Finances.

Winston Churchill, premier lord de l'Amirauté.

Le ministre russe des Affaires étrangères, Sergeï Sazonov.

Ci-dessus : Le tsar Nicolas II et le président
de la République française Raymond Poincaré.

Ci-dessous : Le roi George V et le président de la République française
Raymond Poincaré.

Ci-dessus : Le premier ministre français, Joseph Caillaux.

Ci-dessous : Madame Caillaux.

Le Kaiser Guillaume II et le général von Moltke
observant les manœuvres.

À gauche : Le chancelier d'Allemagne (1909-1917), Theobald von Bethmann-Hollweg.

Ci-dessous : Le général allemand Erich von Falkenhayn.

À droite : L'amiral Alfred von Tirpitz.

Ci-dessous : Le prince
Karl Lichnowsky, l'ambassadeur
allemand en Grande-Bretagne,
quittant le bureau des Affaires
étrangères au début de la guerre.

Personne n'avait touché aux cigarettes. S'il y avait eu une chose d'empoisonnée en juillet 1914 dans les Balkans, c'était l'atmosphère. On était à présent dans un monde de mensonges, de complots, de tromperies.

Chapitre 27

Berchtold contre la montre

Le 7 juillet, soit le lendemain du jour où avait été signé le « chèque en blanc », Berchtold réunit le cabinet de la Double Monarchie afin d'obtenir l'autorisation d'agir. Ce cabinet était composé du Premier ministre autrichien et de ses ministres, du Premier ministre hongrois et de ses ministres, ainsi que de la poignée d'hommes qui, comme Berchtold lui-même, représentait l'union austro-hongroise.

Les délibérations se prolongèrent des heures. Le Premier ministre hongrois, le comte Istvan Tisza, exprima une forte opposition au plan Berchtold. Il fut le seul. Mais il empêcha ainsi les autres de prendre des décisions. Tisza estimait que l'invasion de la Serbie « conduirait, autant qu'on pouvait humainement le prévoir, à une intervention de la Russie et donc à une guerre mondiale ». Il proposa d'établir une liste d'exigences, et que l'ultimatum ne fût envoyé que si la Serbie refusait de s'y plier. « Ces exigences doivent être draconiennes, mais pas impossibles à satisfaire[143]. » Par-dessus tout, avertissait-il, l'Empire des Habsbourg ne devait pas se laisser entraîner dans une guerre.

Les autres ministres proposèrent néanmoins de lancer un ultimatum à la Serbie — ce qui était gaspiller du temps, comme Berchtold aurait dû le comprendre — avec des conditions impossibles à remplir pour elle ; et de le faire suivre par une invasion. Tisza, qui était en faveur d'une solution pacifique, usa de son droit de veto et en revint à son idée de présenter des exigences acceptables.

Tous les ministres étaient convaincus que des responsables politiques serbes étaient compromis d'une manière ou d'une autre dans le double assassinat de Sarajevo, même s'ils ne disposaient d'aucune preuve décisive là-dessus ; quant au procès de l'affaire, il faudrait attendre des semaines, sinon des mois, avant qu'il ne fût tenu. Berchtold ne pouvait patienter aussi longtemps. Il lui fallait agir d'ici quelques jours, une semaine au plus.

Pendant une semaine, du 7 au 14, le comte Tisza tint bon. Puis son conseiller aux Affaires étrangères parvint à le convaincre que la Hongrie pourrait peut-être profiter de la croisade contre la Serbie, dans sa querelle avec la Roumanie. De plus, Berchtold avançait deux arguments puissants. Il y avait des gens, dans le gouvernement allemand, fit-il observer, qui seraient tellement déçus si la Double Monarchie n'agissait pas vigoureusement qu'ils ne verraient pas l'utilité de garder un tel partenaire : c'était courir le risque de perdre l'alliance allemande. Par ailleurs, on pouvait toujours espérer, ajouta Berchtold à l'intention du Premier ministre hongrois, que la Serbie accepterait les termes de l'ultimatum, auquel cas il n'y aurait pas de guerre. En réalité, Berchtold mentait : il était bien déterminé à entrer en guerre avec la Serbie, quoi que celle-ci fît ou dît.

Tisza se rendit à ces raisons et renonça à son opposition de principe. Mais du coup, Berchtold avait perdu une semaine. Et le Kaiser, faut-il le rappeler, s'attendait à ce que l'affaire fût menée à bien en une semaine ou deux, trois tout au plus.

Mais un autre problème empêchait Berchtold d'agir tout de suite. Conrad von Hötzendorf, le chef d'état-major, découvrit qu'un congé avait été accordé à une bonne partie des troupes pour pouvoir aller participer aux moissons, et que ce congé n'expirait pas avant le 25 juillet. Leur rappel en urgence aurait trahi les intentions belliqueuses de Vienne, et il fallait y renoncer.

De plus, une autre raison aurait rendu imprudent d'agir aux yeux de Vienne. Le président de la République française et son Premier ministre étaient sur le point d'effectuer une visite d'État en Russie. Les dirigeants des deux alliés seraient donc ensemble et en mesure de décider sur-le-champ d'une réaction concertée à tout mouvement qu'entreprendrait l'Autriche-Hongrie. Devant cette perspective, Berchtold préféra attendre que les dirigeants français eussent quitté Saint-Pétersbourg et fussent à bord de leur bateau, coupés de tout. Cela signifiait qu'il fallait être sûr du jour où Raymond Poincaré et René Viviani avaient prévu de repartir. Berchtold demanda cette information à son ambassadeur à Saint-Pétersbourg. Cette question réglée, il décida que l'ultimatum serait présenté le 23 juillet à la Serbie, et qu'il expirerait le 25 suivant.

Afin de pouvoir les utiliser dans le texte de l'ultimatum, Berchtold avait besoin des dernières preuves trouvées par l'enquête criminelle à Sarajevo pouvant incriminer la Serbie. Il envoya sur place un émissaire qui fit le tri dans les éléments de l'enquête, et qui revint le 13 juillet faire son rapport. Ce n'était pas exactement ce que Berchtold aurait souhaité. Il n'y avait rien de bien concluant. D'après les enquêteurs autrichiens : « Nous n'avons rien qui prouve ou même laisse simplement soupçonner que le gouvernement serbe a joué un rôle dans la motivation et la préparation du crime, ou dans la fourniture des armes. On a au contraire toutes les raisons de penser qu'il n'y est pour rien. » Le seul élément incriminant était que les assassins avaient reçu l'aide de personnes ayant des liens avec certains membres du gouvernement.

Il n'était pas question d'attendre, du coup, l'arrivée de preuves concluantes de la culpabilité serbe. Berchtold devait mettre un point final à la rédaction de son ultimatum sans celles-ci.

Il y avait enfin une dernière raison de repousser le moment d'agir : Conrad von Hötzendorf fit savoir à Berchtold que les forces armées autrichiennes ne seraient pas prêtes à envahir la Serbie avant le 12 août. Soit sept semaines après le double assassinat de Sarajevo — délai bien trop long pour des représailles brutales, dans lequelles l'Europe aurait pu voir une réaction non calculée.

Qu'est-ce que Berchtold devait faire ? Qu'allait-il dire à Berlin ? Le temps lui manquait.

Berlin, de fait, voulut savoir ce qui se passait et le demanda. Vienne ne répondit pas : Berchtold ne savait pas quoi dire.

Chapitre 28

Un secret plutôt bien gardé

Berchtold laissa les Allemands dans le brouillard le plus complet en maintenant un « silence-radio » total. Il avait une bonne excuse : pour bénéficier de l'effet de surprise dans l'agression projetée sur la Serbie, il fallait que le plus petit nombre possible de personnes fût au courant de ce qui se tramait. Comme les communications pouvaient être interceptées et déchiffrées, le mieux était de communiquer le moins possible, avec qui que ce fût.

Garder un tel secret s'avéra difficile. Les services des Affaires étrangères allemands donnèrent à leur ambassadeur en Italie un aperçu général de la position de l'Autriche-Hongrie. L'ambassadeur le mentionna en passant au ministre italien des Affaires étrangères, artisan de la politique étrangère de l'Italie, Antonio di San Giuliano. Les grandes puissances de l'époque confiaient rarement leurs secrets aux Italiens, car ceux-ci avaient la réputation de ne pas être discrets. Un historien de la politique étrangère italienne a d'ailleurs écrit que « les diplomates italiens n'arrivaient même pas à obtenir de rendez-vous auprès des principaux hommes d'État européens[144] ». Alerté par l'ambassadeur allemand, San Giuliano fit part du peu qu'il savait à ses ambassades en Russie, en Autriche et en Serbie. Les Autrichiens, qui avaient percé le code italien, surent ce que San Giuliano disait à ses diplomates. Samuel Williamson, qui raconte cette histoire, suppose que les Russes, qui étaient très brillants en cryptologie, ont pu eux aussi avoir percé le code italien et alerté la Serbie[145].

Les Russes, en tout cas, avaient percé le code autrichien et savaient que Berchtold s'était renseigné sur la date à laquelle le président Poincaré et Viviani quitteraient la Russie ; la chose avait pu les faire réfléchir.

Les fuites de ce genre ne pouvaient que se multiplier au fur et à mesure que les jours passaient et que les délais se prolongeaient. Un diplomate autrichien à la retraite laissa échapper une allusion qui fut reprise par un ambassadeur britannique, lequel transmit la rumeur à un collègue français.

Le 16 juillet, l'ambassadeur de Grande-Bretagne en Russie alerta son gouvernement sur la tempête qui se préparait : « ... le gouvernement austro-hongrois n'est pas d'humeur à parler avec la Serbie, mais exigera qu'elle se plie sans réserve à toutes les conditions, faute de quoi la force sera utilisée. On dit que l'Allemagne est en complet accord avec cette procédure. »

Le même jour, et dans cette même ville de Saint-Pétersbourg, l'ambassadeur d'Italie dit à un diplomate russe : « L'Autriche est capable de faire un pas irrévocable en ce qui concerne la Serbie, en se fondant sur la croyance que la Russie, même si elle émet des protestations verbales, n'adoptera pas de mesures militaires pour assurer la protection de la Serbie contre toute tentative des Autrichiens[146]. »

En dehors de l'Allemagne et de l'Autriche-Hongrie, les dirigeants de l'Europe se trouvaient toujours dans l'ignorance, même si, de temps en temps, leur parvenaient des rumeurs inquiétantes. Mais rares aussi étaient les personnes au courant à Vienne — et encore plus rares à Berlin.

Dans l'ensemble, on peut donc dire que le secret fut bien gardé : l'opinion publique n'en sut jamais rien. Comme l'a écrit Berghahn pour l'Allemagne : « Seuls les hommes appartenant à un cercle très restreint étaient impliqués dans les décisions cruciales qui aboutirent à la guerre [...] et quand vint le moment de prendre la décision, pas plus d'une douzaine d'hommes furent consultés[147]. » Il en fut de même avec l'Autriche-Hongrie. Les comploteurs continuèrent à ourdir leurs plans, en silence, à l'insu de tous, tandis que l'Europe, inconsciente, lézardait au soleil du plus beau des étés.

SIXIÈME PARTIE

* * *

Crise !

Chapitre 29

Le fait n'est pas accompli *

Le 16 juillet, l'ambassadeur de Russie à Vienne faisait savoir par télégramme à son gouvernement que « l'information m'est parvenue que le gouvernement austro-hongrois, à la conclusion de l'enquête, a l'intention de présenter certaines exigences à Belgrade [...] Il me semble souhaitable, au moment présent, avant que ne soit prise une décision définitive sur cette question, que le cabinet de Vienne soit informé de ce que serait la réaction de la Russie si jamais les exigences présentées par l'Autriche à la Serbie étaient inacceptables pour la dignité de cet État[148] ».

Cette information, jointe à des allusions similaires qui lui étaient parvenues concernant les projets de Vienne, ne laissa pas d'inquiéter le ministre russe des Affaires étrangères. L'ambassadeur de Vienne, cependant, se hâta de le rassurer, en lui disant que l'Autriche-Hongrie ne souhaitait rien d'autre que la paix. Si bien que la Russie ne bougea pas.

Le 18 juillet, Pasic, le Premier ministre de Serbie, fit savoir par câble à ses missions diplomatiques à l'étranger, sauf à celle de Vienne, qu'il était déterminé à n'accepter aucune des exigences autrichiennes qui remettraient en question la souveraineté de son pays.

* En français dans le texte (NdT).

Les grandes lignes du complot ourdi en secret par les dirigeants allemands et austro-hongrois furent expliquées au gouverment de Bavière, clairement, mais confidentiellement. Le royaume de Bavière était l'État le plus vaste et le plus peuplé de l'Empire allemand, même si la Prusse occupait la tête de celui-ci. En rejoignant l'Allemagne, la Bavière « avait conservé une plus grande part d'indépendance et de souveraineté que les autres États[149]... » y compris son propre service diplomatique, son administration militaire, sa poste, son télégraphe et ses chemins de fer.

Le 18 juillet, Hans Schoen, diplomate bavarois qui venait d'être instruit des intentions des Autrichiens par les services des Affaires étrangères allemands à Berlin, rapporta en détail ce qu'il avait appris à son Premier ministre, le comte Georg Hertling. Il expliqua notamment que la Double Monarchie « faisait semblant d'être en faveur de la paix » et lui dit pour quelle raison l'ultimatum ne pourrait être signifié à Belgrade avant la mi-juillet. Résumant les exigences qu'il contiendrait, Schoen observa ensuite qu'« il est parfaitement évident que la Serbie ne pourra pas les accepter, car elles sont incompatibles avec sa dignité d'État souverain. Le résultat devrait donc être la guerre. Ou du moins la guerre, si Vienne joue son rôle et poursuit son plan jusqu'au bout[150] ». Jagow et Zimmermann, respectivement numéros un et deux au cabinet du ministre allemand des Affaires étrangères, éprouvaient justement des doutes là-dessus. Ils ont déclaré que l'Autriche-Hongrie, du fait de son indécision et de sa politique décousue, « était réellement devenue ce qu'était la Turquie autrefois, l'homme malade de l'Europe ».

Zimmermann avait ajouté : « Un mouvement puissant et couronné de succès contre la Serbie éloignerait la Double Monarchie du gouffre. » Schoen rapporta également que les dirigeants allemands étaient « d'avis [...] que l'Autriche était confrontée à l'heure de son destin... ». Que c'était pour cette raison, avaient expliqué Zimmermman et Jagow à Schoen, que les 5 et 6 juillet, ils avaient donné à l'Autriche « tout pouvoir d'agir [...] même en prenant le risque d'une guerre avec la Russie ». Les Autrichiens avaient été surpris, concluaient-ils, d'un soutien aussi inconditionnel et se seraient peut-être sentis plus à l'aise si on leur avait plutôt conseillé de faire preuve de retenue.

L'Allemagne aurait souhaité, avait ajouté Schoen, que Vienne ne tergiversât pas aussi longtemps avant de faire quelque chose. Les Allemands attendaient avec impatience que l'Autriche-Hongrie présentât son ultimatum à la Serbie. Berlin se lancerait alors dans une campagne diplomatique pour que le conflit restât localisé. Toutes les grandes puissances devraient rester en dehors du conflit, dirait l'Allemagne, et laisser l'Autriche-Hongrie et la Serbie régler leur différend entre elles. Les Allemands prétendraient n'avoir pas été plus au courant que les autres de la présentation de l'ultimatum par les Autrichiens ; que la chose avait été une surprise totale, arrivée alors même que le Kaiser était en vacances.

Schoen concluait que « l'attitude de la Russie déterminera, par-dessus tout, si la tentative de contenir le conflit au niveau local réussira ». L'opinion officielle allemande était, selon lui, que l'option de la guerre ne serait acceptable ni pour la France, ni pour la Grande-Bretagne. En d'autres termes, les Allemands croyaient toujours que Vienne et Berlin pourraient pousser leur machination jusqu'au bout sans déclencher de conflit mondial ; qu'ils s'en sortiraient d'une manière ou d'une autre. Ce qui fut confirmé par le représentant de la Saxe (autre État de l'Empire) à Berlin quand il déclara : « On s'attend à une localisation du conflit, étant donné que l'Angleterre est absolument pour la paix et que la France comme la Russie ne sont pas enclines à la guerre[151]. »

Pendant que se jouait cette comédie pour la galerie, derrière des portes closes, à Vienne et à Berlin, on apportait à l'ultimatum les retouches qui devaient le faire éclater au grand jour. Le ministre des Affaires étrangères austro-hongrois commença à y travailler le 10 juillet, gardant les Allemands informés de ses progrès. La note fut prête pour consultation interne le 19.

Depuis que Tisza avait changé de sentiment, le 14 juillet, il n'y avait plus guère de doutes sur les objectifs que visait l'ultimatum signifié à la Serbie : il était rédigé de telle manière qu'elle ne pouvait que le rejeter. L'ambassadeur allemand à Vienne fit savoir à son gouvernement que « la note est rédigée de façon à ce que la possibilité qu'elle soit acceptée est pratiquement exclue ». Un autre diplomate allemand rapporta un peu plus tard la conversation qu'il avait eue avec le ministre des Affaires étrangères autrichien : « Le comte Berchtold semble espérer que la Serbie n'acceptera pas les exigences austro-hongroises, car une simple victoire diplomatique ne ferait que replonger le pays dans le marasme. » Hoyos déclara à un collègue allemand que « les exigences sont en fait d'une telle nature qu'une nation ayant un minimum d'amour-propre et de dignité ne pourrait en aucun cas les accepter[152] ».

Sous sa forme finale, l'ultimatum fut soumis au Conseil des ministres — le cabinet — de la Double Monarchie l'après-midi du dimanche 19 juillet. L'historien Frederic Morton a relaté la journée par le menu. Les ministres arrivèrent à la somptueuse résidence personnelle de Berchtold « en taxis et en automobiles privées [...] les arrivées se firent à quelques minutes d'écart, pour éviter une convergence spectaculaire [...] La scène faisait plutôt penser à la tenue d'une garden-party. Un passant, s'il y avait seulement prêté attention, n'aurait pas repéré le moindre véhicule officiel[153] ». Ce n'était pas un hasard : on avait explicitement demandé aux participants d'arriver dans des voitures banalisées.

Le Conseil des ministres ratifia l'ultimatum au cours de cette réunion. Le lendemain, un courrier l'apporta au vieil empereur François-Joseph, qui séjournait dans son palais de campagne. François-Joseph le lut et l'approuva. Le texte fut envoyé en même temps au représentant des Habsbourg à Belgrade, lequel devait le présenter au gouvernement serbe à une date convenue d'avance.

Sur demande expresse de Berchtold, le Conseil avait accepté à l'unanimité que « la note soit présentée au gouvernement royal de Serbie le 23 juillet à 17 heures[154] » de manière à ce que son terme expirât le 25 juillet à la même heure. La mobilisation des forces armées austro-hongroises serait alors ordonnée et publiée dans la nuit du samedi 25 au dimanche 26.

Berchtold avait dit à ses collègues qu'il était opposé à tout nouveau délai. En premier lieu, parce qu'il y avait eu une fuite à Rome sur les intentions de l'Autriche, ce qui mettait en péril l'élément de surprise. Sans compter que « Berlin commençait à faire preuve de nervosité[155] ».

Nervosité était peut-être un euphémisme. Non seulement l'Autriche-Hongrie avait déçu les dirigeants civils allemands, Bethmann-Hollweg et Jagow, mais elle était en train de leur coûter ce qui aurait dû être une victoire éclatante pour eux. La Serbie aurait déjà dû être écrasée, c'est-à-dire avant que le reste de l'Europe ait eu le temps de réagir. La guerre éclair aurait dû être achevée, les grandes puissances placées devant le *fait accompli*.

Or rien n'avait été fait, et rien ne paraissait en passe de l'être. Il avait fallu attendre le 19 juillet pour que les Autrichiens commencent enfin à dresser une liste d'exigences à envoyer à la Serbie. Il restait à mettre le document au point, à l'expédier — et à attendre la réaction de la Serbie.

Il était donc trop tard pour lancer l'attaque surprise dont Bethmann-Hollweg avait rêvé. Dès que les pays d'Europe auraient vent de l'ultimatum de Berchtold, ils seraient en alerte. Ils comprendraient que la Serbie ne pouvait que le rejeter et que si l'Autriche-Hongrie déclarait la guerre, il était fort possible qu'elle fût soutenue par l'Allemagne. L'élément de surprise totale serait définitivement compromis.

L'un des aspects du plan austro-allemand pour punir la Serbie était caduc : celui qui, formulé le 6 juillet, prévoyait une guerre éclair et était resté dans les cartons. À présent, au 19 juillet, il fallait en changer : le moment où il aurait été jouable était passé. Car dans le plan original, l'invasion de la Serbie par l'Autriche aurait dû être achevée avant que l'Europe ait eu le temps de faire autre chose qu'élever des protestations. Avec le nouveau plan, l'Europe aurait le temps de réagir et il faudrait la persuader de ne pas agir juqu'à ce qu'il fût trop tard. Le concept clef, pour les Allemands, était *localisation*. Rappelons qu'il signifiait que les grandes puissances devaient laisser l'Autriche et la Serbie régler entre elles leur différend. La vitesse était ici aussi un facteur essentiel pour les Autrichiens, car plus ils prendraient de temps pour écraser leur petit voisin, plus il y aurait de chances pour que l'un des amis de la Serbie, Russie ou France, se mît à envisager d'intervenir pour arrêter ce conflit inégal.

Le 19 juillet, l'ultimatum une fois au point, le gouvernement allemand attaqua donc sur-le-champ la phase de « localisation », qui consistait à convaincre les autres grandes puissances de ne pas se mêler du conflit sur le point d'éclater — tout en prétendant, d'une manière qui n'était guère convaincante, ne rien savoir des raisons pour lesquelles éclatait ledit conflit, ou de celles qui pourraient inciter les grandes puissances à intervenir. Jagow, le ministre allemand des Affaires étrangères, publia donc une note, ce 19 juillet, dans un journal quasi officiel, la *Gazette de l'Allemagne du Nord* ; cette note disait en toutes lettres que « le règlement du différend qui peut naître entre l'Autriche-Hongrie et la Serbie doit rester localisé[156] ». C'était le début de la campagne diplomatique du gouvernement allemand.

Lorsque l'ambassadeur de France à Berlin s'enquit auprès de Jagow du « contenu de la note autrichienne », le ministre l'assura qu'il n'avait aucune idée de sa teneur. Bien entendu, l'ambassadeur lui fit part de son « étonnement[157] », signifiant par là qu'il n'en croyait pas un mot.

Une déclaration plus élaborée sur le concept allemand de localisation fut envoyée par l'Allemagne à la Russie, à la France et à la Grande-Bretagne le 21 juillet. Vienne, pour sa part, envoya à ses ambassadeurs auprès des grandes puissances un point détaillé sur la position austro-hongroise.

La soi-disant ignorance dans laquelle était Berlin sur ce qui se tramait et derrière laquelle l'Allemagne persistait à s'abriter se heurta à l'incrédulité de toutes les capitales européennes. À la fin d'une analyse de l'idée de localisation avancée par Jagow, un diplomate britannique ajoutait, à l'intention de Sir Edward Grey, son ministre des Affaires étrangères : « Nous ne connaissons pas les faits. Le gouvernement allemand les connaît manifestement. Ils savent ce que le gouvernement autrichien va exiger [...] et je pense que nous pouvons compter qu'ils ont exprimé leur approbation à ces exigences et ont promis leur soutien, au cas où il s'ensuivrait de dangereuses complications. » Le diplomate pensait également que « le gouvernement allemand ne croit pas qu'il y ait un réel danger de guerre ». D'après une première source, ce diplomate aurait été Sir Horace Rumbold, de l'ambassade britannique en Allemagne ; selon une autre, Sir Eyre Crowe, des Affaires étrangères[158].

L'ambassadeur autrichien à Berlin apporta une copie de l'ultimatum dans sa forme finale à Jagow, lequel mentit par la suite en niant en avoir eu connaissance avant sa publication *. Jagow refit les calculs et se rendit compte que les Autrichiens avaient prévu de remettre l'ultimatum une heure trop tôt — alors que les dirigeants français seraient encore en Russie. Alertée par Jagow, l'administration des Habsbourg paniqua mais réussit à retarder la remise de l'ultimatum d'une heure.

Obéissant aux ordres, les autorités militaires de l'Allemagne restèrent ostensiblement en vacances, laissant tout entre les mains des dirigeants civils du pays, le chancelier Bethmann-Hollweg et les principaux responsables des Affaires étrangères, Jagow et Zimmermann, lesquels faisaient du mieux qu'ils pouvaient pour avoir l'air indifférents.

Tous attendaient les événements en nourrissant des peurs et des espoirs qui n'étaient pas les mêmes. Moltke, le pessimiste chef d'état-major général, avait demandé au ministre des Affaires étrangères de provoquer rapidement une guerre, pendant que l'Allemagne pouvait encore la gagner[159]. Dans deux ou trois ans, selon lui, ce serait trop tard.

---

* Dans une interview accordée au journaliste américain William Bullit, le 17 septembre 1916, Jagow reconnut avoir vu l'ultimatum avant qu'il fût rendu public. Zimmermann, le second de Jagow, admit devant un collègue, le 11 août 1917, qu'il était exact qu'ils avaient reçu l'ultimatum serbe « environ douze heures avant qu'il soit présenté ». Zimmermann ajouta qu'il était inutile de continuer à mentir à ce sujet, car « on ne peut pas garder éternellement un secret » (NdA).

Moltke paraissait à présent préparé à accepter la victoire brillante mais limitée qu'apporterait la guerre éclair des Autrichiens — pour peu que Vienne eût le courage de mettre en œuvre le plan de Bethmann-Hollweg et de le mener à bien. Si cependant les dirigeants allemands, civils et militaires, s'étaient trompés en estimant que la guerre pourrait rester localisée et que la Russie ne s'en mêlerait pas, alors, contrairement au Kaiser et aux civils, Moltke se réjouirait aussi de ce résultat ; peut-être même en serait-il encore plus heureux.

Bethmann-Hollweg, qui avait pour rôle de présider aux affaires pendant que les Autrichiens mettaient leur plan à exécution, s'était montré inquiet depuis le début. « Une action contre la Serbie peut conduire à une guerre mondiale », avait-il dit à son confident Kurt Riezler dès le 7 juillet. Il craignait que, quelle que fût l'issue, « une telle guerre ne bouleversât tout[160] ». Le risque qu'il courait de provoquer un conflit mondial aux conséquences imprévisibles était comme « sauter dans le noir ».

Il n'en pensait pas moins que l'Allemagne n'avait pas le choix. La représentation qu'il se faisait de la position internationale de son pays était sombre, empreinte d'une certaine paranoïa qui en exagérait les dangers. Selon ses propres mots, c'était un « tableau écrasant ». Telle qu'il la voyait, l'Allemagne était « complètement paralysée[161] » et ses rivales, les trois puissances alliées, Russie, Grande-Bretagne et France, le savaient. « L'avenir appartient à la Russie, qui ne cesse de grandir, de grandir, et devient de plus en plus un cauchemar pour nous[162]. » Il voyait l'Autriche-Hongrie finir par s'allier avec la Russie pour se trouver dans le camp des vainqueurs. L'Allemagne se retrouverait seule et impuissante dans le monde de la politique internationale.

Les nerfs du chancelier avaient été mis à rude épreuve par des rapports de ses services de renseignement faisant état d'entretiens navals secrets entre la Grande-Bretagne et la Russie. D'après ces sources, les deux pays auraient envisagé une opération amphibie dans laquelle les forces britanniques, transportées par mer, auraient débarqué dans le nord-est de l'Allemagne.

D'après les mémoires que nous a laissés le ministre britannique des Affaires étrangères, Sir Edward Grey, écrits un peu plus de dix ans plus tard, ces entretiens n'avaient eu aucune conséquence pratique[163]. Ils avaient eu lieu à la requête des Français, dans le seul but de rassurer les Russes. Aucune opération conjointe n'avait été esquissée, aucun engagement pris. L'affaire s'était résumée, semble-t-il, à un échange d'informations.

La Russie savait que la France et la Grande-Bretagne avaient eu des entretiens concernant leurs forces navales, entretiens au cours desquels elles s'étaient mutuellement fait part des dispositions qu'elles comptaient prendre pour leur flotte en cas de conflit. Aucun engagement n'avait été pris. Chacun était libre de changer ses dispositions. Les Russes voulaient simplement être traités à égalité avec les deux autres parties, comme des alliés de plein droit. Lorsque la Grande-Bretagne eut des entretiens avec la France, la Russie voulut aussi en avoir, et fit part de son souhait à la France.

Le cabinet d'Asquith, le 13 mai 1914, avait autorisé la tenue de ces rencontres. Le grand amiral de la flotte britannique, le prince Louis de Battenberg, vint à Paris quelques semaines plus tard pour y rencontrer ses homologues russes. Il fut décidé que ce premier contact serait suivi d'autres entretiens semblables, mais ils ne purent avoir lieu du fait de la guerre.

Il y eut une fuite. Des questions furent posées au Parlement. Sir Edward Grey y répondit en répétant la déclaration du Premier ministre selon laquelle « si la guerre éclatait entre les puissances européennes, il n'y a aucun accord secret qui restreindrait d'une manière ou d'une autre la liberté du gouvernement, ou du Parlement, de décider si la Grande-Bretagne doit ou non y participer ».

Grey ajoute dans ses mémoires que « la réponse donnée était absolument vraie. La critique qu'on peut lui faire est qu'elle ne répondait pas à la question qui m'était posée. C'est indéniable ». Cependant, fait observer Grey, les autorités gouvernementales n'ont pas l'habitude de rendre publics les documents confidentiels qui concernent leurs forces armées.

D'après Grey, les Russes avaient gonflé l'importance des conversations qui avaient eu lieu. Selon ses informations, trois lettres secrètes émanant de sources russes auraient été interceptées par les autorités allemandes. D'après ces lettres, Grey n'aurait pas livré un certain nombre d'informations matérielles. Étant donné la personnalité de Grey et sa réputation de sincérité, si ce que disaient ces lettres était exact, son manque d'honnêteté, du moins aux yeux d'Allemands sceptiques, a pu être une source réelle d'inquiétude. Toujours est-il que ces entretiens secrets étaient un gros souci pour les Allemands.

En dépit de tous les risques qu'il présentait, le plan d'une guerre éclair — du point de vue du chancelier, son auteur — était la seule voie possible pour sortir l'Allemagne du piège historique dans lequel elle était tombée. Et il n'avait pas marché. Les Autrichiens n'avaient même pas essayé.

Bethmann-Hollweg, à en croire son confident, devint d'une humeur sombre[164]. Il revint sur les erreurs commises par la diplomatie allemande depuis que Bismarck avait été remercié. L'Allemagne avait réussi à s'aliéner la Russie, puis la France, puis la Grande-Bretagne, se faisant une ennemie de toutes sans en avoir affaibli pour autant aucune.

En Grande-Bretagne, Sir Edward Grey faisait profession d'optimisme à propos de la querelle austro-serbe. Il était cependant le seul, probablement, à avoir quelque raison de penser que la situation dans les Balkans était sérieuse. Il avait été en effet alerté sur ce point par l'ambassadeur allemand à Londres, le prince Lichnowsky, qui était très fortement pro-anglais. Dès le 6 juillet, Lichnowsky avait averti Grey que l'Autriche allait adopter une ligne dure vis-à-vis de la Serbie sur la question de Sarajevo, et qu'elle aurait de plus la bénédiction et le soutien de l'Allemagne dans ses démarches.

Grey envisagea une collaboration avec l'Allemagne pour calmer l'Autriche. Plus tard, il poussa Russes et Autrichiens à avoir des entretiens pour aplanir leurs différends. Grey ne manifesta pas d'inquiétudes particulières ; et le Foreign Office encore moins. Selon l'ambassadeur allemand à Londres, Grey

« croyait qu'on pourrait arriver à une solution pacifique[165] » ; il invitait les parties à la modération, et soulignait l'importance qu'il y avait pour l'Autriche de prouver que les accusations qu'elle portait contre la Serbie étaient fondées.

La Grande-Bretagne était elle-même aux prises avec un problème aigu, la question irlandaise, qui la rendait sans doute moins sensible aux dangers pouvant venir de l'extérieur. Les menaces internationales paraissaient s'évaporer. « Le printemps et l'été de 1914 en Europe ont été marqués par une exceptionnelle tranquillité[166] », se souvenait Winston Churchill, alors responsable civil du département britannique de la Marine. Le surdoué de la politique anglaise avait alors trente-neuf ans et passait pour un premier lord de l'Amirauté remuant, sinon aventureux ; mais même lui ne voyait qu'une perspective d'eaux calmes.

Churchill n'était évidemment pas encore ce personnage imposant, unanimement respecté et admiré, que l'histoire du xxe siècle a fait de lui. Monté très vite et très loin en politique, il était considéré comme un arriviste par ses collègues du cabinet, qui tous avaient au minimum dix ans de plus que le lord de l'Amirauté. Il donnait l'impression de toujours faire les manchettes de journaux, d'être constamment sous les projecteurs. Il avait des réserves d'énergie illimitées et épuisait tout son entourage ; même au cabinet, il n'arrêtait jamais de parler. Il était enthousiaste jusqu'à l'enfantillage. Ce n'était cependant pas les dons qui lui manquaient et même alors, on voyait bien qu'il avait du talent. Quelques décennies plus tard, il allait devenir l'un des plus grands hommes d'État de son siècle.

En 1914, il employait ses moyens à traiter la question apparemment insoluble de l'Irlande. Comme il l'écrivit par la suite : « Le calme étrange de la situation européenne contrastait avec la fureur grandissante des parties en conflit dans le pays[167]. » L'application du Home Rule à l'Irlande paraissant de plus en plus inévitable, libéraux et conservateurs se trouvaient pris dans les sanglants affrontements de leurs clientèles respectives, les catholiques du sud de l'île et les protestants du nord, l'Ulster. Des deux côtés, on recrutait et on entraînait des formations militaires. L'Ulster achetait d'importantes quantités d'armes à l'Allemagne, et les entrées illégales d'armes de guerre, disait-on, étaient monnaie courante dans un camp comme dans l'autre.

Se voyant perdre le contrôle de la situation, Londres ordonna un renforcement des troupes et des forces navales. Les autorités militaires, de manière bien compréhensible, « se voyant confrontées à ce qui risquait d'être le début d'une guerre civile, se mirent à travailler à des plans d'un caractère beaucoup plus sérieux[168]... ». Les choses étaient d'autant plus compliquées que le corps des officiers de l'armée britannique comptait un nombre disproportionné d'hommes originaires de l'Ulster, si bien qu'on pouvait craindre que l'armée, au moins en partie, ne soutînt l'Irlande du Nord et le Parti conservateur contre le gouvernement libéral. « Ces événements choquants provoquèrent une explosion de fureur sans parallèle au Parlement et secouèrent l'État jusque dans ses fondements, écrivit Churchill. On ne peut lire les débats qui se poursuivirent à divers intervalles d'avril à juin sans se demander si nos institutions parlementaires seraient assez fortes pour survivre aux passions qui les agitaient. Était-il étonnant, dans ces conditions, que les agents de l'Allemagne eussent rapporté aux autorités politiques de leur pays (et que celles-ci l'eussent cru) que l'Angleterre était paralysée par la lutte des factions et se dirigeait vers la guerre civile, et qu'il était inutile de la prendre en compte en tant que facteur de la situation européenne ? »

Le 20 juillet 1914, le roi George V convoqua pour le lendemain une conférence, à Buckingham Palace, où tous les partis étaient représentés. Le roi ouvrit la séance par une brève déclaration. « La tendance, dit-il, est une indiscutable et régulière progression vers un recours à la force, et aujourd'hui le cri de guerre civile est sur les lèvres des personnes les plus responsables et les plus pondérées de mon peuple. » Il en appela ensuite aux dirigeants des partis pour qu'ils parvinssent à un compromis de paix.

La conférence montra qu'en effet, les différences étaient

minces, mais que rien ne pouvait les aplanir. Elle fut un échec et ses participants se séparèrent le vendredi 24 juillet au matin. George V (d'après le Premier ministre) « entra, visiblement en proie à une grande émotion, et dit en deux phrases [...] au revoir, je suis désolé. Je vous remercie[169] ».

L'après-midi même, les membres du cabinet se réunirent pour travailler à une définition des frontières entre l'Irlande du Home Rule et l'Irlande du Nord britannique. Lorsqu'ils eurent terminé, Sir Edward Grey reporta son attention sur la crise serbe.

Chapitre 30

Ultimatum

Depuis le double assassinat de Sarajevo, il y avait eu un arrêt partiel des communications entre l'Autriche-Hongrie et la Serbie, ne présageant rien de bon : les échanges étaient réduits plus qu'au minimum. L'enquête sur les meurtriers était conduite dans le plus grand secret par les Autrichiens ; et si tous les membres de la bande, sauf un, avaient pu être mis tout de suite sous les verrous, la procédure s'enlisait au point que les choses avançaient à un rythme hebdomadaire, sinon mensuel, au lieu de quotidien.

Pendant ce temps la Serbie, étant généralement considérée comme plus ou moins mêlée à l'affaire, attendait, se demandant quel genre de sanctions se préparaient ou seraient proposées contre elle. De sources anglaises, le gouvernement serbe entendit dire le 17 juillet qu'on préparait « une sorte de mise en accusation [...] pour complicité supposée dans la conspiration ayant conduit à l'assassinat de l'archiduc[170] ». De Vienne, le 20 juillet, lui parvint la rumeur que l'Autriche préparait la guerre.

La population serbe, en ce sens, était loin d'aider son gouvernement — bien au contraire, même. Personne n'exprimait de remords ou de regrets, et la presse d'opposition ne dissimulait pas la satisfaction que lui avait procurée l'attentat.

Aux yeux des observateurs, le gouvernement serbe avait le

tort de ne pas au moins faire semblant de poursuivre énergiquement ceux qui avaient aidé les tueurs. Certes, les deux principaux coupables étaient des sujets autrichiens ; certes, ils étaient aux mains de la police autrichienne et seraient jugés par un tribunal autrichien. La raison de l'inaction serbe, toutefois, tenait peut-être à ce que le gouvernement avait trop de choses à dissimuler. Si, par exemple, on avait appris que Pasic avait été au courant du complot à temps pour l'empêcher — si tel était bien le cas — le Premier ministre aurait été condamné par la Main Noire pour avoir averti Vienne (même s'il l'avait fait de manière allusive), et par l'Autriche pour n'avoir pas été assez clair et précis dans sa mise en garde. Et si Pasic avait laissé éclater la vérité par le biais d'une commission d'enquête diligentée par lui, la Main Noire aurait très bien pu le faire assassiner.

De plus, des élections étaient prévues en Serbie pour le 14 août. Pasic se devait de mener une campagne de nationaliste fervent. La Serbie n'avait pas les moyens de tenir tête à l'Autriche-Hongrie ; mais si jamais Pasic faisait des concessions ou des compromis pour éviter un conflit, il avait toutes les chances de perdre ces élections. Il était pris entre l'arbre et l'écorce — et le bûcheron. Cerné de toute part.

Le baron Giesl von Gieslingen, ambassadeur d'Autriche-Hongrie en Serbie, téléphona au ministère serbe des Affaires étrangères le jeudi matin 23 juillet, par courtoisie. Il voulait faire savoir d'avance au gouvernement serbe qu'il transmettrait un message important au Premier ministre entre 16 et 17 heures.

Giesl reçut alors un télégramme de son propre gouvernement, relatif à l'erreur relevée par Jagow : les deux dirigeants français en visite d'État en Russie n'auraient pas encore quitté Saint-Pétersbourg. Ordre était donné à Giesl de retarder la remise de l'ultimatum à 18 heures.

Lorsque Giesl se présenta, avec une heure de retard, ce fut pour découvrir que le Premier ministre serbe n'était même pas à Belgrade, mais en tournée électorale en province. C'est du moins ce qu'on dit à l'ambassadeur. Le ministre des Finances serbe, Pacu, servait de Premier ministre par intérim. Mais Pacu ne parlait pas français, alors langue internationale de la diplomatie. Il n'allait donc pas être possible à Giesl de communiquer avec lui.

On fit appel au secrétaire général du ministère des Affaires étrangères, Slavko Grvic, pour traduire le texte. Mais Pacu, devant la teneur du document qu'on lui remettait, refusa de l'accepter. Giesl le plaça sur la table, dit à Pacu qu'il en fît ce qu'il voulait et partit.

Pacu et ses collègues tentèrent alors d'entrer en contact avec Pasic, ce qui leur prit environ deux heures. Par téléphone, on lui résuma les termes et les exigences draconiennes du document que Giesl venait de délivrer (voir les principaux points de l'ultimatum, Appendice 1). Pasic décida de rentrer tout de suite en train et convoqua une réunion du cabinet pour le lendemain matin à cinq heures, à Belgrade. Nikolaï Hartwig, le représentant de la Russie à l'avis duquel les dirigeants serbes se rangeaient la plupart du temps, était mort d'une crise cardiaque, comme nous l'avons vu, quinze jours avant et n'avait toujours pas été remplacé ; Pasic et ses ministres devaient se débrouiller tout seuls.

La réunion du cabinet serbe dura toute la journée, puis se prolongea toute la nuit et toute la journée du lendemain. Ils devaient faire vite, car l'ultimatum de la Double Monarchie exigeait une réponse sous quarante-huit heures. Pasic aurait voulu se tourner vers les gouvernements des autres puissances pour demander des conseils et de l'aide, mais les délais étaient encore plus réduits : les copies de l'ultimatum leur avaient été délivrées seulement le 24 au matin.

Sans compter que sans attendre de réponse, l'armée des Habsbourg avait, dès le 23 juillet, entamé la procédure des préparatifs de guerre[171].

La nouvelle arriva à Londres alors que se tenait encore la réunion de cabinet consacrée à essayer de recoller les morceaux, à la suite de la conférence avortée sur la question irlandaise, à Buckingham Palace. D'après Winston Churchill, il ne restait plus qu'une question à régler, celle des frontières de deux comtés irlandais, Fermanagh et Tyrone. Mais le blocage créé par ce problème était complet, sans espoir, et la conséquence pouvait être une guerre civile.

Voici ce qu'en a dit Churchill :

> *La discussion était arrivée à son terme sans conclure et le cabinet était sur le point de s'ajourner, lorsqu'on entendit la voix grave et calme de Sir Edward Grey lisant un document que venait de lui faire parvenir le Foreign Office. C'était la note autrichienne à la Serbie. Cela faisait déjà plusieurs minutes qu'il parlait ou lisait lorsque je pus enfin détourner mon esprit du débat fastidieux et affolant qui venait de se terminer [...] Cette note était sans aucun doute un ultimatum ; mais un ultimatum rédigé dans des termes comme on n'en avait jamais vu dans les temps modernes. Au fur et à mesure qu'on le découvrait, il paraissait impossible qu'un seul État au monde pût l'accepter, ni que son acceptation, en dépit de son abjection, satisfît l'agresseur. Les paroisses de Fermanagh et Tyrone se fondirent dans les brumes et les coups de vent de l'Irlande et une lumière étrange [...] commença à éclairer la carte de l'Europe*[172].

C'était la première fois, depuis un mois, qu'il était question de politique étrangère dans une réunion du cabinet. Churchill était l'un des deux ministres que le Premier ministre avait avertis avant la réunion que quelque chose se tramait.

Pendant la réunion le Premier ministre, Herbert Asquith, écrivit une lettre à sa confidente, Venetia Stanley (il était coutumier du fait). Il y disait que la situation européenne n'aurait pas pu être pire. « L'Autriche a envoyé un ultimatum grossier et humiliant à la Serbie, auquel celle-ci n'a aucun moyen de se plier, et exigé une réponse sous quarante-huit heures, faute de quoi elle fera mouvement. Cela signifie presque inévitablement que la Russie se portera à la défense de la Serbie contre l'Autriche ; et si c'est le cas, il sera difficile à l'Allemagne comme à la France de ne pas intervenir d'un côté et de l'autre. Si bien que nous nous trouvons à une distance mesurable, ou imaginable, d'une véritable Apocalypse... » Il concluait cependant sur une note rassurante : « Heureusement, il semble que nous n'ayons pas de raison d'être autre chose que des spectateurs[173]. »

La réunion terminée, Churchill écrivit à sa femme. « L'Europe, tremblante, est au bord d'une guerre générale. L'ultimatum autrichien à la Serbie est, dans le genre, le document le plus insolent que l'on ait jamais imaginé[174]. » Lui non plus, cependant, ne voyait pas que la Grande-Bretagne eût un rôle à jouer dans le conflit qui s'annonçait ; d'ailleurs, le fond de sa lettre était d'annoncer qu'il rejoindrait sa famille à la plage pour le week-end.

La grande inquiétude de Grey, pendant ce temps, était le délai de quarante-huit heures. « Je n'avais jamais vu jusqu'ici un État adresser à un autre État indépendant un document d'un caractère aussi terrible[175] », déclara-t-il au gouvernement autrichien ; et quelles qu'eussent été les raisons de la querelle et les mérites de celles-ci, la première chose à faire était de reculer ou de faire sauter ce délai.

À la requête de Grey, l'ambassadeur d'Allemagne, Lichnowsky, vint voir le ministre des Affaires étrangères. Lichnowsky dit par la suite[176] que Grey était « extrêmement affecté par la note autrichienne qui, d'après lui, excédait tout ce qu'il avait vu jusqu'ici dans le genre [... il croyait que] toute nation qui aurait accepté de telles conditions aurait cessé de compter en tant que nation indépendante ». (Commentaire du Kaiser en lisant la note de Lichnowsky : « Voilà qui serait souhaitable. Ce n'est pas une nation au sens européen du terme, mais une bande de voleurs ! »)

On peut synthétiser ainsi les échanges qui suivirent :

Lichnowsky : On ne peut évaluer les peuples des Balkans à la même aune que les nations civilisées d'Europe.

Guillaume II : Exactement, ils ne le sont pas !

Lichnowsky : Si bien qu'il faut utiliser un autre langage avec eux.

Grey : Même si l'on peut à la rigueur partager cette opinion, elle ne sera pas acceptée par les Russes.

Guillaume II : Alors les Russes ne valent pas mieux eux-mêmes.

Grey demanda à l'Allemagne son soutien pour obtenir la prolongation du délai et suggéra que la Grande-Bretagne, la France, l'Allemagne et l'Italie servissent de médiateurs dans le conflit. « Superflu, commenta le Kaiser, Grey n'a rien d'autre à proposer. »

Cependant, comme le nota Guillaume II en marge du rapport de son ambassadeur, lui-même accepterait le rôle de médiateur, mais à la seule condition que l'Autriche le lui demandât.

De Saint-Pétersbourg, Sazonov envoya par câble aux pays concernés une circulaire leur demandant d'agir de concert pour obtenir que la date butoir de l'ultimatum fût repoussée. Sazonov demanda également à l'Autriche-Hongrie quels étaient les résultats de l'enquête sur le double assassinat de Sarajevo, Vienne ayant promis de mettre ce rapport à la disposition des autres puissances.

Le 24 juillet, à Vienne, Berchtold rencontra le chargé d'affaires russe, le comte Koudachev, et lui tint des propos apaisants : « Rien n'était plus loin de notre pensée que d'humilier la Serbie [... et la Double Monarchie] ne cherchait à faire aucun gain territorial, mais simplement à préserver le statu quo[177]. »

Techniquement, Berchtold ne mentait pas : Vienne n'avait pas l'intention d'annexer la Serbie, considérant qu'elle régnait déjà sur trop de Slaves. Mais sa réponse était délibérément trompeuse, puisque l'Autriche-Hongrie avait l'intention (d'après le chef de cabinet de Berchtold au ministère des Affaires étrangères) de partager la Serbie entre ses voisins.

Koudachev voulut savoir ce qui se passerait si la réponse de la Serbie n'était pas acceptable pour le gouvernement autrichien. Réponse de Berchtold : l'ambassadeur de l'Autriche à Belgrade serait rappelé avec tout le personnel et l'ambassade fermée. « Alors ce sera la guerre[178] ! » s'exclama Koudachev.

Le lendemain matin, Koudachev revint à la charge et

demanda à nouveau une prolongation du délai. Le gouvernement autrichien refusa. Koudachev envoya même, en vain, un câble à Berchtold qui était parti voir l'empereur.

Comme Vienne et Berlin l'avaient calculé, Paris fut dans l'incapacité de réagir de manière efficace à l'ultimatum autrichien. Le président de la République, Raymond Poincaré, son président du Conseil et ministre des Affaires étrangères, René Viviani, et Bruno Jacquin de Margerie, chef de cabinet de ce dernier aux Affaires étrangères, étaient encore en mer. Jean-Baptiste Bienvenüe-Martin, ministre de la Justice, chef du gouvernement par intérim, paraissait ne pas pouvoir ou ne pas vouloir adopter une position claire et tranchée, ni même une position quelconque, en dépit des objurgations de Philippe Berthelot, le numéro deux aux Affaires étrangères.

Comme on n'entendait pas la voix de la France, les émissaires allemands et autrichiens se sentirent apparemment encouragés à croire que celle-ci ne se mêlerait pas de la querelle dans les jours à venir. Bienvenüe-Martin avait cependant envoyé plusieurs dépêches à Poincaré, et le président français décida de retourner le plus rapidement possible à Paris.

Lorsque la nouvelle de l'ultimatum autrichien l'atteignit à Saint-Pétersbourg, le ministre des Affaires étrangères Sazonov s'écria, en français : « C'est la guerre européenne ! » Convoquant l'ambassadeur d'Autriche, il ne mâcha pas ses mots : « Je sais ce qui se passe. Vous avez l'intention de faire la guerre à la Serbie [...] vous mettez le feu à l'Europe [...] Pourquoi ne pas avoir donné à la Serbie l'occasion de s'exprimer, et pourquoi choisir la forme de l'ultimatum ? [...] le fait est que vous voulez la guerre et que vous avez brûlé tous vos ponts [...] on voit en effet à quel point vous aimez la paix[179]. »

Le Conseil des ministres russes se réunit et décida d'essayer de persuader l'Autriche-Hongrie de repousser le délai de quarante-huit heures, mais aussi de conseiller à la Serbie d'offrir le moins de résistance possible à tout accord avec les Autrichiens. Et finalement, il décida de demander au tsar d'accepter le principe d'une mobilisation au moins partielle des forces armées. Sans entrer dans les détails (ce que n'ont cependant pas cessé de faire depuis les historiens) la « mobilisation partielle » consistait à prendre un ensemble de mesures, dont certaines n'étaient pas réalisables, et dont aucune ne contribuait de manière significative à défendre la Russie ; la plupart, en réalité, mettaient la Russie dans une position moins avantageuse qu'avant. C'était un concept essentiellement politique, brumeux et vague, dont l'objectif était de faire savoir que la Russie était déterminée à agir si nécessaire, tout en ne souhaitant pas alarmer l'Allemagne et l'Autriche-Hongrie comme l'aurait fait une mobilisation générale — une vraie.

La Russie, comme cela avait si souvent été le cas par le passé, demeurait un mystère pour le reste de l'Europe, en 1914. Sa taille immense et son étrangeté orientale apparente faisaient peur. C'était le plus grand de tous les pays et le seul chiffre de sa population — 170 millions de personnes — était déjà intimidant. Cependant, en 1914, les dirigeants de la Russie la croyaient vulnérable.

Le rythme auquel le pays s'industrialisait, son réseau de chemin de fer en pleine expansion, son programme moderne de réarmement en grande partie financé par la France, tout était parti de si loin que les progrès accomplis étaient trompeurs et encore bien loin du compte. En Europe occidentale, et en particulier en Allemagne, la menace russe qui se profilait paraissait de plus en plus inquiétante. Au printemps de 1914, l'ambassadeur britannique en Russie fit savoir au Foreign Office que la Russie devenait si puissante et cela si rapidement qu'il fallait « s'assurer de son amitié presque à n'importe quel prix[180] ».

Cependant, comme le rappelle le professeur D.W. Spring, « ce n'était pas ainsi que le gouvernement et l'opinion publique russes voyaient leur situation dans le monde en 1913-1914 ». Ils se représentaient leur pays comme entouré « par dix États représentant la moitié de la population du monde » dont trois ou quatre leur étaient « directement hostiles ». Son gouvernement manquait totalement d'efficacité. La plus grande partie du pays, soumise à une économie de subsistance, avait encore au moins un siècle de retard. L'industrialisation qui s'était faite avait été accompagnée d'agitation sociale ; à Saint-Pétersbourg, en juillet 1914, « 180 000 ouvriers, sur un total de 242 000, étaient en grève[181] ».

Certes le gros de la population ne jouait aucun rôle dans la définition de la politique étrangère, mais il existait cependant une opinion publique qui, bien que faible, s'exprima lors du conseil ministériel du 24 juillet.

Ce fut un rare moment de concorde. La presse, les ministres, la population et l'opinion publique semblaient tous partager un même point de vue. La Russie souhaitait que la Serbie fît les concessions nécessaires. Elle voulait la paix, sachant qu'elle n'était pas prête pour la guerre. Mais par ailleurs, tout le monde était d'accord pour reconnaître que lorsque, par le passé, la Russie avait fait des concessions aux puissances germanophones dans l'intérêt de la paix, cette stratégie n'avait fait qu'encourager Vienne et Berlin à exiger encore plus. Du coup, l'été 1914 parut offrir une bonne occasion de tenter l'approche contraire. Cette fois-ci, sans tomber dans la provocation, le gouvernement russe décida de se montrer ferme.

L'irrésolution bien connue du tsar Nicolas II appportait toutefois un élément d'incertitude dans la prise des décisions. Le monarque russe était un personnage falot, mal préparé à assumer le poids de la couronne, qui avait déjà commis des erreurs coûteuses, dont la guerre désastreuse avec le Japon. Il avait lui-même conscience de ses faiblesses et, bien qu'ayant hérité des pouvoirs absolus d'un autocrate, il se proclamait empereur d'un régime partiellement constitutionnel.

La vie affective de Nicolas II tournait entièrement autour de sa famille : sa femme, ses filles qu'il adorait et son fils Alexeï, qui n'avait pas encore tout à fait dix ans en 1914, et dont l'hémophilie était une épée de Damoclès pour la pérennité de la monarchie.

Quels que fussent les sentiments de Nicolas II vis-à-vis de ses frères serbes, il ne pouvait qu'être profondément scandalisé par le crime des régicides. Son grand-père Alexandre II, le tsar qui avait affranchi les serfs, avait connu plus d'une demi-douzaine de tentatives d'assassinat – jusqu'à la dernière, qui lui avait été fatale.

De plus, Nicolas II avait inauguré son règne sous l'influence de Guillaume II ; il avait été couronné en 1894, à l'âge de vingt-six ans, tandis que Guillaume II, plus âgé que lui de neuf ans, régnait déjà depuis six ans. L'empereur d'Allemagne influença le tsar de Russie pendant une dizaine d'années, lui donnant de fort dangereux et mauvais conseils et l'incitant à se lancer dans des conquêtes en Extrême-Orient ; il s'ensuivit la guerre catastrophique avec le Japon (1904-1905) qui faillit se traduire par l'effondrement de la Russie en tant que grande puissance, et qui conduisit à la révolution de 1905.

À la fin de 1905 et de l'influence de Guillaume II, le tsar tomba sous la coupe d'un personnage bien différent mais tout aussi dangereux, le paysan-guérisseur-religieux (*starets*) Grigori Raspoutine, qui n'offrait rien de moins que l'espoir de soigner le prince héritier de son hémophilie. Confiant et vulnérable, le couple impérial, Nicolas et Alexandra, pour qui la vie de leur fils était un souci de tous les instants, placèrent pratiquement son destin entre les mains de Raspoutine ; l'homme avait une voix profonde, un regard hypnotique, un contact apaisant. D'une force physique hors du commun, Raspoutine était animé par une concupiscence effrénée, presque insatiable. Les amateurs de scandale avaient tous les jours ou presque le nom d'une nouvelle femme à ajouter à la liste de ses conquêtes — liste dont on disait que l'impératrice et ses filles y figuraient. L'épouse du moine, restée à la maison en Sibérie avec leurs quatre enfants, en tirait gloire : « il en a assez pour toutes[182] », se vantait-elle.

L'emprise exercée par ce faux et sinistre prophète sur la famille impériale finit même par semer la zizanie, tandis qu'approchait la crise de 1914. Il n'était que trop prévisible qu'au moins une partie de l'opinion publique eût imputé à l'influence de Raspoutine le tour tragique que prit l'histoire de la Russie à partir de 1914.

En fait, Raspoutine s'était toujours exprimé en faveur de la paix. Lors de la crise des Balkans de 1908, il avait dit : « Les Balkans ne valent pas qu'on se batte pour eux. » En 1914, convalescent dans son village natal après une tentative d'assassinat, il mit le tsar en colère en lui envoyant ce télégramme alors que les hostilités avaient déjà commencé : « Que Papa ne prévoie pas la guerre, car avec la guerre viendra la fin de la Russie et de vous-même, et vous perdrez jusqu'au dernier homme. »

À Londres, le 24 juillet, l'ambassadeur de Russie confia à l'ambassadeur d'Allemagne, sous le sceau de « la plus stricte confidence », qu'il serait « très difficilement possible », pour la Russie, de conseiller à la Serbie d'accepter l'ultimatum, « à moins qu'elle n'acceptât de s'abaisser au rang de vassale de l'Autriche [...] L'opinion publique, en Russie, ne le tolérerait pas ». Les intentions de Vienne, ajouta-t-il, étaient maintenant claires aux yeux de tous. « Seul un gouvernement voulant la guerre a pu écrire une note pareille... »

Une rumeur, attribuant la rédaction de l'ultimatum à l'Allemagne, arriva jusqu'à Berlin. Le ministère des Affaires étrangères allemand se répandit en démentis, donnant pour instruction à ses représentants à Paris, Londres et Saint-Pétersbourg de réfuter cette accusation. « Nous n'avons exercé aucune influence quant au contenu de cette note... » Néanmoins, Berlin ne pouvait « conseiller à Vienne de se rétracter[183] », car une rétractation entraînerait une perte de prestige pour l'Autriche-Hongrie.

De son ambassadeur à Vienne, l'Allemagne apprit que Berchtold avait convoqué le représentant de la Russie et avait eu avec lui un entretien conciliant. Le ministre des Affaires étrangères autrichien ne souhaitait nullement toucher à l'équilibre des pouvoirs en Europe ou perturber la Russie. Il faisait appel à un front des monarques européens contre le danger commun que représentait « la politique serbe, conduite avec le revolver et la bombe ».

Lisant un compte-rendu de cette conversation, Guillaume II en désapprouva la teneur. Devant les manifestations de bonnes intentions de Berchtold vis-à-vis de la Russie, il commenta : « Absolument surperflu ! Va donner l'impression de faiblesse et qu'il s'excuse... » Traitant Berchtold d'âne, le Kaiser nota : « L'Autriche doit devenir la puissance prépondérante dans les Balkans par rapport aux petits États, et aux dépens de la Russie ; sans quoi, il n'y aura pas la paix[184]. »

Les responsables des Affaires étrangères en France ne savaient que peu de choses sur ce qui se passait, puisqu'ils étaient sur le bateau du retour, comme l'avait calculé l'Autriche, au moment où la crise avait éclaté. Poincaré, Viviani et leurs collaborateurs se rendaient bien compte que les messages ne passaient pas. Ils n'avaient pas compris qu'ils étaient volontairement brouillés.

Les dirigeants français avaient eu des entretien avec le tsar et le gouvernement russe. On sait peu de chose sur ce qui s'était dit. Mais depuis toujours, la ligne politique du président Poincaré avait été d'empêcher la Russie de faire quelque chose qui pût être interprété comme une provocation par l'Allemagne. Il n'avait que trop conscience que son pays, sur le plan militaire, n'était pas en mesure de mener une guerre et de la gagner. Il n'y a pas de raison de penser qu'il ait tenu des propos différents pendant son séjour en Russie.

Le représentant de la France à Saint-Pétersbourg, par ailleurs, était un ambassadeur du genre électron libre. Maurice Paléologue, qui avait présenté ses lettres de créance seulement cinq mois auparavant, avait une forte personnalité et une tendance tout aussi forte à conduire sa propre politique étrangère. Une fois les représentants du gouvernement français repartis, il donna l'impression aux Russes que la France les soutiendrait inconditionnellement. Des travaux récents sur la diplomatie de l'avant-guerre, dus au Dr M.B. Hayne[185], nous apprennent que, contrairement aux autres, Paléologue estimait que les armées française et russe étaient à leur sommet. Croyant par ailleurs que l'Allemagne voulait à tout prix une guerre européenne, il était partisan que celle-ci eût lieu le plus tôt possible ; à ce titre, il était en quelque sorte un Moltke à l'envers. L'influence qu'il a eue sur les décisions prises par les dirigeants russes est difficile à apprécier, car ceux-ci ne lui faisaient pas entièrement confiance.

Une question posée par Berchtold à Berlin et datée du 22 juillet n'arriva à destination que le 24. L'Empire des Habsbourg était sur le point de rompre toutes ses relations avec la Serbie. Aucun représentant de l'Autriche ne resterait à Belgrade. Comment, dans ce cas, déclarer la guerre à la Serbie ? Qui se chargerait de transmettre la déclaration ? L'Allemagne consentait-elle à le faire au nom de l'Autriche-Hongrie ?

Jagow, de son ministère berlinois, répondit que c'était une mauvaise idée : « Notre point de vue doit être que la querelle avec la Serbie est une affaire interne à l'Autriche-Hongrie[186]. » Les deux hommes, autrement dit, discutaient de la manière de déclarer la guerre avant même que Vienne eût proclamé son ultimatum et donc non seulement qu'il y fût répondu, mais de plus répondu par la négative.

Chapitre 31

La Serbie accepte – plus ou moins

« Une note sacrément ferme », commenta le Kaiser, à bord de son yacht, devant le chef de son cabinet naval, l'amiral von Müller, après avoir lu l'ultimatum. « Mais ça signifie la guerre[187] », observa l'amiral. Non, la Serbie ne prendra jamais ce risque, dit Guillaume II.

Le régent de Serbie, le prince Alexandre, se rendit à la légation russe de Belgrade dans la nuit du 23 au 24 juillet « pour exprimer son désespoir à propos de l'ultimatum autrichien, considérant comme une impossibilité absolue de s'y soumettre, quand on était un État ayant le moindre souci de sa dignité[188] ». Il mettait tous ses espoirs dans le tsar, dit-il, « dont la parole puissante peut seule sauver la Serbie ». Pasic, qui se rendait à la réunion d'urgence des ministres de cinq heures, s'arrêta également à la légation russe.

Mais la Russie n'offrit rien de plus que son soutien moral. Sazonov, ne parlant qu'en son nom, dit que son pays offrirait de l'aide, sans préciser quelle forme elle prendrait. Finalement, le gouvernement du tsar suggéra que la Serbie, si la résistance était sans espoir, battît en retraite plutôt que de résister et s'en remît au sens de la justice de l'Europe. Ni la Russie, ni la

France, son alliée, n'étaient prêtes à faire la guerre, en particulier pour la Serbie.

Le gouvernement serbe songea tout d'abord à rejeter l'ultimatum. Mais à l'examen, il comprit qu'il lui faudrait être plus réaliste.

Les dirigeants serbes partageaient la douloureuse conviction que, en cas de guerre avec l'Autriche-Hongrie, leur pays se ferait écraser. Seule la Russie, ou une combinaison de puissances neutres, pourrait les sauver. Un tel soutien serait de toute façon difficile à obtenir, d'autant plus que le temps leur manquait. On attendait leur réponse pour 18 heures, le 25 juillet. Pasic et ses collègues siégeaient en permanence, hésitant entre une acceptation sans condition de l'ultimatum et la tentation d'émettre des réserves qui leur permettraient d'échapper aux rigides exigences de Vienne.

Au fur et à mesure qu'on y ajoutait des éléments, qu'on en changeait, qu'on en enlevait, le texte de la réponse devenait de moins en moins lisible ; il devait cependant l'être au moins assez pour que le traducteur pût faire un travail convenable. Révisé, tapé à plusieurs reprises, il était encore ni fait ni à faire alors qu'approchait la fin du délai. La dactylo était inexpérimentée et sa machine à écrire tomba en panne. Alors qu'il ne restait plus que deux heures, il fallut en entreprendre la rédaction à la main. Dehors, le tambour battait le rappel des réservistes.

Le document final ressemblait davantage à un brouillon, avec ses mots barrés et ses taches d'encre. Comme personne ne voulait le porter, c'est Pasic en personne qui se dévoua ; il se rendit à la hâte à l'ambassade d'Autriche pour donner la réponse de la Serbie à Giesl, le représentant des Habsbourg, avant 18 heures. Il fut peut-être légèrement en retard. Giesl lut rapidement le document, debout. Il avait déjà détruit ses papiers et fait ses bagages. Une automobile attendait pour le conduire à la gare. Il employa les formules consacrées pour rompre les relations diplomatiques et partit prendre son train.

On crut partout, mis à part à Vienne, que la Serbie avait accepté toutes les conditions de l'ultimatum sauf une. En fait, la réponse des Serbes comportait un certain nombre de réserves (voir Appendice 2). Cela n'avait guère d'importance, la Double Monarchie ayant voulu simplement respecter les formes.

L'armateur Albert Ballin se souvenait de « la déception » des services des Affaires étrangères allemands lorsque arriva la nouvelle que la Serbie avait accepté, suivie d'une « formidable explosion de joie », lorsque leur parvint peu après le correctif : la Serbie n'avait pas *entièrement* accepté. Devait-on rappeler le Kaiser ? Non, avait confié à Ballin sa source aux Affaires étrangères, « ... au contraire. Tout au doit être fait pour s'assurer qu'il ne vient pas s'en mêler, avec ses idées pacifistes[189] ».

Le ministre des Affaires étrangères autrichien, Berchtold, prit comme position que sa note à la Serbie n'était pas un ultimatum : la déclaration de guerre n'était pas automatique à l'expiration du délai. Le 25 juillet, Berchtold racontait encore aux Russes que la rupture des relations diplomatiques entre l'Autriche-Hongrie et la Serbie ne conduirait pas nécessairement à une guerre : « Nos exigences peuvent conduire à une solution pacifique[190]. »

Mais un câble lui arriva alors de son ambassadeur à Berlin, lui rappelant que l'Allemagne s'attendait à ce que l'Autriche déclenchât les hostilités. « Ici, tout retard dans le commencement des opérations militaires est considéré comme augmentant le danger d'une interférence des puissances étrangères. Nous vous conseillons vivement de procéder sans délai... »

La convocation d'une conférence des puissances neutres pouvait-elle empêcher que n'éclatât la guerre ? Sir Edward Grey posa la question. Celle qu'il avait convoquée à Londres en 1913 avait apporté la paix, au moins temporairement, dans les Balkans. Peut-être serait-ce encore possible ? Si l'Allemagne, l'Italie, la France et la Grande-Bretagne voulaient bien s'entremettre entre l'Autriche et la Russie, on risquait d'avoir l'impression que la France et la Grande-Bretagne se désolidarisaient de leur alliée. Quand on posa cette délicate question à Saint-Pétersbourg, cependant, Sazonov ne fit pas autant de chichis.

Grey envoya à son ambassadeur en Russie, le 25 juillet, une note dans laquelle il donnait les grandes lignes de sa position. « Je ne considère pas que notre opinion publique devrait nous sanctionner si nous partons en guerre à cause d'une querelle touchant à la Serbie. Si, cependant, la guerre a vraiment lieu, ses ramifications peuvent faire que nous y soyons entraînés, et je suis donc très soucieux de l'empêcher. » Au vu des actes de l'Autriche, poursuivait-il, il est à peu près inévitable que la Russie et l'Autriche mobilisent l'une contre l'autre ; c'est à ce stade qu'une médiation des quatre puissances pourrait être opportune.

On était un samedi. Grey eut le sentiment que la guerre ne menaçait pas au point qu'il ne pût aller passer le week-end à la campagne. Il confia les affaires courantes à son assistant et partit.

Un câble du représentant de l'Allemagne à Belgrade décrivit la confusion et la consternation du gouvernement serbe quand il s'agit de réagir à l'ultimatum autrichien. Guillaume II était ravi. « Bravo ! On n'aurait jamais cru ça des Viennois ! On voit bien à quel point toute la puissance serbe est vide ; c'est ainsi qu'il en va avec toutes les nations slaves ! Cette racaille ne connaît que la manière forte[191] ! »

Saint-Pétersbourg, le 25 juillet au soir. L'état-major général russe lance la « période préparatoire à la guerre », première étape sur la route conduisant éventuellement à la mobilisation.

Paris. Le gouvernement français prend les premières mesures pour préparer la mobilisation. En secret, on rappelle les généraux le 25 juillet ; on annule les permissions des officiers et des hommes de troupe le 26 ; et le 27, ordre est donné au gros de l'armée d'occupation stationnée au Maroc de revenir en France métropolitaine.

Berlin. Le ministre des Affaires étrangères, Jagow, déclare au journaliste allemand Theodor Wolff que « ni Londres, ni Paris ni Saint-Pétersbourg ne veulent la guerre[192] ».

SEPTIÈME PARTIE

* * *

Compte à rebours

Chapitre 32

Berlin abat son jeu

Les principaux chefs de l'armée allemande, comme nous l'avons vu, étaient tous ostensiblement partis en vacances. Guillaume II en avait fait autant, ainsi que le Premier ministre et le ministre des Affaires étrangères. En réalité, chacun était retourné une fois ou l'autre à Berlin, souvent en secret, et leurs aides de camp tenaient les militaires bien informés.

Après que les Autrichiens eurent fixé la date de leur ultimatum — le 23 juillet, avec un délai de quarante-huit heures — Berlin fit discrètement savoir à tout son personnel de revenir ; chacun arriva de son côté à partir du 23 juillet, et les contacts commencèrent aussitôt à être renoués.

Dans une sorte de conférence itinérante, dont nous connaissons l'existence grâce aux rapports des attachés militaires bavarois et saxons[193], les chefs de l'armée allemande d'un côté, et les dirigeants civils, le chancelier et les membres du ministère des Affaires étrangères de l'autre, entreprirent de débattre de l'étape suivante. D'après les informations les plus sûres dont ils disposaient, l'Autriche prétendait à présent qu'il lui faudrait encore deux semaines de préparatifs avant de pouvoir attaquer la Serbie, ce qui reportait le début des hostilités, a priori, au 12 août. Les Allemands, les civils comme les militaires, étaient écœurés par l'indolence dont l'Autriche faisait preuve. Le chancelier et son cabinet organisèrent donc une opération qu'on pourrait qualifier d'attentiste, préférant se donner un sursis de quelques jours avant de changer de plan.

Les généraux étaient essentiellement conduits par Moltke et Falkenhayn, le ministre de la Guerre, qui joua un rôle décisif : sa position était que l'Allemagne devait agir militairement contre la Russie et ses alliés.

Moltke tint un rôle curieux, changeant souvent d'avis, par moments partisan de l'inaction, puis défendant avec vigueur l'idée que c'était le bon moment pour faire la guerre car les circonstances ne seraient plus jamais aussi favorables. Il semble qu'à Berlin, on avait préparé, dans ses grandes lignes, un calendrier de cette semaine décisive : revenus de vacances, les dirigeants du pays passeraient le dimanche après-midi et la nuit du dimanche au lundi (26-27) à se mettre au courant des dernières nouvelles et à échanger leurs points de vue ; puis, du mardi au jeudi (28-30) ils débattraient entre eux des questions qui se posaient ; et enfin, du vendredi au lundi (31 juillet - 3 août), ils passeraient à l'action. Dans le grand déballage qui eut alors lieu, les dirigeants de l'Allemagne se querellèrent, changèrent d'avis et risquèrent la crise cardiaque, tant était parfois violente leur opposition.

Les pouvoirs des chefs de l'armée empiétaient plus ou moins les uns sur les autres. Moltke, le chef d'état-major général, Falkenhayn, le ministre de la Guerre, et Lyncker, chef du cabinet militaire de l'empereur, figuraient parmi les personnages clefs qui débattirent des questions de la guerre et de la paix, pendant cette semaine tragique. Les discussions étaient particulièrement frustrantes pour Moltke, non seulement parce qu'une partie de ses interlocuteurs ne partageait ni ses vues ni ses objectifs, mais aussi parce qu'il savait des choses que ceux-ci ignoraient, et qu'il ne pouvait pas leur dire. Comme nous le rappelle le biographe de Moltke, citant Holger Herwig, « la destruction pratiquement intégrale des papiers de Moltke empêche de faire un lien de cause à effet entre l'état d'esprit du chef d'état-major et ce qui a pu pousser à la guerre en 1914 ».

Un officier saxon qui s'était entretenu avec l'adjoint de Moltke, le 3 juillet, se souvenait d'avoir eu l'impression que « l'état-major général serait satisfait de voir la guerre éclater tout de suite ».

Selon les termes d'Annika Mombauer, la crise de juillet « paraissait présenter une occasion plutôt qu'une menace[194] ». Voilà qui peut expliquer pourquoi pendant un temps, à la fin du mois de juillet, Moltke atermoya à la surprise de ses collègues belliqueux. Il ne craignait pas tant la mobilisation russe (comme c'était sans doute le cas) ; au contraire, il la souhaitait plus que tout. Si cela signifiait retarder la mise à exécution de ses plans de quelques jours, le jeu en valait la chandelle. Car c'était pour lui, dans son esprit, la différence entre gagner et perdre la guerre. Qui plus est, Moltke disposait d'informations selon lesquelles les préparatifs de la mobilisation russe étaient d'une échelle inférieure à ce qu'ils avaient cru jusqu'ici[195].

Le plus étrange est que Moltke avait conscience, plus que quiconque, que le temps risquait de lui manquer. Mais il tenait par-dessus tout à ce que l'Allemagne adoptât sa grandiose stratégie, que peu de personnes connaissaient véritablement. Guillaume II (jusqu'au 31 juillet) et le chancelier Bethmann-Hollweg faisaient partie de ceux qui n'en avaient qu'une idée très floue, de même que Falkenhayn.

Il y avait longtemps que Moltke était convaincu, avec une belle constance, que l'Allemagne devait provoquer le plus tôt possible une guerre préventive contre la Russie et son alliée la France. Mais il était tout aussi convaincu qu'il ne pourrait remporter la victoire que si on arrivait à persuader le peuple allemand que c'était la Russie qui avait déclenché les hostilités ; en d'autres termes, que la Russie était l'agresseur.

C'est pour cette raison que, contrairement à ses collègues officiers, Moltke, au début de la semaine du 27 juillet, estimait que l'Allemagne ne devait pas bouger et attendre que la Russie fît le premier mouvement. Et ce premier mouvement, c'était la mobilisation.

Moltke était un pessimiste. Il craignait que les Allemands et en particulier les Prussiens ne finissent par être submergés par les Slaves du seul fait de la supériorité numérique de ceux-ci, si des mesures n'étaient pas rapidement prises. Il n'avait cessé de préconiser la guerre contre la Russie, avant que le tsar n'eût modernisé et réarmé son empire. Il comprenait aussi qu'en ces temps modernes, une guerre entre les grandes puissances détruirait l'Europe. Et il pensait que l'Allemagne n'aurait de chances de succès que si ses compatriotes étaient conduits à croire que l'agresseur était la Russie.

Les progrès de la Russie avaient déjà rendu caduque l'arme secrète de l'Allemagne, le plan Schlieffen, dans sa version « finale » de 1906. Les modifications que Moltke s'était senti obligé d'y introduire avaient rendu encore plus important qu'il en conservât le secret pour lui-même.

Dans la première phase du plan Schlieffen, l'Allemagne devait jeter pratiquement toutes ses forces contre la France pour la mettre le plus rapidement possible hors de combat, ne maintenant que quelques unités sur le front Est, là où les Russes, plus lents à se préparer, finiraient par attaquer. Mais en 1914, les Russes avaient les moyens de faire mouvement beaucoup plus rapidement et en plus grand nombre. Ce qui rendait d'autant plus impératif que toute l'armée d'Autriche-Hongrie se déploie le long du front russe pour protéger l'Allemagne, quand la guerre éclaterait.

C'était avant tout pour cette raison que Moltke avait été parmi les plus ardents à préconiser l'alliance avec l'Autriche ; pour cette raison qu'il s'était employé à établir des relations personnelles chaleureuses avec son homologue austro-hongrois, Conrad von Hötzendorf ; pour cette raison qu'il avait garanti le soutien de l'Allemagne à l'Autriche, si la Russie attaquait.

Moltke avait sa stratégie secrète, mais Conrad aussi. Pour ce dernier — c'est du moins ce qu'il prétendit par la suite — l'Autriche écraserait la Serbie pendant que l'Allemagne dissuaderait la Russie d'intervenir[196]. Pour lui, l'ennemi était la Serbie, et il n'avait aucun désir d'entrer en conflit avec la Russie. Ce que Moltke ne lui avait pas dit, c'est qu'en cas de guerre, l'Autriche-Hongrie devrait oublier la Serbie pour se consacrer entièrement aux combats sur le front russe.

Moltke avait un autre secret, qu'il ne pouvait partager avec personne, même pas avec Guillaume II, Falkenhayn ou le chef de cabinet militaire du Kaiser. Il lui avait été soufflé pour une large part par son ancien adjoint, Erich Ludendorff. C'était un plan consistant à s'emparer par surprise de la citadelle de Liège dès l'instant où la guerre serait déclarée. Sans cela, l'invasion de la France et de la Belgique échouerait probablement — et donc, la guerre serait perdue. Si jamais la France et la Belgique prévoyaient le mouvement que comptait faire l'Allemagne, ce serait une catastrophe pour celle-ci.

D'après l'historien militaire John Keegan, les forteresses de Liège et de Namur, qui empêchaient le franchissement de la Meuse, comptaient « parmi les plus modernes d'Europe [...] Elles étaient construites pour résister aux attaques des armes les plus lourdes de l'époque [...] Chacune était constituée d'un cercle d'une quarantaine de kilomètres de circonférence, comprenant des forts indépendants, disposés de manière à se protéger mutuellement de leurs canons[197] ». On dénombrait quatre cents canons à Liège, répartis sur douze forts « tous protégés par du béton armé et des plaques d'acier ». La garnison, elle, était forte de quarante mille hommes.

Plus l'Allemagne entrerait tôt en guerre, plus l'opération de Liège serait facilitée. Chaque jour qui passait était un jour où la France et la Belgique pouvaient deviner ou anticiper le mouvement que les Allemands se préparaient à faire. Néanmoins, Moltke était de ceux qui avaient toujours défendu l'idée que l'Allemagne ne devait déclarer la guerre à la Russie que lorsque celle-ci pourrait apparaître comme l'agresseur.

Que valait-il mieux ? Attaquer, ou attendre ? Moltke tenait tous les jours des propos dilatoires, visiblement au supplice.

Chapitre 33

Le 26 juillet

Le bâtiment du Foreign Office à Londres, situé à l'angle de Downing Street et reconstruit dans les années 1860 dans le style d'un palais italien, conformément aux goûts classicisants de Lord Palmerston *, n'abritait pas une institution très exigeante vis-à-vis de ses employés qui effectuaient rarement de longues heures de présence. Ils pouvaient même faire la grasse matinée, attendu que, d'après Zara Steiner, son historienne, « les heures d'ouverture des bureaux, en semaine, étaient de midi à dix-huit heures[198] ».

Le week-end, personne ne restait en ville. C'était le cas pour les personnages qui nous intéressent : le Premier ministre, le ministre des Affaires étrangères et pratiquement tous ceux qu'ils connaissaient étaient comme d'habitude à la campagne. Asquith jouait au golf, Grey pêchait la truite. Winston Churchill était à la plage en compagnie de sa femme et de ses enfants, avec lesquels il édifiait des châteaux de sable. Il n'en était que plus remarquable que le chef de cabinet du ministère des Affaires étrangères, Sir Arthur Nicolson, non seulement fût à Londres, mais encore à son bureau pour y travailler, le dimanche 26 juillet.

Les dépêches qui l'attendaient contenaient des nouvelles

* Alors Premier ministre (NdT).

sinistres. La Serbie avait ordonné la mobilisation la veille, avant même d'avoir répondu à l'ultimatum de Vienne ; et Vienne, apprit-il, avait rompu ses relations diplomatiques avec la Serbie. « On pense que la guerre est imminente. L'enthousiasme le plus délirant prévaut à Vienne » : voici ce que rapportait l'ambassadeur britannique depuis la capitale des Habsbourg.

De Saint-Pétersbourg : « La Russie ne peut permettre à l'Autriche d'écraser la Serbie et de devenir la plus grande puissance des Balkans[199]. » D'après ce dernier câble, la Serbie avait ordonné la mobilisation et la Russie les préparatifs qui devaient précéder celle-ci. Les historiens, dans les années qui suivirent, durent devenir des spécialistes du concept de « mobilisation » et des diverses nuances sous lesquelles on peut présenter le fait d'être plus ou moins prêt à faire la guerre : stades préparatoires, mobilisation partielle, mobilisation générale et autres modalités n'impliquant pas de franchir la frontière d'un pays voisin et d'ouvrir le feu sur ses habitants.

Nicolson passa à l'action. Deux possibilités s'offraient à lui, mais elles étaient mutuellement exclusives. Il allait donc falloir choisir celle qui lui paraissait la plus efficace. Il rejeta l'idée de faire campagne pour des entretiens directs entre l'Autriche et la Russie, les deux grandes puissances concernées. Au lieu de cela, il proposa la tenue d'une conférence, à Londres, des ambassadeurs des pays non concernés — Allemagne, France, Italie, sous la présidence de la Grande-Bretagne — afin que la querelle entre l'Autriche-Hongrie et la Serbie pût être résolue pacifiquement. C'était la procédure qui avait mis un terme aux guerres balkaniques, quelques années auparavant. Grey envoya son accord à Nicolson, lequel câbla la proposition aux capitales étrangères concernées.

Asquith, le Premier ministre britannique, écrivit à sa confidente Venetia Stanley que la Russie essayait de les entraîner dans l'affaire. « On a appris ce matin que la Serbie avait capitulé sur les points principaux, mais on peut fortement douter que l'Autriche accepte la moindre réserve, car elle est résolue à pousser l'humiliation jusqu'au bout. Le plus curieux est que sur la plupart des points, la position de l'Autriche est bonne et celle de la Serbie très mauvaise. Mais les Autrichiens sont les gens les plus stupides d'Europe (de même que les Italiens sont les plus perfides), et leur façon de procéder est d'une telle brutalité que la plupart des gens vont conclure que c'est le cas classique du fort qui s'en prend au faible. Toujours est-il que c'est la situation la plus dangereuse que nous ayons connue depuis les quarante dernières années[200]... »

Ce point de vue n'était pas nécessairement celui du cabinet d'Asquith. Le chancelier de l'Échiquier, David Lloyd George, aurait dit le même jour à un ami : « L'Autriche a émis des exigences auxquelles aucune nation qui se respecte ne se soumettrait... » Il avait ajouté que la situation était sérieuse, mais qu'il pensait que la paix serait maintenue — en fait, il en était persuadé[201].

Dans son ouvrage, *Britain and the Origins of the First World War* (1977)*, Zara Steiner, analysant les semaines ayant suivi le double assassinat du 28 juin 1914, observe que « seul un calendrier des événements pourrait donner le sentiment de la tension montante [de cette période] et illustrer les interactions entre les capitales ayant conduit à l'effondrement du système européen des États[202] ».

Cela est certainement assez vrai dans les cas de Berlin et Vienne ; mais il n'y avait nulle « tension montante » d'un jour à l'autre à Paris, à Rome ou à Londres, par exemple. Aucun changement notable au quotidien. L'Autriche-Hongrie et l'Allemagne réussirent, pendant presque quatre semaines, à conserver le secret sur leurs machinations. Entre l'Outrage du 28 juin et le matin du 24 juillet, on ne relève aucune augmentation significative de la tension.

Puis, soudain, le week-end du 24 juillet, en plein été, une crise dont la guerre est l'enjeu s'abat sans crier gare sur les dirigeants européens. Aussi étonnant que cela paraisse, ils furent tous pris par surprise. Jusqu'au 23 juillet, le cabinet

* « La Grande-Bretagne et les origines de la Première Guerre mondiale » (NdT).

britannique ne s'était occupé que des affaires intérieures du pays ; le 26 juillet, le chancelier de l'Échiquier croyait encore que la paix serait préservée.

En Russie, deux hommes d'État se retrouvèrent par hasard dans le même train au moment où ils partaient en week-end, ce dimanche-là : l'ambassadeur d'Allemagne et Sazonov, le ministre russe des Affaires étrangères. En fait, leurs maisons de campagne étaient voisines. L'ambassadeur en profita pour persuader Sazonov de rejeter la proposition britannique d'une conférence des grandes puissances — de « forum européen[203] ». Ce ne serait pas pratique, fit observer l'ambassadeur ; le processus serait trop lent. La Russie ferait mieux de négocier directement avec l'Autriche (on se souvient que Londres avait préféré l'option de la conférence, la trouvant plus prometteuse que des négociations directes). D'après l'ambassadeur d'Allemagne, l'Autriche « n'envisage pas d'avaler la Serbie ; elle veut seulement lui donner la leçon qu'elle a bien méritée ». Sazonov aurait promis à l'ambassadeur (d'après ce dernier) de suivre son conseil : pas de conférence, des négociations directes.

Sazonov adopta une attitude conciliante. Il exprima son désir de voir presque toutes les exigences autrichiennes acceptées. En fait, il repoussa le moment de prendre une décision, quant à la conférence proposée par la Grande-Bretagne, tandis qu'il explorait les possibilités de négociations directes avec la Double Monarchie. Mais l'Autriche refusa de faire la moindre concession. En ayant été sensible aux arguments de l'ambassadeur d'Allemagne, Sazonov venait de perdre deux précieuses journées.

Grande-Bretagne. Les marins réservistes des forces navales repartirent chez eux immédiatement après l'exercice. Les escadres elles-mêmes devaient se disperser dès le lundi matin. Le dimanche, l'amiral commandant de la flotte, le prince Louis de Battenberg, s'entretint par deux fois par téléphone avec le premier lord de l'Amirauté, Winston Churchill (qui était à la plage). L'amiral apprit à son supérieur civil que l'Autriche avait rejeté la réponse de la Serbie.

Churchill (ou Battenberg) ordonna que la flotte ne se dispersât pas mais restât à son mouillage actuel. Churchill revint à Londres, où il arriva à 22 heures. Il alla voir Grey et lui demanda s'il devait rendre public l'ordre qu'il avait donné. Grey dit que oui. Ce que fit Churchill. C'était un premier avertissement, destiné à attirer l'attention de l'Allemagne.

Contrairement à ses collaborateurs les plus proches du Foreign Office, sceptiques sur les intentions des Allemands, Grey tendait à accorder le bénéfice du doute à Berlin. Comme en 1913, sa stratégie consista à tenter une approche anglo-allemande conjointe, à partir de l'idée que sinon, l'Allemagne considérerait que la Grande-Bretagne faisait bloc avec la France et la Russie. C'était précisément à cause de l'alliance informelle qui liait la Grande-Bretagne à la France et à la Russie, en d'autres termes, que la Grande-Bretagne devait commencer par se rapprocher de l'Allemagne pour ne pas avoir l'air de prendre parti.

Berlin n'en rejeta pas moins la proposition de conférence de Grey, au prétexte que ce serait faire un arbitrage et dicter sa loi à l'Autriche. Grey eut beau protester que non, Jagow ne céda pas. Pendant ce temps, une déclaration soutenant l'Autriche parut dans le journal quasi officiel de l'Allemagne, la *Gazette de l'Allemagne du Nord*.

Nicholson, le chef de cabinet du Foreign Office, fit observer à Grey : « Berlin se joue de nous[204]. » La stratégie de Grey se révélerait futile, était-il sous-entendu, si l'Allemagne était dans cette affaire non pas un pays neutre comme la Grande-Bretagne, mais un belligérant avançant masqué, le soutien caché de l'Autriche-Hongrie.

Ce qui, comme nous le savons, était le cas.

Paris. Le chef de cabinet du ministère français des Affaires étrangères dit à l'ambassadeur d'Allemagne que « pour tout esprit simple, l'attitude de l'Allemagne est incompréhensible si elle ne cherche pas la guerre ». L'ambassadeur protesta du contraire. En réalité, il ne savait rien : Berlin l'avait laissé dans un flou complet.

Vienne. Jagow incita Berchtold à déclarer tout de suite la guerre, avant que les autres puissances n'interviennent et n'imposent un règlement pacifique. Le ministre autrichien des Affaires étrangères, à son tour, mit la pression sur le chef des armées, Conrad von Hötzendorf, partisan de toujours de la guerre. Mais celui-ci prétendit ne pas être prêt. Selon le compte-rendu que nous a laissé Conrad von Hötzendorf :

Berchtold : Nous aimerions déclarer la guerre à la Serbie le plus rapidement possible pour mettre un terme à diverses influences. Quand voulez-vous que nous fassions cette déclaration de guerre ?

Moi : Quand nous serons assez avancés pour pouvoir commencer aussitôt les opérations, soit approximativement vers le 12 août.

Berchtold : La situation diplomatique ne pourra pas tenir aussi longtemps.

Sur quoi le chef d'état-major répondit qu'on était bien obligé d'attendre. Si l'on examinait la situation de la Russie — quelles étaient ses intentions ? — il fallait de toute façon attendre au moins jusqu'au 4 ou 5 août.

« Ça fera l'affaire ! » s'exclama Berchtold[205].

L'ambassadeur d'Allemagne en Russie rapporta le long entretien qu'il avait eu avec Sazonov, disant que le ministre s'était montré « conciliant ». Il avait souligné le fait qu'il était prêt à employer tous les moyens possibles pour éviter une guerre. Il « priait instamment » l'Allemagne de faire elle aussi tout ce qui lui était possible dans le même but[206]. Certes, les Serbes étaient pour les Russes des frères slaves, mais la politique de la Russie n'était pas uniquement guidée par « ses sympathies » ; elle l'était aussi par le besoin de maintenir l'équilibre des pouvoirs et de protéger ceux de ses intérêts qu'elle considérait comme vitaux.

L'ambassadeur d'Allemagne ajouta : « J'ai en particulier fait remarquer que si l'Autriche cherchait vraiment un prétexte pour attaquer la Serbie [...] nous aurions déjà dû entendre parler d'un commencement d'action de sa part. »

C'était une manière habile de tirer parti de l'exaspérante lenteur de l'Autriche à se mettre en mouvement. Le gouvernement civil de l'Autriche-Hongrie s'efforçait de mettre son armée en branle ; et l'Allemagne poussait aussi l'Autriche à prendre les armes.

Berlin. Les principaux chefs de l'armée revinrent dans la capitale selon l'horaire convenu. L'ultimatum de l'Autriche avait été dûment délivré à la Serbie, et la réponse de celle-ci avait été rejetée, comme prévu. Les vacances pour la galerie étaient terminées.

Falkenhayn, le ministre de la Guerre, était de retour ; Moltke, le chef d'état-major, au travail avec son premier adjoint dès le matin du 26 juillet. Un peu plus tard, Moltke se rendit au ministère allemand des Affaires étrangères pour faire un tour d'horizon général avec Jagow. Au cours de cette réunion, le chef d'état-major supplia Jagow de préparer un ultimatum à adresser à la Belgique pour le cas où la guerre éclaterait. C'était envisager un conflit avec la France, et non avec la Serbie : une grande guerre, pas un conflit localisé.

Finalement, Moltke alla consulter le chancelier, qui avait passé l'essentiel de sa journée au téléphone (il était rentré la veille).

D'après son épouse, Moltke était « très mécontent » de la situation qu'il avait trouvée à son retour[207]. De même que les officiers d'état-major rentrés pendant le week-end et qui avaient aussitôt tenu des réunions et échangé des points de vue. Au cours des trois semaines où ils s'étaient délibérément éloignés de Berlin, l'Autriche aurait dû écraser la Serbie ; au lieu de quoi, elle n'avait même pas amorcé le moindre mouvement. La Russie, qui aurait dû rester en dehors de l'affaire, prenait des mesures militaires préliminaires. Le plan de Bethmann-Hollweg d'une guerre éclair tombait à l'eau. Et non seulement la *Blitzkrieg* n'avait pas eu lieu, mais la localisation du conflit était en passe de devenir un vœu pieux.

Chapitre 34

Lundi 27 juillet

Guillaume II décida d'abréger sa croisière en mer du Nord quand il devint évident pour lui que son gouvernement ne le tenait pas complètement informé. Bethmann-Hollweg, qui avait l'intention de lui présenter sa démission, était dans ses petits souliers quand il alla l'accueillir. Mais le Kaiser refusa de le lâcher aussi facilement. D'après Bülow, le prédécesseur de Bethmann-Hollweg, Guillaume II lui aurait répondu quelque chose comme « Vous avez cuit la soupe, vous allez maintenant la manger[208]. » Plus tard, de retour dans son palais de Potsdam, Guillaume II prit connaissance des dernières dépêches diplomatiques et rencontra les responsables de son gouvernement et de l'armée.

D'après les plans qu'avaient dressés le chancelier Bethmann-Hollweg et ses collaborateurs les 5-6 juillet, les troupes des Habsbourg auraient déjà dû occuper Belgrade au moment du retour de l'empereur, et celui-ci n'aurait plus eu qu'à superviser les termes de la reddition qu'une Serbie écrasée aurait été obligée d'accepter. Ces événements auraient dû se dérouler tellement vite que les autres grandes puissances n'auraient pas eu le temps matériel de les empêcher, et la Russie et ses alliées se seraient inclinées devant le fait accompli.

Or l'Autriche-Hongrie avait manqué l'occasion d'humilier la Serbie sans coup férir ou presque, si bien que la situation n'avait rien à voir avec ce que le Kaiser espérait : la Serbie mobilisait, la flotte britannique était en état d'alerte et la Russie avait entamé les préparatifs de sa mobilisation. La Grande-Bretagne avançait encore l'idée d'une conférence diplomatique qui pourrait régler la dispute sur une base moins favorable que les termes que l'Autriche avait déjà rejetés le 25.

Les dirigeants des pays germanophones devaient à présent décider de leur prochain mouvement dans ce nouveau contexte. La semaine allait être décisive. Ce que les membres les plus importants des deux gouvernements identifièrent comme le danger le plus immédiat était le risque de voir Grey réussir à mettre en œuvre sa proposition d'une conférence à quatre, empêchant par là le déclenchement des hostilités. Autrement dit, en ce 27 juillet, c'était la paix que l'on redoutait à Vienne et à Berlin.

Pour elle-même, l'Allemagne rejeta la proposition de Grey. Le gouvernement allemand accepta cependant de la transmettre à l'Autriche-Hongrie, tout en sabotant secrètement les efforts de Grey pour faire accepter Vienne.

Bethmann-Hollweg expliqua à l'un de ses aides pour quelles raisons il se sentait obligé de faire suivre cette proposition. « Comme nous avons déjà rejeté la proposition britannique de conférence, il ne nous est pas possible de refuser [...] Si nous rejetons toutes les tentatives de médiation, le monde entier va nous tenir pour responsables de la conflagration et nous considérer comme ceux qui ont vraiment voulu la guerre. Ce qui rendrait notre position intenable ici, en Allemagne ; nous devons donner l'impression que la guerre nous a été imposée[209] *. »

Le gouvernement allemand transmit donc les propositions de paix de la Grande-Bretagne à l'Autriche, tout en conseillant à celle-ci, en sous-main, de ne pas y prêter attention. Pour cela, l'ambassadeur autrichien à Berlin envoya à Berchtold, à

* Bethmann-Hollweg, qui jusqu'ici avait parlé de l'*Autriche* partant en guerre, se met soudain à parler de l'*Allemagne* partant en guerre (NdA).

Vienne, une dépêche comprenant un message strictement privé de Jagow, le ministre allemand des Affaires étrangères. Jagow disait que l'Allemagne allait envoyer sous peu à Vienne une proposition de médiation de la part de Grey. « Le gouvernement allemand tient à vous faire savoir très clairement qu'il ne s'identifie en rien à ces propositions, qu'il vous conseille au contraire de ne pas en tenir compte, mais qu'il doit vous les transmettre pour satisfaire le gouvernement anglais. » Berlin espérait ainsi empêcher la Grande-Bretagne de faire front commun avec la France et la Russie. « Si l'Allemagne répondait naïvement à Sir Edward Grey qu'elle refuse de transmettre son plan de paix, cet objectif pourrait être compromis[210]. »

Jagow précisait que Grey lui avait demandé de transmettre, de plus, une proposition de modification des termes de l'ultimatum autrichien. Jagow expliqua qu'il avait envoyé ce second message à son ambassadeur à Vienne mais sans lui recommander de le remettre aux autorités autrichiennes. Il pouvait donc dire sans mentir à Grey qu'il avait envoyé la note britannique à Vienne.

Le chancelier Bethmann-Hollweg gardait la stratégie qu'il avait adoptée une semaine auparavant : les autres grandes puissances devaient rester en dehors du conflit, qui ne regardait que l'Autriche-Hongrie et la Serbie. La Grande-Bretagne devait donc user de son influence pour convaincre la Russie d'accepter ce principe de « localisation ». Grey fit remarquer que la Serbie avait cédé à pratiquement toutes les exigences de l'ultimatum autrichien ; et selon lui, c'était à mettre au compte des pressions exercées par la Russie sur la Serbie, pressions que la Grande-Bretagne lui avait d'ailleurs demandé d'exercer ; la Grande-Bretagne demandait donc maintenant à l'Allemagne de faire de même, et d'user de son influence pour calmer l'Autriche.

Mais l'Allemagne rejeta cette demande. Jagow prétendit que la Russie et l'Autriche étaient sur le point d'entamer des négociations, et qu'il fallait en attendre l'issue avant de vouloir lancer d'autres actions. Comme auparavant, il utilisait l'argument des négociations pour bloquer la proposition de conférence.

Londres. Ce matin-là, lors de la réunion du cabinet, Grey déclara que le moment était venu de décider si la Grande-Bretagne devait ou non se préparer à soutenir la France et la Russie en cas de guerre. Cette réunion était la première que le cabinet consacrait entièrement à la crise européenne. Le gouvernement libéral, de même que sa majorité parlementaire et le reste du pays, était de tendance pacifiste. Aucun traité, dans les accords de l'« Entente cordiale », n'obligeait la Grande-Bretagne à venir en aide à la France et le cabinet était très majoritairement contre toute forme d'intervention dans une guerre européenne.

Grey croyait encore pouvoir empêcher la guerre et faisait tout pour cela ; si cependant elle éclatait, il pensait que la Grande-Bretagne devrait y participer. Asquith, le Premier ministre, était tout à fait disposé à soutenir son ministre des Affaires étrangères, mais il avait pour première priorité de maintenir la cohésion du Parti libéral autour de la ligne politique qui serait adoptée.

Après la réunion du cabinet, ce matin-là, Winston Churchill, premier lord de l'Amirauté, entreprit de dresser des plans qui n'étaient rien de moins que des préparatifs de guerre. Il était dans son élément. Il avait connu le champ de bataille en Inde et au Soudan ; et lorsqu'il avait entamé une carrière politique, son comportement héroïque lors de la guerre des Boers avait contribué à la lancer. S'il n'était pas un va-t-en-guerre, le bruit du canon ne lui faisait pas peur.

L'après-midi même, des dispositions étaient prises pour garder les points vulnérables et se prémunir d'éventuelles attaques surprises. Les services de l'Amirauté et ceux du War Office (Bureau de la guerre) créèrent une cellule conjointe restreinte qui aborda une question vitale : comment s'y prendre pour que la presse applique un principe d'autocensure impliquant de ne divulguer aucune information pouvant être utile à l'ennemi ?

George Riddell, le magnat de la presse qui avait été invité à se joindre au groupe, nota dans son journal qu'un porte-parole du gouvernement « nous informa que la situation devenait très sérieuse sur le continent. Il dit qu'il pourrait être nécessaire que des troupes et des bateaux commencent à faire mouvement [...] secrètement[211] », et demanda comment empêcher la propagation de cette information. Riddell écrivit un brouillon de lettre à adresser aux responsables des journaux ; son projet fut adopté et mis à exécution. « C'était le premier avis officiel donné à la presse sur l'imminence de la guerre. Le résultat fut remarquable. Aucune information ne fut divulguée, et les Allemands n'eurent aucune idée de ces préparatifs. »

Ce soir-là, Churchill mit ses forces en alerte générale. Aux escadres de la Royal Navy éparpillées un peu partout autour du monde, il câbla : « Secret. La situation politique européenne rend possible une guerre entre les puissances de la Triple Alliance et celles de la Triple Entente. Ceci n'est pas l'avis d'alerte, mais préparez-vous à prendre en chasse des bâtiments de guerre éventuellement hostiles [...] Cette mesure est prise purement par prudence[212]... »

Paris. Les ambassadeurs allemand et autrichien à Paris n'étaient pas au courant des plans et des idées de leurs gouvernement respectifs. Cela ne faisait qu'ajouter à la confusion qui régnait déjà dans cette capitale privée de sa direction, puisque les chefs du gouvernement étaient encore en mer.

Apparemment, l'ambassadeur d'Autriche fut stupéfait que son gouvernement eût rejeté la réponse de la Serbie, alors que celle-ci équivalait pratiquement à une reddition. Il fit savoir à ses supérieurs à Vienne : « La soumission très large de la Serbie [aux termes de l'ultimatum], que l'on ne considérait pas comme possible ici, a fait une forte impression. Notre attitude renforce l'opinion selon laquelle nous voudrions la guerre à n'importe quel prix. »

Londres. Comme nous l'avons déjà vu, Lichnowsky, l'ambassadeur allemand à Londres, était bien connu pour ses sympathies ouvertes pour la Grande-Bretagne, raison pour laquelle Berlin ne le mettait pas toujours dans la confidence. Le 27 juillet, il en était à se poser des questions sérieuses sur le jugement de ses supérieurs. Comment pouvait-il défendre le concept de « localisation du conflit », comme son ministre des Affaires étrangères le lui demandait, alors que le conflit qui opposait Serbes et Autrichiens *ne pouvait être* localisé — ce que savaient très bien les Britanniques ? L'Autriche-Hongrie avait donné un tel tour à sa querelle que la Russie se voyait forcée d'intervenir. La petite guerre pouvait conduire à une grande[213]. « Toutes nos relations futures avec l'Angleterre dépendent du succès » de la proposition de conférence de Grey. Si Berlin était décidé à tout sacrifier pour son alliance autrichienne, alors « il ne sera plus jamais possible de restaurer ces liens que nous avons noués récemment ensemble[214] ».

Dans cette crise, Grey avait eu tendance à jouer la carte d'un partenariat avec l'Allemagne pour trouver une solution. Pour Lichnowsky, il était clair que si Berlin continuait dans cette voie, Grey s'abstiendrait à l'avenir de ce genre de démarche. Déjà, des responsables du Foreign Office critiquaient Grey là-dessus. Certains dirigeants étrangers aussi.

Lors d'un dîner officiel qui avait lieu le soir même, un diplomate russe confia à un homme d'État britannique que si cette guerre était inévitable « c'était la faute de l'Angleterre ; si l'Angleterre avait immédiatement proclamé sa solidarité avec la Russie et la France et son intention de se battre, si nécessaire, l'Allemagne et l'Autriche auraient hésité[215] ».

Berlin. C'était au moins depuis la « déclaration pour la guerre » de la conférence de décembre 1912 que les chefs militaires de l'Allemagne avaient décidé de faire porter à la Russie la responsabilité du conflit qu'ils prévoyaient et considéraient comme inévitable. Telle avait été la stratégie de Moltke, et celle-ci n'avait pas changé. Müller, l'un des principaux aides de camp du Kaiser, s'en fit l'écho, le 27 juillet, lorsqu'il écrivit dans son journal que l'Allemagne devait « rester calme pour permettre aux Russes de se mettre en tort, mais ne pas reculer devant la guerre si celle-ci est inévitable ». Bethmann-Hollweg était d'accord sur ce point avec les militaires. « De toute manière, il ne faut pas hésiter à mettre les Russes en tort[216]. »

Vienne. Après des entretiens avec d'autres ambassadeurs, l'ambassadeur de Grande-Bretagne câbla à Grey que « la note austro-hongroise a été rédigée de telle manière qu'elle rend la guerre inévitable ; le gouvernement austro-hongrois est tout à fait résolu à entrer en guerre avec la Serbie ; il considère que son statut de grande puissance est en jeu [...] Ce pays est devenu délirant de joie à la perspective d'une guerre avec la Serbie[217] ».

Chapitre 35

Mardi 28 juillet

Vienne. Conformément à une décision prise trois jours auparavant, l'Autriche-Hongrie ordonne la mobilisation partielle. C'est la moitié des forces armées des Habsbourg qui, finalement, se retrouve massée le long de la frontière avec la Serbie. Stratégie correspondant aux plans de l'état-major général autrichien dans le cas d'une guerre contre la seule Serbie, et donc un pari sur le lieu de l'affrontement. Conrad von Hötzendorf, le chef d'état-major, fait une démarche auprès de Berchtold pour que l'Allemagne demande à la Russie de ne pas intervenir.

Les dirigeants allemands poursuivent les conversations entamées pendant le week-end. Le mardi 28 juillet, en dépit de différences d'appréciation, il devient clair qu'ils sont tous d'avis qu'il faut agir. Ils sont même disposés à ne pas attendre que l'Autriche prenne l'initiative ; quant à eux, leur religion est faite. D'après le ministre de la Guerre : « Il a été décidé de régler définitivement la question, peu importe le prix[218]. » Eux ne parlent pas de faire la guerre à la Serbie, mais à la Russie et à la France.

Par moments, le chef de l'état-major général, Moltke, prend les positions les plus extrêmes. Comme il l'avait fait par le passé, il plaide en faveur d'une guerre préventive. Il estime le conflit inévitable ; que le temps ne joue pas en faveur de l'Allemagne ; et que dans deux ans environ, elle aura perdu son avantage actuel. À son avis, la France et la Russie peuvent être battues en 1914 ; l'Allemagne le serait en 1916 ou 1917. Autrement dit, elle doit frapper tout de suite.

La crise de juillet, aux yeux de Moltke, a évolué de telle manière que l'Allemagne se trouve par chance « dans une situation singulièrement favorable[219] ». Les récoltes sont rentrées ; l'entraînement annuel des recrues est terminé ; et la France et la Russie ne seront pas vraiment prêtes avant deux ans. L'Autriche-Hongrie s'est mise dans une situation où elle ne peut pas faire autrement que de lutter aux côtés de l'Allemagne ; et cela est un élément absolument vital. « Jamais les conditions ne seront aussi favorables que maintenant », conclut Moltke.

Le matin du 28 juillet, le Kaiser Guillaume II, rentré la veille de sa croisière, lit — pour la première fois — la réponse serbe à l'ultimatum autrichien. Elle le persuade (écrit-il à Jagow, aux Affaires étrangères) que l'Autriche a obtenu pratiquement tout ce qu'elle voulait. À ses yeux, c'est une « capitulation du genre le plus humiliant » et en conséquence, « toutes les causes de faire la guerre disparaissaient[220] ». Il répète la formule quelques lignes plus loin.

Il n'y a plus aucune raison de déclencher une guerre ! En fait, selon Guillaume II, et contrairement à Berchtold, « je n'aurais jamais décrété la mobilisation sur cette base[221] ». Les réserves du Kaiser viennent d'ailleurs : « Malgré tout, ce morceau de papier, comme son contenu, n'aura guère de valeur tant qu'il ne se sera pas traduit dans les faits par des *actes*. Les Serbes sont des Orientaux, donc des menteurs, des fourbes, les maîtres du double langage[222]. » Son idée est donc que l'armée autrichienne prenne temporairement une partie de la Serbie, y compris Belgrade, en otage, jusqu'à ce qu'elle ait tenu parole. « Sur cette base, je suis prêt à m'entremettre pour la paix », conclut Guillaume II. Ce règlement de la question aurait l'avantage de donner à l'armée des Habsbourg, une fois Belgrade occupée, la satisfaction de paraître avoir remporté un succès. En intervenant pour rétablir la paix, le Kaiser n'oublie pas, ajoute-t-il, qu'il doit prendre bien garde à ménager l'honneur et la fierté de l'Autriche-Hongrie.

Guillaume II ordonne à Jagow, son ministre des Affaires étrangères, d'informer Vienne qu'il se propose de jouer le rôle de médiateur dans le conflit austro-serbe[223]. Et il notifie à Moltke, par écrit, ses conclusions : qu'il n'y a plus aucune raison de faire la guerre.

La situation tourne au cauchemar pour Moltke. Si le Kaiser se lave les mains de l'aventure serbe des Autrichiens, l'Autriche-Hongrie, se sentant trahie, risque de changer d'alliance et de s'aligner sur la Russie, à l'avenir. Ou encore, dans un acte de folle témérité, de décider d'affronter seule la Russie, ce qui se terminerait pas sa destruction. D'une manière ou d'une autre, l'Allemagne perdra un allié indispensable.

Comme l'a remarqué Christopher Clark, l'un des biographes les plus récents de Guillaume II : « La chose peut-être la plus frappante, dans cette directive du 28 juillet, c'est qu'elle est restée lettre morte [...] Ces instructions à Jagow n'ont pas influencé les observations faites par Berlin à Vienne. Bethmann-Hollweg envoya bien un télégramme à Vienne, rapportant certaines des vues de Guillaume II, mais omettant la plus importante : que l'Autriche devait s'arrêter, ne pas entrer en guerre et laisser le Kaiser s'entremettre entre elle et la Serbie[224]. »

Un général bavarois note dans son journal qu'il y a « malheureusement [...] des nouvelles de paix. Le Kaiser veut absolument la paix [...] Il veut même influencer l'Autriche et l'empêcher d'aller plus loin[225] ».

D'après le ministre allemand de la Guerre, Erich von Falkenhayn, « le Kaiser tient des propos confus qui donnent la claire impression qu'il ne veut plus la guerre et est déterminé à [l'éviter], même si cela signifie laisser l'Autriche-Hongrie dans la tourmente[226] ». Mais Falkenhayn rappelle au Kaiser qu'il « n'a plus le contrôle des affaires entre ses mains[227] ». En d'autres circonstances, voilà qui aurait pu faire scandale. Mais depuis l'affaire du *Daily Telegraph* de 1908, la situation de l'empereur est devenue précaire. En mai 1914, seulement deux mois avant ce rappel à l'ordre de Falkenhayn, Edward House, l'émissaire du président américain Wilson, avait écrit dans son rapport qu'à Berlin : « l'oligarchie militaire a le pouvoir [...] est déterminée à faire la guerre » et est préparée « à détrôner le Kaiser dès l'instant où il donnera des signes de vouloir prendre des positions conduisant à la paix[228] ». Bien entendu Guillaume II qui, dans le meilleur des cas, n'avait qu'un sens assez flou des réalités, n'a peut-être pas conscience de ce que sa situation a de périlleux. Par ailleurs, House avait peut-être exagéré.

Il ne fait aucun doute, néanmoins, que Guillaume II n'est pas au courant de nombre de choses importantes. Par exemple, il ignore que la veille Jagow a demandé par câble à Vienne, pour ne pas dire exigé, que le gouvernement de l'Autriche-Hongrie déclare immédiatement la guerre à la Serbie. Il faisait en outre savoir qu'on ne pourrait faire bien longtemps la sourde oreille à la proposition des Britanniques d'une conférence de paix. Le ministre allemand des Affaires étrangères n'avait ni consulté Guillaume II avant l'envoi de ce message comminatoire, ni informé, ensuite, de son envoi.

Il fallait aussi, en Autriche, circonvenir un monarque hésitant. L'empereur François-Joseph éprouvait des scrupules à déclarer la guerre ; or ses ministres devaient obtenir son assentiment avant de pouvoir le faire. Berchtold y parvient en lui disant — mensongèrement — que des soldats serbes ont ouvert le feu sur des troupes austro-hongroises[229]. En réalité, c'était exactement le contraire qui s'était passé : les Autrichiens avaient tiré sur les Serbes.

Vienne. Le sort en est donc jeté. La décision a été prise la veille. Sous la pression du ministère allemand des Affaires étrangères, l'Autriche-Hongrie a enfin déclaré la guerre à la Serbie. D'après l'ambassadeur allemand, la décision a été prise « avant tout pour prévenir toute tentative d'intervention[230] ».

Comme trop souvent, les Autrichiens s'y prennent avec une

insigne maladresse. Il n'est pas possible d'envoyer la déclaration de guerre par un porteur de drapeau blanc : celui-ci, symbole de cessez-le-feu, n'est pas approprié précisément parce que l'état de guerre n'existe pas encore. Ne disposant plus de représentant à Belgrade, le gouvernement des Habsbourg envoie donc sa déclaration par câble au gouvernement serbe. Du coup, rien ne garantit qu'elle sera reçue, et si oui, si elle le sera par qui de droit. Le gouvernement serbe reçoit bien le télégramme, cependant, mais le trouvant curieux et craignant qu'il ne s'agisse d'un faux, s'enquiert de son authenticité auprès des grandes capitales européennes. La déclaration de guerre parle en effet de la prétendue attaque des soldats serbes sur les forces autrichiennes.

Conrad von Hötzendorf, le chef d'état-major autrichien, s'était opposé à l'envoi de la déclaration de guerre ; ses troupes avaient encore besoin de quinze jours avant d'être prêtes à faire mouvement. Débordée par la diplomatie, l'Autriche-Hongrie s'était retrouvée à court de temps.

Ce soir-là, l'artillerie autrichienne tire quelques salves inefficaces sur Belgrade.

Saint-Pétersbourg. La Russie déclenche la mobilisation dans quatre régions militaires qui avaient été mises jusqu'ici simplement en alerte.

Dans l'ignorance du fait que son propre ministère des Affaires étrangères contrarie ses efforts pour retenir l'Autriche-Hongrie, Guillaume II envoie un message au tsar. Il rappelle à son cousin que « nous avons tous les deux un intérêt commun, comme tous les souverains », à punir les Serbes qui ont tué un membre d'une famille royale. « En ceci, la politique ne joue aucun rôle [...] Mais par ailleurs, je comprends pleinement combien il est difficile, pour toi et ton gouvernement, d'aller à contre-courant de votre opinion publique. » Le nationalisme russe représente une force impossible à évaluer, mais un élément avec lequel Nicolas II doit cependant compter (d'autant que, que Guillaume II l'ait su ou non, l'état-major général de Russie fait aussi pression sur le tsar pour qu'il y ait mobilisation). Le Kaiser fait ensuite part au tsar de sa « tendre et chaleureuse amitié » et l'assure que « j'exerce toute mon influence pour convaincre les Autrichiens de traiter tout de suite... ».

Ce message — le premier entre « Willy » et « Nicky » depuis la déclaration de guerre de l'Autriche-Hongrie à la Serbie — croise celui que le tsar a lui-même envoyé : « ... suis content que tu sois de retour [...] je fais appel à ton aide. Une guerre ignoble vient d'être déclarée à un pays petit et faible [...] Je serai bientôt submergé par les pressions qu'on exerce sur moi [...] pour que je prenne des mesures extrêmes qui conduiront à la guerre. Afin de tout faire pour éviter une calamité comme le serait une guerre européenne, je te supplie, au nom de notre vieille amitié, de faire tout ce que tu peux pour empêcher ton allié d'aller trop loin. »

Londres. Grey revient à son idée selon laquelle des négociations directes entre la Russie et l'Autriche-Hongrie offrent le meilleur moyen de préserver la paix.

Berlin. Bethmann-Hollweg consacre tous ses efforts à mettre l'Allemagne en situation de combattre dans un conflit majeur. La discorde intérieure étant le principal obstacle, le gouvernement allemand entame, avec le Parti social-démocrate, des pourparlers visant à obtenir des socialistes et des représentants de la classe ouvrière qu'en cas de guerre, ils resteront loyaux à leur patrie. Cette inquiétude est fondée. Le comité exécutif du SDP, dénonçant « la provocation frivole du gouvernement austro-hongrois[231] », a lancé un appel à descendre dans la rue. Son journal prédit que la guerre entraînera la révolution. La manifestation qui a lieu dans Berlin même le 28 juillet se termine en affrontements violents lorsque la police veut la disperser et donne l'impression de n'être que les préliminaires de troubles plus graves encore.

Bethmann-Hollweg, cependant, réussit à négocier un accord avec la direction du parti pour que celui-ci soutienne le gouvernement, en ces moments où la nation est en danger. Quant au Kaiser, qui n'a toujours pas compris que son geste en faveur de la paix a été saboté par son propre gouvernement, il se demande, en proie à la confusion, s'il n'a pas agi trop tard. Il observe que « la balle roule [...] et ne peut plus être arrêtée ».

Londres. Churchill fait part au roi George V des différentes mesures prises par l'Amirauté pour placer la marine « en état de préparation, par prudence ». Après lui avoir détaillé ces mesures, il assure le monarque qu'il est « inutile de souligner qu'elles ne préjugent en rien d'une intervention ni ne prennent pour acquis que la paix ne va pas être préservée entre les grandes puissances[232] ».

À minuit, Churchill écrit à sa femme : « ... tout laisse à penser que nous allons à la catastrophe [...] la Grande-Bretagne n'est pas, à quelque degré que ce soit, responsable de la vague de folie qui a balayé l'esprit de la chrétienté. »

Asquith, le Premier ministre, écrit à Venetia Stanley que le gouvernement français vient de donner l'ordre de vendre d'importantes quantités d'obligations à la Bourse de Londres afin de recueillir des fonds. « Cela paraît inquiétant[233] », observe-t-il. La branche anglaise des Rothschild, chargée de la transaction, refuse en réalité d'y procéder. Puis Asquith reçoit un télégramme l'informant que l'Autriche-Hongrie a déclaré la guerre. Venetia Stanley avait avoué une fois au Premier ministre que, certains jours, elle aurait bien aimé changer de place avec lui. Ce ne devait probablement pas être le cas aujourd'hui, lui dit-il en conclusion.

Chapitre 36

Mercredi 29 juillet

Potsdam. Guillaume II envoie à Nicolas II un télégramme l'informant qu'en fait, la Russie peut rester hors du conflit. « Je pense possible et souhaitable que ton gouvernement s'entende directement avec celui de Vienne... » et, ajoute-t-il, ne sachant pas que c'était faux, « mon gouvernement continue de favoriser cette solution ». Il avertit cependant « Nicky » que si jamais la Russie prenait des mesures militaires constituant une menace pour l'Autriche-Hongrie, elles pousseraient à la guerre plus qu'à la paix.

Dans sa réponse, Nicolas II explique sa surprise quant aux différences entre ce que lui dit le Kaiser et les déclarations de l'ambassadeur d'Allemagne. « Je t'en prie, tâche de régler cette question. » Puis il propose que le conflit austro-serbe soit confié à la Cour internationale de La Haye. « Je fais confiance à ta sagesse et à ton amitié. »

Les généraux autrichiens commencent à se poser des questions, maintenant qu'il apparaît que la Russie risque vraiment d'intervenir si la Serbie est menacée de destruction. Ces questions sont répercutées jusqu'au ministre allemand des Affaires étrangères, Jagow. Deux jours auparavant, il a donné officiellement l'assurance au gouvernement russe que Berlin n'avait pas d'objection à ce que la Russie procède à une mobilisation partielle, tant qu'elle n'était pas dirigée contre l'Allemagne.

Les Autrichiens font remarquer à leurs collègues allemands qu'une mobilisation partielle a été ordonnée en Russie, et qu'elle est dirigée contre l'Autriche-Hongrie. Si celle-ci restait effective, cela ne voulait-il pas dire que lorsque l'Autriche enverrait son armée en Serbie, la Double Monarchie se retrouverait sans défense sur son front oriental ? Conrad von Hötzendorf, le commandant en chef des armées autrichiennes, espérait encore que l'Allemagne dissuaderait la Russie d'intervenir et avait pris témérairement ses dispositions en supposant que la démarche réussirait.

Dans une conversation avec le représentant russe, Jagow change totalement de position. Au vu de la mobilisation partielle de la Russie, dit-il, « l'Allemagne est elle-même obligée de mobiliser ; les diplomates n'ont donc plus rien à faire et doivent maintenant laisser la parole au canon[234] ». Si son but était de convaincre les Russes de revenir sur leur mobilisation partielle, c'est manqué.

Moltke, le chef d'état-major allemand, fait tenir à son gouvernement un mémo sur la situation actuelle. Il s'était attendu, comme tout le haut commandement, à ce que l'Autriche-Hongrie n'entame pas les hostilités avant une quinzaine de jours. Comme le Kaiser, de plus, il ignorait que Jagow avait fait pression sur Vienne pour que l'Autriche-Hongrie agisse tout de suite. Autrement dit, la déclaration de guerre de l'Autriche a pris Moltke par surprise ; dans son mémo, il analyse les conséquences du geste de l'Autriche : il ne peut qu'entraîner une série d'événements qui finiront par l'entrée en guerre de l'Allemagne contre la Russie. « Les nations civilisées de l'Europe commenceront à s'entre-déchirer », écrit-il. Il faudrait à présent un miracle pour éviter le déclenchement « d'une guerre qui anéantira la civilisation de presque toute l'Europe pour les décennies à venir[235] ».

C'était cependant un prix qu'il était prêt à payer. La question qu'il posait à son gouvernement se résumait à ceci : celui-ci croyait-il encore possible de localiser le conflit et donc d'éviter les conséquences épouvantables qu'il envisageait ?

Le Kaiser convoque les hauts gradés de son état-major militaire à Potsdam pour discuter des conversations qu'il a eues avec Bethmann-Hollweg. Il leur dit que son chancelier (selon l'amiral Tirpitz, qui assistait à cette réunion) « s'est complètement effondré... [et que lui-même] s'est exprimé sans réserve sur l'incompétence de Bethmann[236] ».

En fait, Bethmann-Hollweg s'était fixé deux objectifs principaux. Le premier était de faire accepter sa politique belliciste par la gauche et les travailleurs — ce à quoi il était parvenu. Le deuxième, d'obtenir la neutralité officielle de la Grande-Bretagne — mais là, il avait échoué. Pour lui, bizarrement, il était essentiel de laisser la Grande-Bretagne hors de la guerre, alors que cet objectif ne paraissait pas particulièrement important aux généraux.

D'après Tirpitz, le Kaiser « nous informa que le chancelier avait proposé, pour obtenir la neutralité de l'Angleterre, que nous sacrifiions la flotte allemande afin d'obtenir un accord avec elle, chose que lui, le Kaiser, avait refusée[237] ».

On décide donc, à Potsdam, de ne rien faire tant que Vienne n'aura pas réagi à la proposition de Berlin de ne pas aller plus loin que Belgrade (qui, rappelons-le, est située tout près de la frontière austro-serbe) et d'arrêter là les hostilités. Proposition que Bethmann-Hollweg a envoyée tout en la sabotant, puisqu'il a donné pour instruction à son ambassadeur à Vienne de faire en sorte que les Autrichiens comprennent que l'Allemagne ne souhaitait pas les retenir, qu'il soit bien clair que cette proposition n'avait été faite à Vienne qu'à des fins de propagande[238].

Mais apres la sévère réprimande essuyée par Bethmann-Hollweg à la conférence de Potsdam, le chancelier tente une manœuvre désespérée visant à faire faire à l'Autriche-Hongrie exactement le contraire de ce qu'il lui avait indirectement conseillé de faire seulement la veille. À 22 h 18, il envoie un télégramme non codé aux autorités autrichiennes, leur demandant si elles ont bien reçu celui de la veille dans lequel il leur demandait de ne pas aller plus loin que Belgrade. Douze minutes plus tard, il renouvelait son appel.

Entre-temps, Bethmann-Hollweg a appris que, indépendamment l'une de l'autre, l'Italie et la Grande-Bretagne viennent de proposer, pour maintenir la paix, des plans tout à fait similaires à celui qu'avait imaginé le Kaiser. On ne peut s'empêcher de penser que si Bethmann-Hollweg et Jagow avaient obéi loyalement aux instructions données par Guillaume II, la veille, et fait peser de tout son poids l'alliance allemande, la crise aurait été résolue.

Mais au lieu de cela — nous sommes le soir du 29 — le chancelier en est réduit a espérer que l'Autriche-Hongrie voudra elle aussi changer de cap. Si bien qu'il envoie à son ambassadeur à Vienne le télégramme suivant : « Nous sommes bien entendu prêts à faire notre devoir d'allié, mais devons refuser de nous laisser entraîner par Vienne, de manière irresponsable et au mépris de nos conseils, dans une conflagration mondiale. » Il voudrait que l'ambassadeur persuade Berchtold de faire en sorte que l'Autriche donne l'impression de réfléchir : « Afin d'empêcher une catastrophe générale, ou au moins que les Russes ne se méprennent, nous devons de toute urgence conseiller à Vienne de prendre l'initiative et la poursuite de consultations[239]... »

En même temps, Moltke télégraphie à Conrad von Hötzendorf, conseillant de procéder à une mobilisation générale ! Moltke craignait peut-être que l'Autriche-Hongrie ne mobilise que contre la Serbie et pas contre la Russie — inquiétude justifiée.

Devant ces signaux discordants, Berchtold a raison de se demander : « Qui commande à Berlin, Moltke ou Bethmann-Hollweg ? L'un me câble de faire la guerre et l'autre de faire la paix[240]. » De toute façon, la volte-face de Bethmann-Hollweg intervient trop tard : son télégramme arrive à Vienne plusieurs heures après que Vienne, réagissant à celui de Moltke, a ordonné la mobilisation générale.

Un peu plus tôt ce même jour à Londres, Grey, le ministre des Affaires étrangères, a convoqué l'ambassadeur d'Allemagne, Lichnowsky. Les deux hommes bavardent comme deux vieux amis, mais, devant l'éventualité d'un conflit en Europe, Grey fait clairement comprendre à son interlocuteur qu'il ne faut pas qu'il se méprenne à cause « du ton amical de notre conversation, que j'espère pouvoir conserver, et pense que nous n'allons pas nous en mêler [...] Je ne souhaitais pas me faire reprocher par lui que le ton amical qui présidait à toutes nos conversations lui avait fait croire, à lui ou à son gouvernement, que nous n'agirions pas[241]... ».

En langage diplomatique, cela est synonyme de menace de guerre. Mais Grey sait bien que, sur ce point, il ne dispose pas, pour le moment, de l'appui de son gouvernement. C'est au cours de cette même conversation que Grey fait à Lichnowsky la proposition, si semblable à celle du Kaiser, d'un arrêt de l'intervention autrichienne à Belgrade. Lorsque l'ambassadeur d'Allemagne rapporte cet entretien à Guillaume II, celui-ci commente : « C'est ce que nous avons essayé de faire depuis plusieurs jours, mais en vain. » Il ignore encore à ce moment-là que Bethmann-Hollweg et Jagow ont saboté ses tentatives auprès de Vienne la veille encore, et que cela fait seulement quelques heures, et non plusieurs jours, que sa proposition a été présentée sérieusement.

Lichnowsky, dans son rapport, dit que Londres est fermement convaincue « qu'à moins que l'Autriche n'accepte d'aborder la discussion de la question serbe, une guerre mondiale est inévitable ». Du point de vue de Grey, « si la guerre éclate, ce sera la plus grande catastrophe que le monde ait jamais vue ». Le commentaire du Kaiser est étonnant. Dans ce cas, estime-t-il, « tout serait de la faute de l'Angleterre, car tout ce qu'elle a à faire est de passer le mot, et la France et la Russie se calmeront. Il n'y aura pas de guerre. C'est l'Angleterre seule qui porte la responsabilité de la paix et de la guerre[242] ».

« C'est l'ironie de la chose, écrit le Premier ministre anglais à sa jeune amie Venetia Stanley, que nous qui sommes la seule puissance à avoir fait autant de propositions constructives en faveur de la paix, soyons critiqués par l'Allemagne et la Russie pour être des fauteurs de guerre. L'Allemagne nous dit : *si vous déclarez que vous restez neutre, la France et la Russie n'oseront pas entrer en guerre.* La Russie nous dit : *si vous déclarez courageusement que vous serez à nos côtés, l'Allemagne et l'Autriche rangeront aussitôt leurs clairons.* Malheureusement, ces deux analyses sont fausses[243]. »

Ce jour-là, le cabinet approuva le déclenchement d'une alerte générale, qui fut signifiée dans toutes les bases britanniques autour du monde, tandis que de nombreuses précautions étaient prises. Techniquement, le secrétaire du Comité de la défense impériale avait ouvert « le livre de guerre ». La plupart des membres du cabinet, cependant, avaient bien l'intention de laisser la Grande-Bretagne hors du conflit.

Winston Churchill craignait que le gouvernement et le Parti libéral au pouvoir ne fussent toujours enclins à la neutralité. En secret, il demande à son plus proche ami conservateur, F.E. Smith, de sonder les dirigeants de son parti sur la possibilité de former une coalition gouvernementale pour soutenir les libéraux en faveur de l'intervention — minoritaires, selon toute vraisemblance, à l'intérieur de leur propre parti. Smith promet de faire cette démarche deux jours plus tard, à l'occasion d'un week-end à la campagne qu'il doit passer avec les principaux responsables conservateurs.

Churchill a cependant des soucis plus urgents. En tant que premier lord de l'Amirauté, il craint que la marine ne soit vulnérable en cas d'attaque surprise. Il projette de faire gagner à la flotte britannique ses positions défensive de temps de guerre, dans les eaux bien protégées du nord. Mais, comme il l'a raconté par la suite, il ne tient pas à se risquer à demander l'approbation du cabinet, qui peut estimer que la manœuvre serait interprétée comme une provocation. Il va donc voir directement le Premier ministre, lui en parle, et interprète le vague grognement d'Asquith comme un accord.

On procède en secret au déplacement de la flotte, la partie cruciale du voyage ayant lieu de nuit. « Une fois la nuit tombée, raconte Churchill dans ses souvenirs, une file de bateaux de guerre s'étirant sur dix-huit milles fonça à toute vapeur dans une obscurité absolue à travers les détroits resserrés pour déboucher dans les eaux ouvertes du nord et la sécurité[244]. »

Paris. Jean Jaurès, dirigeant charismatique de la gauche française et pacifiste ardent, est assassiné par un nationaliste fanatique et mentalement dérangé. Depuis plus d'une semaine, Jaurès encourageait de toute son énergie les efforts du gouvernement Poincaré-Viviani en faveur de la paix. De manière inattendue, sa mort rallie tout le pays derrière le gouvernement.

Chapitre 37

Jeudi 30 juillet

On a longtemps blâmé l'ambassadeur de France à Saint-Pétersbourg, Maurice Paléologue, pour ne pas avoir notifié à son gouvernement, la nuit du 29 au 30 juillet, que la Russie mobilisait. Les recherches du professeur Jean Stengers ont montré que les Russes, qui ne faisaient pas confiance à Paléologue, ne l'avaient tout simplement pas mis au courant. Si bien que lorsque la France apprend ce qui se passe, il est trop tard pour arrêter les Russes[245].

Pour beaucoup d'historiens, le jeudi 30 juillet 1914 reste une date fatidique. La journée commence mal. La veille au soir, le gouvernement allemand, tombant tardivement d'accord avec son souverain, a envoyé un message à l'Autriche-Hongrie lui demandant d'accepter la formule d'un arrêt des hostilités à Belgrade afin d'éloigner ainsi le spectre de la guerre — sans quoi elle risque de perdre l'appui de l'Allemagne. Berchtold ne trouve rien de mieux à répondre, au nom de l'Autriche, qu'il ne peut pas donner de réponse pour le moment. Réaction d'autant plus frustrante que, comme l'a remarqué Guillaume II, l'Allemagne, la Grande-Bretagne et la Russie semblent toutes d'accord pour la formule d'un arrêt à Belgrade.

Guillaume II se sent découragé. Quand il apprend que l'Autriche-Hongrie veut bien ouvrir des pourparlers avec la Russie, il commente : « C'est trop tard, j'en ai peur. [...] Commencer ! Maintenant ! » s'exclame-t-il ensuite. Interprétant à sa manière cette formule énigmatique, Bethmann-Hollweg invite Berchtold à au moins faire semblant de chercher un accord pacifique, sans quoi, « il deviendra difficile de mettre la responsabilité du déclenchement d'une guerre européenne sur le dos des Russes ». Si le Kaiser tente cette ultime médiation pour mettre fin à la crise, ajoute Bethmann, « c'est qu'il ne peut refuser de le faire sans créer inévitablement le soupçon qu'il voulait la guerre [...] Si Vienne décline toutes les propositions, Vienne aura donné des preuves flagrantes qu'elle veut absolument la guerre [...] alors que la Russie reste dégagée de toute responsabilité. Ce qui nous placerait, aux yeux de nos propres peuples, dans une situation intenable[246] ».

Le Kaiser est furieux des réactions que ses efforts de médiation suscitent à Saint-Pétersbourg ; mais c'est parce qu'il ne comprend pas ce qui se passe. À l'aube, à son réveil, un message du tsar Nicolas II l'a informé que la Russie a ordonné une mobilisation partielle depuis le 25 juillet, celle des quatre districts les plus proches de l'Autriche-Hongrie. « Les mesures militaires qui viennent d'entrer en vigueur ont été décidées il y a cinq jours. » Autrement dit, il s'agissait de celles qu'avait envisagées le Conseil des ministres russes, sans les adopter immédiatement, lorsqu'il avait appris que Vienne avait refusé l'acceptation partielle de son ultimatum par la Serbie. La Russie, pour donner une chance aux négociations, n'avait rien dit jusque-là. Il ne s'agit donc pas de mesures nouvelles, ou de mesures supplémentaires, mais des seules mesures prises par la Russie, qui de plus viennent juste d'être mises en vigueur. C'est dire que la mobilisation n'est même pas vraiment commencée.

Guillaume II, cependant, croit qu'en fait le tsar lui dit que cela fait cinq jours que la Russie mobilise ; autrement dit, qu'elle a commencé à le faire avant l'Allemagne, qui hésite encore. « Ils sont en avance sur nous de presque une semaine ! proteste le Kaiser. Et en plus pour se défendre de l'Autriche, qui ne les attaque pas !!! Plus question pour moi de proposer ma médiation, puisque le tsar, tandis qu'il me la demandait, mobilisait en secret dans mon dos. » Et en marge du plaidoyer de Nicolas II — « Nous avons besoin que tu exerces de fortes pressions sur l'Autriche... » — Guillaume II griffonne : « Non, cela n'est plus pensable !!! »

Du point de vue de Guillaume II, le tsar « avait simplement joué un rôle et nous avait promenés », ce qui le conduit à conclure : « Ce qui signifie que moi aussi je dois mobiliser[247] ! »

Un peu plus tard, le Kaiser répond en termes plus diplomatiques à Nicolas II : « J'ai été jusqu'aux extrêmes limites de ce qui était possible dans mes efforts pour sauver la paix [...] Encore maintenant, tu peux sauver la paix en Europe en arrêtant tes mesures militaires. »

À Saint-Pétersbourg, l'ambassadeur d'Allemagne avertit le tsar que la mobilisation de la Russie entraînera celle de l'Allemagne. La réaction du gouvernement allemand, toutefois, est excessive. La mobilisation russe ne présente pas le même danger mortel que la mobilisation allemande ; il y a en effet une différence importante. Pour l'Allemagne, la mobilisation signifie la guerre, mais pas pour la Russie, comme l'expliquent les Russes au gouvernement allemand. « Les armées russes, comme l'a fait récemment remarquer un chercheur, pouvaient rester mobilisées presque indéfiniment derrière leurs frontières[248]. » Ce que le gouvernement allemand savait parfaitement.

Saint-Pétersbourg. Sazonov téléphone à Nicolas II pour prendre rendez-vous avec lui dans les plus brefs délais. Il se rend à Tsarskoïe Selo, la résidence d'été du souverain, où il avertit solennellement Nicolas II que la guerre est devenue inévitable et que la mobilisation générale est indispensable. Le tsar accepte à contrecœur et Sazonov donne les ordres nécessaires.

L'attaché militaire allemand de l'ambassade de Saint-Pétersbourg rapporte : « J'ai l'impression qu'ils [les Russes] ont mobilisé par peur des événements à venir mais qu'ils n'ont aucune intention agressive et qu'ils ont peur, à présent, de ce qu'ils ont déclenché. » Pour Guillaume II, cela sonne juste : « Exact, c'est bien ça », commente-t-il[249].

Réagissant au message de Guillaume II, le tsar revient sur sa décision de mobiliser et ordonne à ses généraux de retourner à la mobilisation partielle. Que faire ensuite ? Il n'y a pas de réunion du Conseil des ministres, mais plusieurs hommes d'État russes, à titre individuel, font part de leur point de vue à leur souverain. Celui-ci se retrouve assailli de voix persuasives. Sazonov, le ministre des Affaires étrangères, se joint aux généraux pour réclamer la mobilisation générale, et le tsar, personnage indécis que navre l'idée de prendre cette décision, finit par leur céder et ordonne, de nouveau, la mobilisation. Le chef d'état-major général des armées russes est resté célèbre pour avoir déclaré qu'il allait « casser son téléphone » afin qu'on « ne puisse pas me trouver pour me donner des ordres contraires et retarder encore la mobilisation générale ».

Bethmann-Hollweg a compris qu'il n'y a pas à s'inquiéter de ce geste de la Russie. Il dit donc au ministre d'État prussien que « bien que la mobilisation russe ait été déclarée, elle est assortie de mesures qu'on ne peut comparer à celles que prennent les États de l'Europe de l'Ouest [...] Qui plus est, la Russie n'a pas l'intention de faire la guerre ; elle a simplement été obligée de prendre cette décision à cause de l'Autriche-Hongrie ».

Les chefs d'état-major généraux allemand et autrichien sont en contact ; Moltke met en garde Conrad von Hötzendorf, qui bout d'impatience : « Il ne faut pas déclarer la guerre à la Russie ». Les deux Empires germaniques doivent au contraire « attendre une attaque de la Russie[250] ».

Bethmann-Hollweg, pendant ce temps, est aux prises avec Moltke qui, après avoir été partisan de retarder la décision pendant la moitié de la semaine, prêche à présent en faveur d'une action immédiate. « Ses changements d'humeur sont difficilement explicables, et peut-être même pas du tout[251] », commente Falkenhayn, dégoûté.

Le soir même, Guillaume II apprend la teneur de l'avertissement donné par Sir Edward Grey à l'ambassadeur allemand à

Londres. Grey (qui en fait ne parlait qu'en son nom) a déclaré que si jamais la France se trouvait en danger, la Grande-Bretagne interviendrait. Étant donné (c'était un secret de polichinelle dans les chancelleries) que l'Allemagne, en cas de guerre avec la Russie, avait prévu d'attaquer et d'écraser la France avant de se retourner vers la Russie pour l'envahir, cela revient à dire, pour Grey, que la Grande-Bretagne soutiendra les pays de l'Entente, la France et la Russie, contre ceux de la Triplice, l'Allemagne et l'Autriche-Hongrie. Une fois de plus, le Kaiser est fou de rage. « Tant d'irresponsabilité et de faiblesse vont plonger le monde dans la plus terrible des guerres, avec pour but, en dernier ressort, de ruiner l'Allemagne ! Car je n'ai plus aucun doute ; la Grande-Bretagne, la Russie et la France [...] se sont liguées pour livrer une guerre d'anéantissement en prenant le conflit austro-serbe comme prétexte [...] la stupidité et la maladresse de notre allié nous a mis la corde au cou [...] et nous sommes tombés dans le piège[252]... »

Voilà qui laisse à penser que Guillaume II n'avait plus très bien conscience de ce que son gouvernement et celui de l'Autriche-Hongrie avaient fait, et pourquoi. En préparant la voie à une guerre contre la France et la Russie, le gouvernement allemand tentait d'acheter la neutralité de la Grande-Bretagne pour le conflit à venir.

Londres. On redoute que le débat tant attendu sur l'Irlande qui doit se dérouler aux Communes cet après-midi ne conduise à une guerre civile. Un peu plus tôt, cependant, les dirigeants de l'opposition ont rencontré Asquith et conclu un accord afin de montrer un front uni devant les dangers qui montent de l'Europe. La volte-face est trop brusque pour l'homme de la rue. Violet Asquith, la fille du Premier ministre, venue assister au débat avec sa belle-mère depuis la galerie réservée au public féminin, y trouve « une foule dense de femmes excitées et impatientes » qui restent « bouche bée » lorsque le Premier ministre se lève pour déclarer que le débat sur l'Irlande est reporté à plus tard. « Ses paroles produisirent la plus grande stupéfaction dans la galerie des dames, rapporte Violet

Asquith. Nombre d'entre elles s'étaient activement lancées dans des préparatifs en vue de la guerre civile imminente, allant à des cours de la Croix-Rouge, préparant de la charpie et des éclisses, etc. Une matrone de l'Ulster, Lady M. (dont la silhouette était bien adaptée à ce rôle) passait pour avoir fait entrer quantité d'armes en contrebande à Belfast dans ses jupons[253]. » Tout le monde est pris de court et c'est l'incompréhension devant la nouvelle du report.

Paris. De retour de Russie après un long voyage par bateau et pas encore au fait de tout ce qui s'est passé pendant leurs quinze jours d'absence, le Président et le président du Conseil français tentent de freiner les événements qu'ils voient s'emballer. Avec l'approbation de Raymond Poincaré, René Viviani adresse par câble un avis de prudence au gouvernement russe[254] ; en termes diplomatiques, il dit comprendre la nécessité, pour la Russie, d'avoir recours à des mesures préventives et défensives, mais qu'elle doit s'attacher à ne pas en adopter qui pourraient être prises comme prétexte par l'Allemagne pour mobiliser tout ou partie de ses forces. Afin de montrer ses bonnes intentions, la France elle-même fait reculer ses troupes de dix kilomètres de la frontière avec l'Allemagne[255].

Londres. « La situation européenne est au moins d'un degré plus grave qu'hier, note le Premier ministre, et elle n'a pas été améliorée par la tentative quelque peu cynique de l'Allemagne d'acheter notre neutralité pendant la guerre avec la promesse qu'elle n'annexera pas de territoires français — mis à part les colonies — ni la Belgique et la Hollande. Il y a quelque chose de très grossier et de quasiment enfantin dans la diplomatie allemande. Pendant ce temps, les Français commencent à pousser dans le sens opposé, comme l'ont fait les Russes depuis quelque temps. La City, qui est dans un terrible état de dépression et de paralysie, est pour le moment farouchement opposée à une intervention anglaise. Aujourd'hui, les perspectives sont très sombres[256]. »

Chapitre 38

Vendredi 31 juillet

Jules Cambon, ambassadeur de France à Berlin et homme d'expérience, fait savoir par câble à son gouvernement que l'Allemagne est sur le point de déclencher une guerre sans attendre que la Russie mobilise la première[257].

La nouvelle de la mobilisation générale en Russie parvient à Vienne sans pour autant produire l'effet qu'on en attendait : l'Empire des Habsbourg ne renonce pas à son intention d'envahir la Serbie, même s'il procède lentement. Les deux cabinets de la Double Monarchie (Conseil des ministres communs) se réunissent, examinent l'information et décident de poursuivre les opérations comme prévu, même si, selon toute vraisemblance, cela déclenchera l'intervention des Russes.

Traitant apparemment la menace russe par le mépris, les armées austro-hongroises continuent de progresser vers la Serbie. Le chef d'état-major autrichien Conrad von Hötzendorf avait prévu dans ses plans, au cas où le tsar donnerait l'ordre de mobiliser, d'envoyer une partie de ses troupes sur le front oriental. Inexplicablement, il n'en fait rien. Du coup, tout le poids de la défense du territoire autrichien contre la Russie repose sur les épaules des Allemands ; peut-être est-ce ce qu'il a voulu. Selon le professeur Samuel Williamson, Conrad veut attaquer la Serbie le plus vite possible afin que les combats aient commencé avant que la diplomatie ne puisse intervenir[258].

À midi, la nouvelle parvient à Berlin : la Russie mobilise contre l'Allemagne et contre l'Autriche-Hongrie. Le Kaiser vient juste d'envoyer un télégramme au tsar : « Tu es encore en mesure de maintenir la paix en Europe, si la Russie accepte d'interrompre les mesures militaires qui ne peuvent que menacer l'Allemagne et l'Autriche-Hongrie. » Il propose de continuer ses efforts de médiation.

Réponse de Nicolas II : « Je te remercie chaleureusement pour ta médiation qui commence à faire naître l'espoir que tout pourra se terminer pacifiquement. Il est techniquement impossible d'arrêter nos préparatifs militaires que la mobilisation autrichienne a rendus obligatoires. Nous sommes loin de souhaiter la guerre. Tant que se poursuivront les négociations avec l'Autriche sur le compte de la Serbie, mes troupes n'engageront aucune action de provocation. Je t'en donne ma parole solennelle. »

Pendant ce temps, François-Joseph fait savoir par câble à Guillaume II qu'il le remercie pour son offre de médiation mais qu'elle arrive trop tard : la Russie a mobilisé et les troupes autrichiennes font mouvement vers la Serbie[259].

Paris. Ce soir-là, l'ambassadeur allemand à Paris présente un ultimatum au président du Conseil René Viviani, exigeant que l'alliée de la France, la Russie, revienne sur sa décision de mobiliser, ou accepte la responsabilité de déclencher un conflit. Mais Viviani et Poincaré viennent de débarquer. Ils ignorent tout de la mobilisation russe. Viviani appelle Saint-Pétersbourg pour avoir des informations.

Londres. « Il y a encore de l'espoir, écrit Winston Churchill à son épouse, bien que les nuages s'assombrissent de plus en plus. Je crois que l'Allemagne commence à se rendre compte de la taille des forces liguées contre elle et essaie tardivement de retenir son idiot d'allié. Nous travaillons à calmer la Russie[260]. »

Le Premier ministre Asquith déjeune avec Churchill et Lord Kitchener, le célèbre général anglais qui passe quelques jours en Angleterre avant de retourner en Égypte, où il est en poste. Kitchener estime que la Grande-Bretagne doit soutenir la France. Ce n'est cependant pas l'opinion générale. Asquith explique que celle-ci, pour le moment, souhaite que l'on reste « à tout prix en dehors de cette affaire[261] ».

Lloyd George, chancelier de l'Échiquier et chef de l'aile radicale du parti au pouvoir, est peut-être le seul membre du cabinet qui dispose d'un groupe de pression suffisamment fort pour défier le Premier ministre. Il confie à un politicien ami intime qu'il « lutte pour la paix. Tous les banquiers et tous les hommes d'affaires nous supplient de ne pas intervenir. C'est avec des larmes dans les yeux que le gouverneur de la Banque d'Angleterre m'a supplié de nous laisser hors de ça. Il dit que sinon, nous serons ruinés[262] ».

Winston Churchill est mis au courant, au moins par un membre éminent du Parti libéral au Parlement, Arthur Ponsonby, que le sentiment général largement partagé, à l'intérieur du parti, est très fortement opposé à l'intervention. En même temps, cependant, F.E. Smith, son meilleur ami parmi les conservateurs, lui fait savoir que l'opposition soutiendrait le gouvernement au cas où celui-ci prendrait les armes contre une invasion allemande de la France par la Belgique. Dans sa réponse, Churchill dit à Smith : « Je ne peux plus croire que la guerre sera évitée, maintenant. L'Allemagne est forcée de passer par la Belgique, et je crois que le gros des deux partis s'opposera fermement à cela[263]. »

Paris. Le commandant en chef des forces françaises, le général Joseph Joffre, demande au gouvernement la permission de décréter la mobilisation générale. Le cabinet refuse.

Chapitre 39

Samedi 1er août

Paris. Joffre renouvelle auprès du gouvernement français sa demande de mobilisation générale immédiate. Le cabinet accepte, mais la repousse au lendemain.

Londres. A la réunion du cabinet, le matin, le premier lord de l'Amirauté Winston Churchill demande l'autorisation de décréter la mobilisation générale de la flotte. Profondément divisé sur la question, le cabinet refuse. Parmi ceux qui rejettent épidermiquement la perspective de la guerre, Lloyd George est le personnage clef : si on peut le faire changer d'avis, il est à peu près certain que les autres le suivront.

D'après le Premier ministre, « le gros du parti » est opposé à toute intervention militaire, quelles que soient les circonstances, mais il estime cependant que « Lloyd George, de tous ceux qui sont en faveur de la paix, est plus sensible et homme d'État pour ce qui est de garder une position encore ouverte[264] ». Churchill est resté pendant des années le protégé de Lloyd George, et ils se passent des notes pendant la réunion. Dans l'une d'elles, le chef radical manifeste l'espoir que « si la patience prévaut et si vous ne nous pressez pas trop [...] nous finirons peut-être par nous entendre ». « Plaise à Dieu, lui répond Churchill, car c'est tout notre avenir [qui est en jeu], camarades ou adversaires. »

« Je redoute profondément que notre longue coopération puisse être interrompue, écrit Churchill à un autre moment. Je vous implore de venir apporter votre aide si puissante dans ce qu'il est de notre devoir de faire. » Plus tard encore, il revient à la charge : « Nous serons opposés pendant tout le reste de notre vie. Je vous suis profondément attaché et j'ai suivi votre instinct et vos conseils pendant près de dix ans[265]. »

Churchill était bien connu pour sa manie de monopoliser la parole. « Il n'est pas exagéré d'affirmer, dit le Premier ministre à sa confidente, que [pendant la réunion] Winston a occupé au moins la moitié du temps de parole à lui tout seul. »

Berlin. Le chancelier Bethmann-Hollweg prend la parole devant le Bundesrat, l'assemblée de la confédération germanique, pour lui présenter le dossier du gouvernement. Il explique que la Russie, plutôt que de continuer à négocier avec l'Autriche-Hongrie, à décrété la mobilisation de ses forces. Pour y riposter, l'Allemagne a lancé un ultimatum au gouvernement russe : soit il accepte de démobiliser d'ici midi, soit l'Allemagne mobilisera. L'Allemagne a également envoyé à la France un ultimatum lui demandant de garder la neutralité — et de donner des assurances qu'elle la conservera — sans quoi l'Allemagne lui déclarera la guerre à elle aussi. Cet ultimatum à la France doit expirer à 13 heures. Le Bundesrat donne son soutien unanime à Bethmann.

Midi arrive, et toujours pas de réponse des Russes. Près d'une heure plus tard, l'Allemagne envoie sa déclaration de guerre à son ambassadeur en Russie afin qu'elle soit communiquée à Saint-Pétersbourg ; elle est rédigée de telle manière que l'ambassadeur peut prétendre que le gouvernement du tsar soit a rejeté l'ultimatum, soit n'y a pas répondu.

Tsarskoïe Selo. Il est midi en Russie, et le tsar Nicolas II apprend que l'Allemagne mobilise. Tout de suite, il télégraphie à son cousin Guillaume II : « Je comprends que tu sois obligé de mobiliser, mais j'aimerais avoir de toi les mêmes garanties que je t'ai moi-même données, à savoir que ces mesures ne sont pas synonymes de guerre[266]... »

Bien entendu, le tsar se fourvoie. Dans le monde de 1914, même les plus hauts gradés et les membres des cabinets ministériels ignorent à quel point diffèrent les formes de messages d'avertissement adoptés par les divers pays. L'un d'eux, cependant, se distingue particulièrement des autres par sa brutale limpidité : en Allemagne, la mobilisation est synonyme de guerre — dans un délai de vingt-quatre heures, sinon avant.

Berlin. À 16 heures, il n'y a toujours aucune réponse de la Russie. Falkenhayn, le ministre allemand de la Guerre, se rend auprès du Kaiser avec Bethmann-Hollweg. Ils ont décidé la veille que la guerre doit être déclarée même si la Russie propose de négocier. Guillaume II, cependant, n'approuve pas la démarche. Quelque temps auparavant, l'attitude du Kaiser aurait été fatale pour leur plan, mais ce n'est plus vrai. Pendant la dernière semaine de juillet, son propre Premier ministre, son ministre des Affaires étrangères, son état-major général ainsi que l'empereur et le gouvernement d'Autriche-Hongrie n'ont fait aucun cas de ses instructions et demandes. Les ordres de Guillaume II comptaient encore pour quelque chose, mais pas pour tout.

Le Kaiser accepte de signer les décrets de mobilisation, avec effet pour le lendemain. Moltke a préparé les grandes lignes d'un discours que Guillaume II doit adresser au peuple allemand. Bethmann-Hollweg, qui arrive en retard, est furieux de cette usurpation de prérogatives relevant des autorités civiles. Moltke est visiblement nerveux ; il dit à un aide de camp que « cette guerre va se transformer en guerre mondiale dans laquelle l'Angleterre interviendra aussi. Personne ne peut avoir idée de l'étendue, de la durée [...] et de la façon dont se terminera cette guerre[267] ».

Alors que le Kaiser et ses chefs militaires ont pratiquement épuisé leur ordre du jour et sont sur le point de se séparer, le ministère des Affaires étrangères leur fait savoir qu'un important message, émanant de la Grande-Bretagne, est en cours de décodage. Tirpitz, le commandant des forces navales, suggère aux deux autres chefs d'armée d'attendre que lecture leur en soit donnée. Au lieu de cela, ils s'esquivent, leur ordre de mobilisation dans la poche. Ils auraient aussi bien fait de rester, car ils sont rappelés quelques instants plus tard.

Ce message de Londres ruine les plans du gouvernement allemand. Il émane en fait de l'ambassadeur d'Allemagne en Grande-Bretagne, le prince Lichnowsky, dont nous avons déjà dit qu'il était anglophile ; il rapporte les assurances que, croit-il à tort, lui a données Sir Edward Grey. En résumé, la Grande-Bretagne semble avoir pour position que si l'Allemagne ne s'attaque pas à la France, l'Angleterre et la France resteront neutres dans le conflit germano-russe.

Le Kaiser et ses aides de camp jubilent. Car cela assure en pratique la victoire, de leur point de vue. Moltke, en tant que chef d'état-major responsable des opérations, se retrouve minoritaire. Comme il s'en souviendra peu après : « Le Kaiser m'a dit : "Dans ce cas, il nous suffit de déployer toute l'armée à l'est."[268] »

Moltke est désespéré. Le Kaiser semble incapable de comprendre l'intérêt du plan actuel, qui est de jeter l'essentiel des forces allemandes sur la France via la Belgique et le Luxembourg, tout en contenant l'avancée des Russes avec seulement quelques unités à l'est. Une victoire éclair à l'ouest mettra la France hors de combat ; on transférera ensuite rapidement les armées allemandes sur le front Est contre la Russie.

L'armée a déjà entamé son processus d'attaque sur le front occidental. Revenir sur les ordres donnés, se défend Moltke, va entraîner le chaos. Après une violente discussion entre le Kaiser et son chef d'état-major, on arrive à un compromis : la mobilisation se poursuit, les troupes étant regroupées de manière à attaquer la France, mais on prévoit de pouvoir les redéployer à l'est si jamais on obtient de la Grande-Bretagne et de la France un engagement de neutralité.

Ce qui laisse tout de même un problème majeur en suspens. Dans le plan de guerre allemand, la première manœuvre des armées du Kaiser devait consister à s'emparer du réseau ferroviaire du Luxembourg avant que la France ne puisse en faire autant, puis à présenter un ultimatum à la Belgique pour qu'elle reste neutre et laisse passer les armées allemandes sur son territoire afin qu'elles envahissent la France. Or l'Allemagne est l'un des pays garants de la neutralité du Luxembourg et de la Belgique.

À présent que la France entend ne pas être impliquée dans la guerre, tout est changé. D'après Moltke, « le Kaiser, sans même m'en parler, se tourne vers l'aide de camp de service et lui ordonne de télégraphier immédiatement ses instructions [...] de ne pas entrer au Luxembourg. J'ai cru que mon cœur allait se briser ». Avec la Grande-Bretagne et la France refusant de se laisser entraîner dans la guerre, « la goutte d'eau serait que la Russie en fasse maintenant autant[269] ».

Pendant que le chef d'état-major rage dans son coin, le Kaiser et le chancelier envoient des messages à Londres pour sceller l'accord : Guillaume II au roi George V et Bethmann-Hollweg au gouvernement britannique.

« Je pense qu'il doit y avoir une méprise », s'étonne le roi d'Angleterre dans sa réponse. Jamais il n'y a eu d'offre de rester neutre de la part de la Grande-Bretagne et de la France. Après avoir lu ce télégramme, le Kaiser se tourne vers Moltke : « Vous pouvez maintenant faire comme bon vous semble. » Et Moltke télégraphie sur-le-champ à ses chefs d'unités pour qu'ils procèdent à l'invasion du Luxembourg.

Londres. Avec l'autorisation du cabinet, Sir Edward Grey avertit l'ambassadeur allemand, en langage diplomatique, que toute violation de la neutralité de la Belgique conduira la Grande-Bretagne à intervenir.

Saint-Pétersbourg. L'ambassadeur d'Allemagne remet la déclaration de guerre de son pays à la Russie au ministre russe des Affaires étrangères. Dans sa confusion, il donne un document dans lequel figurent les deux versions : celle qui accuse la Russie de ne pas avoir répondu, et celle qui dit que la réponse n'a pas été satisfaisante.

Londres. Churchill, toujours grâce à son ami conservateur F.E. Smith, a invité Bonar Law, le chef des conservateurs, à dîner avec lui et Edward Grey à l'Amirauté. Smith a demandé à Sir Max Aitken, le meilleur ami de Law, de se joindre à eux. Mais finalement Law décline l'invitation, et Grey est obligé de se rendre à un moment donné auprès du Premier ministre. Si bien que Churchill dîne seul à l'Amirauté.

Vers 21 h 30, Smith et Aitken arrivent et trouvent Churchill en compagnie de deux amis. Une discussion sur la crise s'engage. La nouvelle arrive que l'Allemagne a retardé l'envoi de son ultimatum à la Russie, mais les opinions diffèrent sur la manière d'interpréter cette information. Trois des participants à la discussion entament une partie de bridge avec Churchill. Aitken est celui qui n'y participe pas.

À peine les cartes sont-elles distribuées et les premières annonces faites qu'on apporte à Churchill une boîte rouge — celle des dépêches officielles. Churchill prend sa clef et l'ouvre. Elle ne contient qu'une seule feuille de papier (« singulièrement disproportionnée par rapport à la taille de la boîte », notera par la suite Aitken). Et sur la feuille, il n'y a qu'une phrase : « L'Allemagne a déclaré la guerre à la Russie[270]. »

Churchill donne ses cartes à Aitken et part aussitôt pour le 10 Downing Street. Le Premier ministre est déjà enfermé avec Grey et ses conseillers. Churchill dit à Asquith qu'il va donner l'ordre d'une mobilisation générale de la flotte, sachant cependant que le cabinet a refusé de le laisser prendre cette même initiative le matin même. Il fera part le lendemain devant le cabinet de ce qu'il s'apprête à faire.

Le Premier ministre ne répond rien. Churchill fait demi-tour et quitte le 10 Downing Street pour retourner à ses bureaux de l'Amirauté, où il passe le reste de la nuit à faire en sorte que, quoi qu'il advienne, la Royal Navy soit sur le pied de guerre.

Plus tard dans la soirée on apprend à Londres, par l'ambassade de Grande-Bretagne à Berlin, que les efforts déployés par le Kaiser pour la préservation de la paix sont sapés par la mobilisation générale de la Russie. George V ne peut-il rien faire de son côté pour l'aider ?

Asquith improvise aussitôt une note au tsar au nom du roi, appelle un taxi et fonce à Buckingham Palace à 1 h 30 du matin pour obtenir la signature de George V. « On a tiré le roi de son lit, écrit le Premier ministre dans son journal, et l'une des situations les plus étranges que j'ai connues a été de me retrouver assis à côté de lui, qui était en robe de chambre, pendant que je lui lisais le message et la réponse que je proposais[271]. »

Berlin. Les journaux de Berlin (*Miettag*) et de Hambourg (*Fremdenblatt*) rapportent la nouvelle de l'« alliance navale » entre la Russie et la Grande-Bretagne. Les Russes auraient soi-disant espéré convaincre la Royal Navy d'envoyer des bateaux de transports de troupes dans les ports de la Baltique avant que n'éclatât la guerre, afin de faire passer des unités russes par mer pour envahir l'Allemagne par le nord-est.

Toutefois, étant donné que les entretiens entre le premier lord à la Mer de Grande-Bretagne, l'amiral prince Louis de Battenberg et l'Amirauté russe sont prévus pour août, ceux-ci n'ont même pas encore vraiment commencé au plus haut niveau, et aucun accord de ce genre n'a donc pu être conclu. D'ailleurs, à en croire *Miettag*, l'amiral Battenberg n'a pu en fait se rendre à Saint-Pétersbourg : « La guerre que la Russie a lancée contre nous a empêché l'alliance navale russo-britannique d'être conclue. »

La guerre lancée contre nous : telle est la conviction des Allemands en 1914, et cette conviction persistera par la suite. Peu après avoir appris la mobilisation de la Russie, l'attaché militaire bavarois confiera à son journal : « Je cours au ministère de la Guerre. Partout, des visages rayonnants. Tout le monde se serre la main dans les couloirs : les gens se félicitent mutuellement que cet obstacle soit franchi. » Le peuple allemand, les partis politiques, les syndicats ouvriers, la presse — on a réussi à faire croire à tout le monde que la Russie avait déclenché la guerre. Un autre auteur de journal intime, le chef d'état-major naval du Kaiser, dit les choses encore plus clairement : « L'ambiance est extraordinaire. Le gouvernement a réussi de manière brillante à faire croire que nous étions les agressés[272]. »

Le gouvernement allemand annonce que les envahisseurs russes ont pénétré sur le territoire de l'Allemagne. Le peuple allemand le croit.

Chapitre 40

Dimanche 2 août

Londres. Le cabinet britannique qui, exceptionnellement, se réunit un dimanche, commence à se faire à l'idée qu'il faudra peut-être que la Grande-Bretagne s'implique dans la crise. Après une première séance entre 11 heures et 13 heures, les ministres se retrouvent à nouveau à 18 h 30.

L'ordre de mobilisation de la flotte donné par Churchill est ratifié le matin ; et si on envisage, dès cette première réunion, l'envoi d'un corps expéditionnaire sur le continent comme il en avait été question dans les entretiens entre les états-majors anglais et français quelques années auparavant, cette idée est pour le moment rejetée.

Entre les deux réunions, Sir Edward Grey fait savoir à l'ambassadeur de France qu'au cas où la marine allemande attaquerait la côte atlantique française *, la marine britannique offrirait sa protection à la France.

Lors de la réunion du soir, le cabinet apprend la violation de la neutralité luxembourgeoise par l'armée allemande. Le gouvernement britannique estime que la responsabilité de faire respecter cette neutralité est collective : autrement dit, qu'il n'est obligé d'agir que si les autres garants en font autant. La

* L'essentiel de la flotte française se trouvait alors (suite à un accord avec les Anglais) en Méditerranée (NdT).

Belgique offre un cas différent ; la garantie de sa neutralité est individuelle, et Grey, sur cette question, a déjà fait part du sentiment de la Grande-Bretagne à l'ambassadeur d'Allemagne. L'invasion du Luxembourg, cependant, présage une invasion de la Belgique. Et effectivement, lorsque les membres du gouvernement britannique se retrouvent à 18 h 30, ils apprennent que Bruxelles vient de recevoir un ultimatum de l'Allemagne. Le Premier ministre britannique ordonne la mobilisation de l'armée.

L'évolution de la manière dont a été appréciée la situation politique au cours de cette journée est remarquable. Le matin, le Premier ministre Asquith, dans une lettre privée, avait couché par écrit son point de vue sur la situation européenne :

> *1. Nous n'avons aucune obligation d'aucun ordre vis-à-vis de la France ou de la Russie de leur apporter notre aide militaire ou navale.*
> *2. L'envoi d'une force expéditionnaire pour aider la France est hors de question en ce moment et serait sans objet.*
> *3. Nous ne devons pas oublier les liens créés par notre longue et intime amitié avec la France.*
> *4. Il serait nuisible pour les intérêts de la Grande-Bretagne que la France soit détruite en tant que grande puissance.*
> *5. Nous ne pouvons tolérer que l'Allemagne utilise le pas de Calais comme base hostile.*
> *6. Nous avons des obligations vis-à-vis de la Belgique pour qu'elle ne soit pas utilisée et absorbée par l'Allemagne*[273].

Cette formulation des objectifs en politique étrangère du Premier ministre anglais, alors que se prépare une terrible tempête sur l'Europe, résume pratiquement tous les points essentiels. Elle ne représente cependant que ses vues personnelles, vues que ne partage pas le Parti libéral auquel il appartient. Il reconnaît lui-même qu'« au moins les trois quarts de notre parti, à la Chambre des communes, sont des partisans farouches d'une non-intervention, à n'importe quel prix ».

Avant la réunion du cabinet du matin, il a reçu l'assurance d'avoir l'appui, sans restriction, des dirigeants conservateurs dans sa politique de soutien à la France. Ce qui le place dans la situation assez particulière de n'avoir pratiquement l'aval, en matière de politique étrangère, que de ses adversaires politiques. Son objectif essentiel est que le Parti libéral se rallie derrière la décision que prendra le cabinet, quelle que soit celle-ci, tout en essayant de convaincre son équipe gouvernementale d'adopter son point de vue et celui de Grey.

Berlin. Le chef de l'état-major général fait connaître aux Affaires étrangères un certain nombre d'idées « de nature militaro-politique », auxquelles il attribue « une certaine valeur d'un point de vue militaire »[274]. Si la Grande-Bretagne entre en guerre, suggère Moltke, l'Allemagne doit provoquer des soulèvements en Afrique du Sud, en Égypte et en Inde. L'alliance secrète de l'Allemagne avec la Turquie, qui vient juste d'être conclue, doit être rendue publique ; et l'Italie doit faire savoir si elle se tiendra ou non aux côtés de ses alliés allemand et autrichien. Il faut inciter la Suède et la Norvège à se mobiliser contre la Russie, afin d'augmenter la pression sur Saint-Pétersbourg, et inciter le Japon à en faire autant en Asie. La Suisse a déjà mobilisé et (confie Moltke), en collaboration avec le chef d'état-major des armées suisses, un projet d'accord a été conclu, projet qui, s'il est ratifié, placera l'armée suisse sous commandement allemand.

Le ministère des Affaires étrangères annonce que la France et la Russie viennent de déclencher les hostilités, mais la rumeur dément cette information[275].

Rome. Le ministre italien des Affaires étrangères, le marquis di San Giuliano, apprend à l'ambassadeur d'Allemagne que son gouvernement a décidé de rester neutre. San Giuliano rappelle que le traité d'alliance avec l'Allemagne et l'Autriche-Hongrie n'oblige l'Italie à venir à leur aide que si elles sont attaquées ; or le conflit de l'été de 1914 est une « guerre d'agression » de leur part. L'Italie n'y participera donc pas. Dans un compte-rendu qu'il donnera plus tard de l'entrevue, San Giuliano déclarera que « la guerre entreprise par l'Autriche [...] avait, dans les termes mêmes employés par l'ambassadeur allemand, un objectif agressif ».

Le commandant des forces italiennes estime que, de toute façon, son pays ne pourrait partir en guerre, ses forces armées ne disposant pas d'uniformes en nombre suffisant.

Bâle. Des sources allemandes font savoir à Berlin que les autorités suisses ont arrêté des agents français qui envoyaient en France des pigeons voyageurs porteurs de messages sur les mouvements de troupes allemands.

Luxembourg. La grande-duchesse de Luxembourg, Marie-Adélaïde, envoie un télégramme au Kaiser pour protester contre le fait que « le grand-duché est occupé par des troupes allemandes » et lui demande que les droits de son pays soient respectés. Dans sa réponse, le chancelier allemand affirme que « les mesures militaires prises par nos forces au Luxembourg ne sont pas le signe d'une action hostile contre le Luxembourg, mais seulement des mesures de protection pour les chemins de fer qui sont sous notre gestion, contre toute attaque par les Français ». Il promet de « pleines compensations ».

Londres. L'ambassadeur d'Allemagne fait savoir à son gouvernement que « la question de savoir si nous allons ou non violer le territoire de la Belgique dans notre guerre avec la France peut avoir une importance décisive dans la détermination de la neutralité anglaise ».

En fait, lorsque le cabinet britannique se réunit à nouveau le dimanche soir, l'ensemble de ses membres considère que la question de la Belgique est centrale. La situation légale n'est pas entièrement claire : est-ce que, en cas de violation, l'un des garants de cette neutralité doit agir si aucun des autres garants ne le fait ? Le sentiment du cabinet est que si la Belgique tient tête aux envahisseurs, le devoir de la Grande-Bretagne est d'aller à son secours[276].

Bruxelles. Alarmé par l'incursion des forces allemandes au Luxembourg, le ministre des Affaires étrangères belge convoque l'ambassadeur d'Allemagne en Belgique pour lui demander des assurances. Sir Edward Grey, de son côté, a déjà demandé à la France et à l'Allemagne de confirmer qu'elles continueraient de respecter les obligations du traité prévoyant de protéger la neutralité de la Belgique. La France confirme ; pas l'Allemagne. L'ambassadeur d'Allemagne en Belgique reste évasif.

Il n'a pas le choix. Il ignore encore, à ce moment-là, la teneur des instructions que lui a apportées un messager le 29 juillet, avec ordre de ne pas en prendre connaissance tant qu'on ne le lui aura pas dit. Le 2 août, on lui demande de le faire. Il les retire de son coffre-fort et les décachette. Elles contiennent un ultimatum qu'il est chargé de présenter au gouvernement belge, ce qu'il fait le soir même. La Belgique dispose de douze heures pour répondre. Rédigé le 26 juillet mais de manière à faire croire qu'il vient de l'être, le message des Allemands se plaint de mouvements de troupes français totalement imaginaires et exige que la Belgique laisse passer l'armée allemande par son territoire pour qu'elle puisse attaquer la France.

Londres. Au cours de sa réunion du soir, le cabinet britannique apprend que l'Allemagne a envahi le Luxembourg et semble s'apprêter à envahir la Belgique. Le Premier ministre donne l'ordre de mobilisation de l'armée.

Chapitre 41

Lundi 3 août

Bruxelles. Tôt le matin, le roi Albert Ier de Belgique rejette l'ultimatum de l'Allemagne. Prenant le commandement des forces armées relativement modestes de son pays, le roi ordonne la destruction des ponts et des tunnels que les troupes allemandes ont l'intention d'utiliser pour leur invasion.

Luxembourg. La proclamation que les troupes d'occupation allemandes font circuler dans la ville annonce qu'étant donné « que la France, sans égard pour la neutralité du Luxembourg, a ouvert les hostilités contre l'Allemagne depuis le Luxembourg », les forces allemandes font de même. Le président du gouvernement luxembourgeois proteste auprès du gouvernement allemand : « Cette déclaration est fondée sur une erreur. Il n'y a pas un seul soldat français sur le territoire du Luxembourg[277]... »

Londres. Le cabinet, lors de sa réunion du matin, apprend l'ultimatum présenté par l'Allemagne à la Belgique. « Les Allemands, avec une grossièreté digne des Autrichiens[278] », note Asquith, se sont lancés sur la Belgique. Le retournement de position des différents ministres est spectaculaire. La Belgique est devenue la question cruciale. Toute la semaine précédente, le cabinet est resté très largement opposé à l'idée d'une intervention. Il se sent au contraire obligé, à présent, d'y souscrire. Lloyd George, pourtant partisan convaincu de la paix, prend la tête de ceux qui sont en faveur de la guerre. L'opinion du cabinet est bientôt pratiquement unanime. Malgré tout, les décisions continuent d'être prises par le Premier ministre et le ministre des Affaires étrangères sans qu'ils demandent un vote ou reçoivent une approbation formelle du cabinet.

L'après-midi, Edward Grey prend la parole devant la Chambre des communes. Londres grouille de monde ; ce lundi est en effet un jour de congé, connu sous le nom de Bank Holiday. Le Parlement lui-même est plein de visiteurs, et pratiquement tous ses membres sont présents. D'après Barbara Tuchman, c'est la première fois que cela se produit « depuis que Gladstone a présenté le Home Rule Bill, en 1893[279] ». Asquith, le Premier ministre, écrira par la suite : « Grey a fait un discours remarquable, qui dura environ une heure, la plupart du temps sur le ton de la conversation[280]. » Grey n'a pas eu le temps de rédiger son discours. Il narre l'histoire de la crise, mais lorsqu'il aborde la question de la Belgique, il est déjà clair que toute la Chambre est en faveur de l'intervention.

Une semaine auparavant, la Grande-Bretagne était au bord de la guerre civile sur la question du Home Rule en Irlande. D'après le récit que nous a laissé Violet Asquith, la fille du Premier ministre, présente ce jour-là dans les tribunes, une fois le discours de Grey terminé, John Redmond, l'un des chefs des nationalistes irlandais, s'est levé pour assurer le gouvernement que celui-ci « pourra dès demain retirer toutes ses troupes d'Irlande, car les nationalistes catholiques armés du sud ne seront que trop heureux de joindre leurs forces à celles des protestants de l'Ulster » pour défendre les côtes britanniques.

Et ensuite, qu'est-ce qui va se passer[281] ? demande Violet Asquith à son père — question que, de son côté, Winston Churchill pose à Grey. Le Premier ministre et le ministre des Affaires étrangères font la même réponse : un ultimatum. C'est d'ailleurs ce qui est décidé lors de la réunion du cabinet qui se tient tout de suite après la session devant la Chambre des communes.

Chapitre 42

Mardi 4 août

Londres. À 9 h 30, Grey envoie à l'Allemagne un télégramme pour protester contre l'ultimatum lancé à la Belgique et exiger qu'il soit retiré.

Lorsque le gouvernement britannique reçoit la confirmation que l'Allemagne a effectivement l'intention d'envahir la Belgique, Grey, à 14 heures, envoie à Berlin un ultimatum exigeant que l'Allemagne respecte la neutralité de la Belgique, et que ceci soit confirmé avant minuit. L'ambassadeur britannique, destinataire du télégramme, ne peut remettre son message qu'à 19 heures. À un moment donné, Grey se rend compte qu'il n'a pas précisé si l'heure d'expiration de l'ultimatum est celle de Londres ou celle de Berlin ; il est décidé que ce sera l'heure de Berlin, ce qui donne à l'Allemagne un délai supplémentaire de cinq heures.

Mais l'Allemagne n'y répondra jamais.

En entraînant la Grande-Bretagne dans la guerre, l'invasion de la Belgique transforma un conflit jusqu'ici localisé sur le continent en une guerre mondiale. L'Empire britannique étant présent partout sur la planète, du coup, la guerre l'est aussi. C'est d'ailleurs ce que le mémo de Moltke adressé au ministère des Affaires étrangères allemand, le 2 août, expliquait clairement.

Au vu de l'importance cruciale de la décision britannique il est d'autant plus intéressant de souligner comment, en cette période prédémocratique, le système politique d'alors y est parvenu. Le Parlement ne vota pas. Le cabinet ne joua qu'un rôle mineur. Comme nous le rappelle A. Taylor, le roi George V « tint un conseil privé à Buckingham Palace [dans la nuit du 4 août] auquel n'assistaient qu'un ministre et deux hauts fonctionnaires de la cour [et qui] sanctionna la proclamation de l'état de guerre[282] ». Le plus étonnant, quand on étudie la chose d'un point de vue contemporain, reste que « les gouvernements et les parlements des Dominions ne furent pas consultés [...] chaque gouverneur général publia la proclamation royale de sa propre autorité, comme le fit le vice-roi de l'Inde ». Le Canada, l'Australie, la Nouvelle-Zélande, l'Inde (qui comprenait alors le Pakistan et le Bangladesh) ainsi qu'une bonne partie de l'Afrique et des Antilles se trouvèrent entraînés dans la guerre sans avoir été un instant consultés.

D'une manière différente, la situation de l'Allemagne était elle aussi particulière : elle était en guerre contre la Russie, la Grande-Bretagne, la France, la Belgique et le Luxembourg, tout cela pour, soi-disant, voler au secours de l'Autriche-Hongrie, qui, en ce 4 août, était toujours en paix avec tous ces pays. De plus, l'Allemagne n'était pas en guerre contre la Serbie, seul pays contre lequel l'Autriche-Hongrie, elle, avait déclenché les hostilités et qui, selon Vienne, était celui qui menaçait son existence.

Le lendemain, explique l'éminent historien Hartmut Pogge von Strandmann, ce fut « la panique à Berlin » à l'idée que les troupes allemandes continuaient à avancer seules et sans alliés. Moltke déclara à Tirpitz, le 5 août, que si l'Autriche continuait à se défiler, l'Allemagne (et cela seulement quelques jours après avoir déclaré la guerre) devrait conclure la paix sur les meilleures bases possibles[283].

Le 6 août, surmontant le peu d'envie qu'elle en avait, l'Autriche-Hongrie se joignit à la guerre contre la Russie.

Il n'est pas étonnant que d'emblée, les belligérants se soient sentis obligés d'expliquer à leurs propres peuples, et aux peuples des autres pays concernés, la logique quelque peu byzantine qui les avait conduits à s'affronter sur le champ de bataille et surtout, aux yeux de l'Autriche-Hongrie, sur le mauvais champ de bataille.

Chapitre 43

Des preuves malmenées

Le grand historien militaire Michael Howard a écrit, parlant de la période que nous venons d'étudier jour après jour : « Il est probable que peu de journées de l'histoire du monde ont fait l'objet d'une étude aussi fouillée que celles qui vont du 28 juin, date à laquelle l'archiduc François-Ferdinand a été assassiné, au 4 août, date de déclaration de guerre de la Grande-Bretagne. » Et néanmoins, les archives comportent des lacunes[284]. Les historiens scrupuleux ont tendance, dans ces cas-là, à se transformer en détectives et à vouloir savoir ce que signifient ces blancs. Car cacher ou détruire des preuves est en soi la preuve de quelque chose ; et le défi posé est alors de découvrir *la preuve de quoi ?*

Prenons par exemple la semaine qui commence le matin du 28 juin. L'Autriche-Hongrie devait décider comment réagir à l'assassinat de l'héritier du trône. Son ministre des Affaires étrangères, le comte Berchtold, l'homme qui fut le principal décideur politique dans ce qui s'ensuivit, est la première personne dont nous aimerions bien consulter les archives privées. Elles pourraient avoir des choses à nous dire, si l'on en croit Holger Herwig, auteur d'un ouvrage magistral sur l'Autriche-Hongrie et l'Allemagne pendant la Première Guerre mondiale : « Il est intéressant de noter que le journal officiel de Berchtold au ministère des Affaires étrangères est étonnamment vide de toute annotation entre le 27 juin et le 5 juillet 1914. » Cela fait une lacune d'une semaine ; comment ne pas se dire que, pendant cette semaine, Berchtold a peut-être fait quelque chose qu'il risquait de devoir désavouer par la suite ? Il est aussi intéressant d'apprendre que les archives de guerre de Vienne contiennent des comptes-rendus des services de renseignement autrichiens qui s'arrêtent au 28 juin 1914 et ne sont pas repris avant une année. Lorsque, le 3 août 1914, soit deux jours après avoir déclaré la guerre, l'Allemagne tenta de se justifier en publiant certains documents (une trentaine), « la moitié d'entre eux étaient des faux notoires ».

Tous les pays impliqués dans la Première Guerre mondiale ont, dès le début, voulu prouver qu'ils ne l'avaient pas déclenchée ; après la guerre, tous ont aussi cherché à éviter « la culpabilité de guerre », en particulier les Allemands, à qui le traité de Versailles de 1919, signé un an après l'armistice, en a officiellement attribué la responsabilité. Les autorités allemandes sont à l'origine de la disparition des parties pertinentes des papiers de Moltke.

Le résultat fut que dans les décennies qui suivirent la guerre, les preuves ont eu tendance à être détruites plutôt que récupérées ; et, quand elles étaient retrouvées, elles avaient souvent été réécrites ou trafiquées d'une manière ou d'une autre. Qui plus est, les autorités allemandes des différents régimes politiques qui suivirent la chute de l'Empire en Allemagne, y compris celui des nazis, se lancèrent dans une campagne massive et systématique de désinformation que le professeur Herwig a fort bien décrite dans son essai *Clio Deceived**.

Les journaux intimes de Kurt Riezler, le secrétaire particulier du chancelier allemand Bethmann-Hollweg, illustrent les difficultés auxquelles les chercheurs ont à faire face. Riezler avait laissé pour instruction que ses journaux fussent détruits après sa mort. Cela ne fut pas fait (les papiers personnels du chancelier lui-même avaient disparu ou été détruits dix ou vingt ans auparavant). Mais à l'examen, on constate que ces

* « Clio trompée » (NdT).

journaux ont été rédigés, avant et après l'été 1914, sur de petits cahiers d'exercice, alors que les mois essentiels de juillet et d'août l'ont été sur des feuilles volantes et d'une autre manière, ce qui laisse fortement à penser que les parties les plus pertinentes et les plus centrales ont été réécrites et substituées aux originaux. Quant aux papiers de Müller, l'attaché naval du Kaiser, ils nous sont bien parvenus, mais expurgés.

Les Allemands n'ont pas été les seuls à détruire ou falsifier leurs archives. Dans les premières semaines de la guerre, le ministère français des Affaires étrangères publia un *Livre jaune*, pour justifier tout ce qu'il avait fait ; ce travail « rassemble 159 documents dont beaucoup sont altérés, tronqués ou falsifiés », selon ce qu'a écrit Albertini pendant les années 1940. D'une tentative similaire faite par Saint-Pétersbourg, *Le Livre orange*, Albertini a dit qu'elle présente « 79 documents, dont certains sont considérablement falsifiés ». Quant à la Serbie, elle a gardé ses archives sous clef pendant un demi-siècle. Il ne reste aucune minute des réunions du cabinet serbe pour toute l'année 1914.

Nulle part, cependant, la disparition ou destruction des documents n'a été aussi systématique, tout au long du XXe siècle, qu'en Allemagne. C'est ainsi que manquent tous les comptes-rendus de conversations téléphoniques et autres communications verbales du ministère des Affaires étrangères allemand pour la période en question. En particulier, nous n'avons pas ceux des conversations (celles qui aboutirent au « chèque en blanc ») du 5 juillet avec les Autrichiens, ni ceux des discussions entre les dirigeants allemands qui, le 27 juillet, aboutirent à la décision de déclarer la guerre. Nous manquent aussi, d'après l'un des principaux chercheurs dans le domaine, Immanuel Geiss, tous les comptes-rendus de conversations du Kaiser avec les dirigeants politiques et les chefs militaires ayant eu lieu pendant le mois de juillet. Nous n'avons pas davantage d'archives sur les conversations que les Allemands ont pu avoir à Berlin avec les puissances étrangères.

Ce sont en fin de compte les historiens allemands, à commencer par le courageux Fritz Fischer, dans les années 1960, qui se sont attelés à la tâche de découvrir et de restaurer, autant que possible, ce qui nous manque, ce qu'ils ont fait en déployant souvent des trésors de patience et d'imagination. C'est ainsi qu'au début des années 1970, John Röhl, devenu depuis un professeur éminent faisant autorité sur l'Allemagne de Guillaume II, a publié deux documents d'une importance considérable « découverts dans un coffre abandonné au fond d'une cave du château Hemmingen, dans le Wurtemberg, et dans un panier à linge resté dans le grenier du château de Hertefelfd, non loin de la frontière danoise, alors que je recherchais une correspondance[285]... ». Ces deux documents étaient restés cachés pendant un demi-siècle.

Dans l'ensemble, j'estime que nous ne pouvons pas ne pas en tirer la conclusion évidente et de bon sens que les documents détruits ou dissimulés devaient être sinon incriminants, du moins embarrassants ; et que les efforts faits pour les effacer, les falsifier ou les faire disparaître n'ont été entrepris que pour éviter de donner la preuve d'une responsabilité dans le déclenchement de la guerre.

Cependant, comme nous le verrons un peu plus tous les jours, les techniques modernes de recherche, en dépit de ces destructions et de ces falsifications massives de preuves, ont permis de découvrir une bonne partie de la vérité sur ce qui s'est réellement passé.

HUITIÈME PARTIE

* * *

Le mystère résolu

Chapitre 44

Rassembler les documents

Toute enquête sur les circonstances qui ont entouré le déclenchement des hostilités en 1914 finit par se lire comme un roman policier. Il y a tout d'abord la question des plus simples : *qui* est coupable ? Qui était, s'il y a eu quelqu'un, derrière le jeune homme qui a appuyé sur la détente ? Mais il y a aussi la question beaucoup plus complexe de savoir *qui* a délibérément manipulé la situation qui en est résultée, de telle manière que cela s'est terminé par la destruction de l'ordre européen existant.

Le bon vieux roman policier qui connut tant de succès avec la génération sortie de la Première Guerre mondiale, en Grande-Bretagne en particulier, se terminait souvent par la réunion de tous les personnages survivants en un lieu clos : salon de bateau, salle de bal de l'hôtel, bibliothèque d'une maison de campagne ; là, Hercule Poirot ou un détective privé du même style nous expliquait ce qui s'était réellement passé et répondait enfin à l'ultime question : quel est le coupable ?

Dans le cadre de notre enquête, le lieu où nous devons nous retrouver pour rassembler ce que nous savons ne peut être qu'une bibliothèque. Ceux qui ont joué un rôle dans la crise de juillet ont disparu depuis longtemps et ne peuvent plus répondre en personne à nos questions. Luigi Albertini, l'historien italien mort au cours des premières années de la Seconde

Guerre mondiale, fut peut-être le dernier à pouvoir conduire ses enquêtes à la manière des détectives : en prenant les déclarations des témoins et des suspects, en interrogeant ceux-ci, en comparant leurs récits et en débusquant les contradictions et les éléments ne collant pas entre eux. De tous les chercheurs, Albertini est le dernier à nous avoir laissé des travaux relevant de procédures policières.

Une nouvelle ère s'ouvrit dans les années 1960 avec la publication des recherches novatrices de Fritz Fischer, qui fouilla dans les archives comme les archéologues fouillent dans un champ. Son exemple a été suivi et a conduit à des découvertes. On a perdu les mémoires vivantes, mais on a trouvé des dossiers. Fischer a été le précurseur de toutes ces recherches. Chaque année nous apporte sa moisson de découvertes, de points de vue nouveaux, de documents exhumés et exposés à la lumière du jour. Les acteurs ne nous parlent plus, mais toute une littérature le fait.

On a écrit des milliers de volumes sur les origines de la Première Guerre mondiale ; mais seulement entre cinquante et cent de la période qui a suivi Fischer, pris ensemble, nous donnent enfin, dans ses principaux détails, un compte-rendu véridique de ce qui s'est passé au cours du terrible été 1914 et c'est avec les conséquences de ces événements que nous vivons encore aujourd'hui.

Chapitre 45

Ce qui ne s'est pas produit

D'après les travaux les plus récents et les plus solidement étayés, le monde européen de 1914 n'était pas, comme certains auteurs anglais l'ont écrit, une sorte d'Eden paisible où le déclenchement des hostilités entre les grandes puissances arriva de manière aussi inattendue que la foudre venant zébrer un beau ciel d'été. Tout au contraire, comme nous avons pu le voir, l'Europe était le lieu d'une course aux armements sans précédent dans l'histoire ; à l'intérieur de leurs frontières, les grandes puissances connaissaient une violente agitation sociale, une révolution industrielle, des turbulences politiques ; et les états-majors généraux bruissaient de rumeurs non pas sur l'éventualité d'une guerre, mais sur son lieu et sa date.

On avait même une idée des régions où les troubles risquaient d'éclater. La poudrière des Balkans n'allait pas tarder à être prête à se lancer dans de nouveaux conflits. Les dirigeants allemands redoutaient que l'Empire des Habsbourg ne s'effondrât (ce que souhaitaient en revanche certains dirigeants russes). Quant à l'Autriche-Hongrie, elle craignait de ne pouvoir contenir la marée slave. L'Allemagne levait des impôts à un rythme insoutenable pour accélérer ses programmes militaires, donnant l'impression qu'elle n'aurait bientôt plus le choix : faire la guerre ou renoncer à se doter de l'armée dont elle rêvait. Ce que personne ne savait, en revanche, c'était quand aurait lieu la guerre : ni en quelle année, ni même, d'ailleurs, en quelle décennie.

L'Europe qui prit les armes pendant l'été de 1914 n'était ni calme ni paisible ; c'était un continent déchiré de multiples inimitiés et très visiblement belliqueux.

Si bien que de mon point de vue, en tout cas, le compte à rebours qui aboutit à la guerre ne commença pas le 28 juin 1914 à Sarajevo. Ce sont les conséquences de la seconde guerre des Balkans (1913) qui persuadèrent Berchtold et son équipe au ministère des Affaires étrangères qu'il leur fallait détruire la Serbie ; la meilleure preuve en est qu'ils avaient préparé un mémorandum en ce sens pour demander l'aide de l'Allemagne *avant* le 28 juin. Les plans de campagne avaient commencé à être esquissés deux semaines *avant* le drame de Sarajevo.

Pour ce qui est de l'Allemagne, ce sont les développements économiques (industrialisation, voies de chemin de fer) et militaires de la Russie après 1905 qui réveillèrent un désir de plus en plus urgent et violent de lancer une guerre préventive contre elle et son alliée la France. D'ailleurs, les Allemands pensaient à 1905 avec regret : cette année-là, la Russie comme la France étaient temporairement sans force sur un plan militaire et auraient pu être facilement vaincues. Les origines du bellicisme allemand sont donc à chercher quelque part au cours des années qui ont précédé 1914, lorsque ses chefs militaires défendaient l'idée d'une guerre préventive, ou encore dans la semaine qui commença le 23 juillet 1914 lorsque, ayant à décider de ce qu'il fallait faire, ils choisirent de provoquer la guerre préventive dont ils avaient tant rêvé.

Vienne se disait convaincue que le double assassinat de Sarajevo était le produit d'un complot fomenté et organisé par la Serbie. La réalité n'est pas aussi simple ; si la Serbie n'est pas entièrement innocente dans cette affaire, elle n'en porte pas davantage toute la responsabilité.

Les meurtres ont été commis par une seule personne, un Bosniaque, autrement dit un Autrichien, et non pas par un sujet serbe. Il a probablement agi (sans qu'on puisse en être sûr) de sa propre initiative, bien qu'ayant été assisté par plusieurs autres personnes. Son geste a été rendu possible grâce au soutien que lui ont apporté des officiers dissidents de l'armée serbe.

Il ne fait aucun doute que les balles qui ont tué l'archiduc François-Ferdinand et son épouse le dimanche 28 juin en fin de matinée, à Sarajevo, venaient d'une arme tenue par le tout jeune terroriste Gavrilo Princip.

En dépit de ses dénégations, Princip n'avait pas agi seul. Il a très bien pu être à l'origine du projet d'assassinat de l'héritier du trône, comme il l'a constamment affirmé, mais il était à la tête d'une équipe. Comme lui, ses acolytes étaient de jeunes amateurs motivés par des idéologies nationalistes ou marginales. Un autre membre de la bande échoua avant lui dans sa tentative, et ce sont uniquement les circonstances qui ont fait que Princip fut le seul à tuer. Il n'y eut pas de troisième balle. Il n'y avait pas de monticule herbeux *.

Le complot n'aurait pu réussir sans le soutien logistique essentiel apporté par une société secrète serbe, la Main Noire ; c'est elle qui fournit les armes, assura la formation au tir, et procura le « chemin de fer » clandestin pour faire passer Princip et un de ses associés de Serbie en Bosnie en évitant les postes frontières. La Main Noire fit elle-même appel à des fonctionnaires subalternes serbes et aux ressources de l'organisation culturelle nationaliste serbe, *Narodna Odbrana*.

Apis et ses principaux lieutenants, tête active de la Main Noire, étaient des officiers de haut rang de l'armée serbe et avaient infiltré le gouvernement de la Serbie. La société secrète, cependant, en dépit de ses accointances dans l'administration, était une faction militaro-politique qui conspirait contre le Premier ministre ; autrement dit, Apis complotait contre son propre gouvernement et faillit même parvenir à le renverser au printemps de 1914.

---

* Allusion au deuxième et mystérieux tireur lors de l'assassinat de J.F. Kennedy à Dallas (NdT).

Une rumeur circula tout de suite après le 28 juin et continua à le faire pendant des dizaines d'années : la Russie aurait procuré un soutien financier à la Main Noire et aux conspirateurs de Sarajevo. Cette rumeur est apparemment sans fondement. De jeunes attachés militaires ayant des convictions panslaves ont pu être au courant de l'aide qu'Apis apportait à Princip et l'approuver ; mais s'ils ont agi, ce fut à titre personnel et en aucun cas comme représentants de leur gouvernement. L'homme du panslavisme russe en Serbie, Hartwig, ambassadeur de Russie à Belgrade, soutenait le Premier ministre contre la Main Noire ; et cela suffit à rejeter toute possibilité que les Russes aient aidé l'équipe de terroristes.

Princip, l'assassin de François-Ferdinand, a agi poussé par un ensemble de motifs flous et faussés. Il croyait que l'archiduc était le plus anti-slave des Habsbourg ; il craignait en outre que les manœuvres militaires pour lesquelles François-Ferdinand avait fait le déplacement de Sarajevo n'eussent pour but de préparer une attaque préventive sur la Serbie, ce qui était faux ; il pensait enfin que les vues politiques de l'héritier présomptif étaient de placer tous les Slaves des Balkans sous le contrôle de l'Autriche.

Comme les autres terroristes, Princip s'imaginait certainement que l'assassinat des dirigeants politiques démoraliserait la classe au pouvoir. Il avait d'ailleurs espéré assassiner un autre Habsbourg avant d'entendre parler de l'arrivée de François-Ferdinand à Sarajevo.

Apis, l'homme qui a armé le bras de Princip, semble ne pas en avoir su beaucoup plus que le jeune étudiant lui-même sur les options politiques de François-Ferdinand. La question de ses motivations, cependant, est plus complexe. Comme l'a fait remarquer A. Taylor, Princip et ses jeunes camarades, à l'époque où ils se sont fait connaître auprès des agents de la Main Noire, n'ont pas dû inspirer une grande confiance en tant que bande de tueurs. Ce n'étaient que des adolescents sans aucune formation ni expérience militaire, n'y connaissant rien en armes — des amateurs au pire sens du terme. Comment allaient-ils faire pour déjouer le service d'ordre de l'un des personnages politiques d'Europe parmi les plus protégés ? Et de fait, ce n'était qu'en comptant sur une série de maladresses et de coïncidences qu'on pouvait espérer que le complot de Princip réussirait.

On est alors en droit de se demander si Apis n'avait pas décidé de faciliter le projet de cette bande d'adolescents incompétents précisément parce qu'il n'avait aucune chance de réussir. Dans ce cas, sans pour autant donner prétexte à l'Autriche de prendre des mesures radicales, la tentative d'assassinat aurait pu sérieusement gêner le Premier ministre serbe, l'ennemi d'Apis, en particulier dans la perspective des élections du 14 août. Si bien que si l'on a toujours considéré le double assassinat de Sarajevo comme un épisode tragique dans les affaires internationales, son objectif à l'époque, pour ceux qui en avaient tiré les ficelles, avait peut-être été simplement une manœuvre de politique intérieure serbe.

On a presque unanimement considéré, depuis « l'Outrage » du 28 juin jusqu'à la déclaration de guerre à la Serbie du 28 juillet, que le actions de l'Autriche-Hongrie étaient dictées par le désir de punir les coupables. Tout au plus reprochait-on à Vienne d'avoir tiré des conclusions hâtives en condamnant la Serbie à partir de preuves insuffisantes.

En réalité, l'Autriche-Hongrie se moquait bien de la culpabilité de la Serbie dans l'affaire : certains membres de la cour impériale eurent même du mal à cacher leur satisfaction en apprenant la disparition de François-Ferdinand. Le gouvernement austro-hongrois, nullement en colère ou attristé par la mort de l'archiduc et de son épouse (et peut-être ravi que le couple détesté eût été si efficacement évacué du paysage politique), se servit de l'événement comme d'un prétexte pour faire ce qu'il avait de toute façon l'intention de faire. Mieux encore : « l'Outrage » était une occasion inespérée de s'assurer du soutien de l'Allemagne, vital pour le succès du plan de l'Autriche-Hongrie, attaquer la Serbie. Au 27 juin, l'approbation des Allemands était la seule chose qui leur manquait.

En temps normal, Guillaume II aurait refusé d'apporter son soutien à l'idée d'une guerre d'agression, comme il l'avait déjà fait. En revanche (même s'il fut pratiquement le seul) il était sincèrement scandalisé et choqué par l'assassinat ; ou du moins est-ce l'impression qu'il donna. Comme son idole de l'*Iliade*, Achille, il changea d'avis et décida qu'il fallait faire la guerre pour venger son meilleur ami.

Si bien que si, à l'époque, on a pu avoir l'impression que ce fut le *désir de l'Autriche* de venger l'archiduc qui déclencha le compte à rebours vers la guerre, il est fort possible, en réalité, que ce désir de vengeance ait été celui de l'Allemagne ou en tout cas d'un Allemand, le Kaiser.

L'idée que le double assassinat de Sarajevo fut un simple prétexte pour déclarer la guerre à la Serbie devint plus tard un lieu commun chez les historiens. Certes, ce fut un prétexte, mais pas un *simple* prétexte. La mort de François-Ferdinand était importante en elle-même en ce qu'elle faisait disparaître la seule personne, parmi tous les grands dirigeants politiques de Vienne, qui aurait sans doute tout fait pour empêcher le gouvernement des Habsbourg de vouloir écraser la Serbie.

Les événements clefs suivants, dans l'enchaînement qui conduisit à la guerre, se produisirent les 5 et 6 juillet, lorsque le Kaiser Guillaume II et son gouvernement donnèrent un « chèque en blanc » à l'Autriche-Hongrie. Les historiens, à juste titre, ont condamné ce geste : un gouvernement est responsable de ses décisions, si bien que donner un chèque en blanc revient à donner à un groupe de décideurs politiques le pouvoir sans la responsabilité et aux autres la responsabilité sans le pouvoir.

L'Allemagne, cependant, n'eut pas l'occasion de regretter cette folie : dans la pratique, ce « chèque en blanc » ne fut pas utilisé. Pour le dire crûment, au lieu de prendre des décisions au nom de son allié, l'Autriche alla chercher ses ordres en Allemagne. Bethmann-Hollweg, le chancelier allemand, eut l'idée de la stratégie de la guerre éclair que Berchtold et son gouvernement mirent en œuvre ; et ce fut Berlin, et non pas

Vienne, qui orchestra la campagne politique de « localisation » qui suivit.

Il est exact que les Autrichiens ne renoncèrent pas à la guerre quand le Kaiser le leur demanda, à la fin juillet ; mais c'est parce qu'ils ne reçurent jamais l'ordre de Guillaume II. Lorsque l'Autriche-Hongrie déclara la guerre à la Serbie, le 28 juillet, ce fut parce que le ministre allemand des Affaires étrangères lui avait dit de le faire.

Si le chèque en blanc ne fut jamais présenté à l'encaissement, cela ne veut pas dire que le fait de l'avoir signé n'a pas de sens. Ce fut seulement à cause de la sécurité d'esprit qu'il leur donnait que François-Joseph, Berchtold et Conrad von Hötzendorf se lancèrent sur le chemin qui menait à la guerre.

C'était le Kaiser qui avait décidé de le signer. Les autorités civiles et militaires allemandes avaient approuvé ce geste et en partageaient la responsabilité. En dépit de la haine qui se cristallisa autour de son nom parmi les alliés, entre 1914 et 1918 (« Pendez le Kaiser ! » criait-on dans les troupes anglaises), c'est au seul titre de ce geste inconsidéré qu'il compte parmi les principaux responsables du déclenchement de la guerre.

En dépit de ses côtés bravaches et va-t-en-guerre, le monarque germanique, en effet, ne souhaitait pas entraîner son pays ni l'Europe dans un conflit. Tout au contraire, il était l'un de ceux qui militaient le plus en faveur de la paix au sein du gouvernement de son pays. Guillaume II et son cousin François-Ferdinand étaient les deux personnalités publiques les plus détestées de l'Europe, mais c'était pourtant eux qui retenaient les têtes brûlées et qui, en fin de compte, optaient toujours pour la paix. Ce ne fut qu'une fois écartés du circuit de prise de décision, François-Ferdinand de manière permanente et Guillaume II temporairement, que la faction belliciste trouva une ouverture par où s'engouffrer. Même lors de l'affaire du chèque en blanc, Guillaume II n'imaginait pas que son geste pût déclencher une guerre entre les grandes puissances. Il croyait encourager l'Autriche-Hongrie à attaquer la Serbie, mais jamais que ce conflit mineur pourrait dégénérer en un affrontement général. De cela, il paraissait certain.

Le nom même que les historiens ont donné à la période de 37 jours qui sépare les événements de Sarajevo du début de la Première Guerre mondiale, « la Crise de juillet » tend à être trompeur. Il suggère l'idée d'une tension montante, jour après jour ; mais ce n'est pas ainsi, me semble-t-il, que les choses se sont passées.

La conférence du 5-6 juillet et ses décisions, dont celle du « chèque en blanc », restèrent secrètes ; et les gouvernements allemand et autrichien réussirent à faire croire, par la suite, qu'aucun préparatif visant à rayer la Serbie de la carte n'était en cours. L'Europe, n'étant pas au courant de ce qui se jouait, ne ressentait pas la pression d'une tension, montante ou non.

Ce ne fut que lorsqu'une copie de l'ultimatum de l'Autriche-Hongrie à la Serbie arriva dans les ministères des Affaires étrangères des grandes puissances, entre les 23 et 24 juillet, que commença la crise pour tout le continent. Pour la Grande-Bretagne et la Russie, ce fut le 24 juillet ; mais pour la France, ce fut en réalité une semaine plus tard, lorsque son président de la République et son président du Conseil (qui avait pris aussi le portefeuille des Affaires étrangères) revinrent de leur voyage en Russie.

L'ultimatum fut un choc pour l'Europe. L'opinion la plus largement répandue, à l'époque, était qu'un pays qui accepterait de se plier à de telles conditions ne pourrait préserver son indépendance.

Le XXe siècle a vu le déchaînement de tant de brutalités que les historiens sont devenus blasés et ne trouvent plus les exigences autrichiennes aussi exorbitantes. On critique encore aujourd'hui la trop grande brièveté des délais : les Autrichiens auraient dû donner aux Serbes deux semaines, par exemple, plutôt que deux jours. Mais nous estimons que la Serbie porte une part importante de culpabilité.

La Serbie accueillait sur son territoire, quand elle ne les entretenait pas, des groupes terroristes. Elle avait servi de terrain de formation et d'entraînement pour l'escadron de la mort qui avait assassiné l'héritier présomptif des Habsbourg. Et qui plus est, le peuple serbe s'était indiscutablement réjoui du double assassinat.

La décision de l'Autriche de régler le problème en envahissant la Serbie pour démanteler le soutien logistique du terrorisme, disperser les organisations qui avaient apporté leur soutien à une attaque de l'Autriche et les traîner devant la justice — voilà qui nous rappelle des choses très récentes et a un petit air de XXIe siècle. Car n'est-ce pas exactement ce qu'ont fait le gouvernement américain et ses alliés de l'OTAN, lorsqu'ils ont envahi l'Afghanistan à l'aube du nouveau millénaire ?

C'est un article fondamental du droit international que tout gouvernement doit empêcher des forces armées d'utiliser son territoire comme base arrière pour attaquer d'autres pays. Mais si un gouvernement est impuissant à faire respecter cette loi, s'il n'est pas capable d'empêcher que son territoire soit ainsi utilisé, alors il trahit son droit à la souveraineté sur ce point, et le pays étranger qui en a subi les conséquences est en droit d'envoyer ses propres troupes pour punir les coupables et prévenir toute récidive. C'est dans le cadre de ce droit que le général John Pershing poursuivit la bande de Pancho Villa jusqu'au Mexique, en 1916, après une incursion de celle-ci aux États-Unis.

À l'époque, on a également cru que la Serbie avait accepté pratiquement toutes les exigences autrichiennes. Les historiens sont largement revenus sur cette idée, comme le lecteur pourra en juger en consultant les Appendices 1 et 2.

Ayant à faire face, dans le cadre des élections qui devaient se tenir le 14 août, à des nationalistes particulièrement vindicatifs, le Premier ministre Pasic devait pouvoir les convaincre qu'il n'avait fait qu'un minimum de concessions, tout en donnant l'impression, dans sa réponse à Vienne, qu'il les faisait toutes ou presque. Si bien que le texte de cette réponse est un exemple de virtuosité en matière d'ambiguïté.

Certains historiens ont reproché à la Russie d'avoir encouragé Pasic à éviter une reddition complète. À l'heure actuelle, ces mêmes historiens semblent au contraire penser que la Russie n'a jamais donné un tel conseil et que si elle a fait quelque chose, cela s'est résumé à encourager la Serbie à faire la paix avec l'Autriche.

Peu importe ce que Pasic a écrit dans sa réponse à l'ultimatum : l'Autriche-Hongrie avait décidé d'avance que, de toute façon, elle n'accepterait pas les explications de Pasic, quelle qu'en fût la teneur. Et l'ultimatum avait été rédigé en des termes tels qu'il devenait pratiquement impossible à la Serbie de l'accepter.

L'Autriche continua de bouger lentement mais toujours dans la même direction que depuis les 5 et 6 juillet. Elle lança son ultimatum à la Serbie le 23 juillet, rejeta la réponse serbe le 25 et déclara la guerre à la Serbie le 28. Après quoi elle se lança dans ses préparatifs militaires.

On a longtemps cru que la structure politique de l'Europe en 1914, et en particulier un système d'alliances qui aurait été trop rigide, fut ce qui provoqua l'élargissement du conflit aux autres grandes puissances. Rétrospectivement, cette analyse ne paraît pas tenir. L'Italie avait beau être cosignataire de la Triple Alliance avec l'Allemagne et l'Autriche-Hongrie, Rome n'en maintint pas moins sa neutralité en 1914 avant de rejoindre les Alliés pendant le conflit. La Grande-Bretagne, en revanche, qui n'avait aucun traité d'alliance avec la France et la Russie, se joignit néanmoins à elles. On ne peut donc pas dire que les traités ont déterminé de quel côté allait combattre tel ou tel pays.

Ce ne sont donc pas les traités d'alliance qui ont entraîné les pays dans la guerre. Ils auraient plutôt constitué (comme Kurt Riezler, le secrétaire de Bethmann-Hollweg, l'a fait remarquer) un frein à l'aventurisme et une garantie de paix. Car chacune des nations concernées avait tendance à décourager son allié de prendre des risques quand seulement l'une des parties y avait sérieusement intérêt. La France essayait de décourager les Russes d'intervenir dans les Balkans ; la Russie mit la France en garde à propos du Maroc. En somme, les partenaires se retenaient mutuellement parce qu'aucun n'avait envie d'épouser les querelles de l'autre.

De plus, ces traités étaient défensifs, une nation ne promettant d'en aider une autre que si cette dernière était attaquée. Un changement crucial eut lieu sur ce point en 1909. Sans plus tenir compte de la terminologie du traité d'alliance de 1897, Moltke, soutenu par le gouvernement allemand, laissa écrire que son pays se devait d'être aux côtés de l'Autriche, même si celle-ci était responsable d'avoir déclenché la guerre.

Serait-ce donc cette disposition, dans laquelle l'Allemagne s'engageait à soutenir son allié, à tort ou à raison, qui serait à l'origine du renversement de l'ordre européen en 1914 ? Nullement, même si cela aurait pu être le cas. Car l'Allemagne ne soutint pas aveuglément l'agressivité de l'Autriche-Hongrie ; tout au contraire, elle poussa l'Autriche à l'agressivité, en lui intimant d'aller toujours plus loin et plus vite. L'alliance autrichienne n'entraîna pas l'Allemagne dans la guerre ; ce fut l'alliance allemande qui entraîna l'Autriche dans le conflit.

Mais alors, quelle fut la cause de la guerre ?

L'après-midi du 31 juillet, alors que l'Allemagne se préparait à entamer les hostilités, le chancelier Bethmann-Hollweg, s'adressant au cabinet allemand, conclut son intervention en disant que « tous les gouvernements, y compris celui de Russie, et la grande majorité des nations sont en eux-mêmes pacifiques, mais la situation est devenue hors de contrôle ».

La situation est devenue hors de contrôle ! C'était, en matière d'explication, l'argument le plus persuasif. Il absolvait les hommes d'État de toute faute (nombre d'entre eux, d'ailleurs, n'avaient rien à se reprocher). Et mieux que tout, il constituait une réponse plausible à la question qui avait de quoi laisser perplexe sur la « cause » de la guerre et ce que le mot « cause » pouvait bien signifier dans ce contexte.

Cet argument n'en est pas moins resté l'explication préférée donnée aux origines de la Première Guerre mondiale pendant presque un siècle. Mais comme l'a analysé de manière quasi irréfutable le professeur Marc Trachtenberg, c'est un argument qui ne tient pas : car ceux qui ont pris les décisions, en juillet 1914, comprenaient parfaitement les conséquences de ce qu'ils faisaient.

Il est exact de faire remarquer que la France, la Russie et la Serbie n'étaient pas entièrement maîtresses de leur jeu. Ces trois nations voulaient rester en paix, mais voilà : c'est un choix que, à un moment donné, elles n'eurent plus la liberté de faire. Ce ne fut pas à cause des conséquences non désirées de la mobilisation, ou des exigences des horaires des chemins de fer, ou de celles des systèmes d'alliance, que la guerre leur fut imposée pendant l'été 1914. Mais parce qu'elles furent attaquées. Et ces trois nations le furent par l'Allemagne et l'Autriche-Hongrie.

On a aussi souvent prétendu que la décision russe de mobiliser avait entraîné la guerre, ce qui aurait pu être vrai dans d'autres circonstances, mais ne l'était pas dans celles de l'été 1914. Le gouvernement allemand avait décidé d'entrer en guerre *avant* que la Russie ne mobilisât, ce qui exclut d'office cette explication. Et, loin de redouter la mobilisation de la Russie, les dirigeants allemands priaient pour qu'elle eût lieu.

Sazonov, le ministre des Affaires étrangères de Russie, savait que si la Russie mobilisait, l'Allemagne, rejetant la faute sur la Russie, déclarerait la guerre ; et Sazonov ne se résigna à la mobilisation que lorsqu'il fut convaincu que, quoi qu'il fît, l'Allemagne déclencherait de toute façon les hostilités en prétendant que c'était la faute de la Russie. La question de la mobilisation, à Saint-Pétersbourg, se posait uniquement en termes militaires. Certains chercheurs, aujourd'hui, estiment que si la Russie avait retardé sa mobilisation, elle aurait été en meilleure position pour attaquer l'alliance austro-allemande par la suite. Mais cette considération est sans rapport avec la question de savoir qui a déclenché la guerre.

Si, comme on en a maintenant des preuves, le gouvernement austro-hongrois a délibérément contraint la Serbie à la guerre en lançant une attaque alors qu'il n'y avait eu aucune provocation de la part des Serbes ; et si, toujours comme nous en avons aujourd'hui la preuve, le gouvernement allemand a délibérément contraint la Russie, la France et la Belgique à la guerre, en lançant des attaques qu'aucune provocation ne justifiait, la question qui se pose est la suivante : fallait-il condamner l'Allemagne et l'Autriche-Hongrie en tant que fauteurs de guerre ?

La culpabilité, dans ce contexte, est un concept né après la Première Guerre mondiale et non avant. La guerre, précisément jusqu'à celle-ci, était vue comme une activité internationale normale et habituelle. Elle était même souvent considérée (par Theodore Roosevelt, par exemple, dans les passages cités plus haut) comme une activité saine et désirable. Nous ne voyons plus les choses ainsi ; il serait cependant injuste de juger les hommes de 1914 en fonction de nos normes et non des leurs.

Qui plus est, Moltke et ses collègues, Berchtold et les siens, ne considéraient pas qu'ils déclenchaient des guerres que l'on aurait pu éviter ; des guerres qui, sans eux, n'auraient jamais eu lieu. De leur point de vue, ils ne faisaient que précipiter un événement qui, de toute façon, aurait pris place plus tard. S'ils se sentaient responsables de quelque chose, c'était d'avoir choisi le moment. Mais pas du conflit lui-même. Et à quel titre pouvons-nous dire qu'ils avaient tort ?

Finalement, seules les petites cliques gouvernementales de l'Allemagne et de l'Autriche-Hongrie sont à tenir pour responsables ; les peuples qu'elles dirigeaient n'y ont eu aucune part.

Chapitre 46

Déchiffrer l'énigme

Beaucoup de choses se sont passées au cours de ce lointain été 1914 ; un été dont les stigmates sont encore visibles pour nous. La question est de savoir quels sont les événements, pendant ces quelques semaines tragiques, qui ont entraîné une guerre mondiale.

Certaines choses intriguent depuis toujours les historiens. En un sens, cela n'a rien d'étonnant, tant on a fait disparaître de preuves. Et si cette montagne de documents essentiels a été détruite, c'est précisément parce qu'on y aurait trouvé les réponses à nos questions. Cependant, beaucoup de choses ont été récupérées ou reconstituées par les érudits de la période qui a suivi les travaux de Fischer, si bien que nous sommes aujourd'hui en mesure, en ayant de bonnes raisons de penser que nous voyons juste, de remplir toutes les lacunes.

Nous savons comment le conflit entre l'Autriche-Hongrie et la Serbie a éclaté au grand jour ; la première nourrissait des griefs contre la seconde depuis 1903, lorsqu'un coup d'État à Belgrade avait fait passer l'allégeance de ce pays des Balkans à la Russie au lieu de l'Autriche. Nous savons de plus qu'au cours des guerres des Balkans qui se terminèrent en 1913, l'Autriche-Hongrie se mit à avoir de plus en plus peur de la Serbie. Sur ce point les archives sont formelles : au milieu du mois de juin 1914, le ministre des Affaires étrangères des

Habsbourg travaillait à la mise au point d'un mémorandum qui demandait l'élimination de la menace serbe, plan qui ne pouvait se réaliser sans l'appui de l'Allemagne. C'est là que gît le problème. Car lorsque l'Autriche demanda au Kaiser son soutien sans réserve au milieu du mois de juin 1914, celui-ci ne le donna pas.

L'assassinat entièrement fortuit de François-Ferdinand et de Sophie — alors même qu'on rédigeait ce mémorandum — apporta l'argument affectif puissant qui manquait pour que Guillaume II changeât d'avis. Il s'agit d'un pur hasard ; mais il en a résulté que le Kaiser et les principaux dirigeants allemands ont donné à Vienne, les 5 et 6 juillet, ce même chèque en blanc qu'ils avaient refusé d'accorder seulement quelques semaines auparavant.

À l'époque, le geste ne fut pas perçu comme l'engagement gravissime que, rétrospectivement, il nous paraît être. L'Allemagne cherchait juste à empêcher les autres puissances européennes d'intervenir lorsque l'Autriche-Hongrie prendrait des mesures militaires contre la Serbie. Le Kaiser et nombre de membres de son gouvernement et de hauts gradés de son armée étaient absolument certains — et non sans d'excellentes raisons — que les autres pays ne bougeraient pas si l'Autriche-Hongrie agissait rapidement. Et certains responsables allemands, à commencer par Falkenhayn, le ministre de la Guerre, étaient persuadés que l'Allemagne n'aurait pas à intervenir parce que l'Autriche, en fin de compte, ne ferait rien.

À la suite des réunions des 5 et 6 juillet et alors qu'il partait ostensiblement en vacances comme les autres grands responsables politiques allemands, Guillaume II estimait qu'il suffirait d'une à trois semaines pour que l'Autriche-Hongrie vînt à bout de la Serbie. À son retour de vacances, trois semaines plus tard, il découvrit qu'il ne s'était pas passé grand-chose. La Double Monarchie avait envoyé un ultimatum à la Serbie et rejeté la réponse de celle-ci. Vienne avait rompu ses relations diplomatiques avec Belgrade. La Serbie mobilisait ; l'Autriche-Hongrie aussi, partiellement. Retardant encore le moment d'agir, Conrad von Hötzendorf, chef des armées des Habsbourg, estimait que ses troupes ne pourraient pas faire mouvement avant des semaines et avait fixé comme date le 12 août.

Telle était donc la situation lorsque les généraux allemands, dès leur retour, commencèrent leurs consultations informelles, dans la dernière semaine de juillet.

Et telle est donc l'histoire du duel mortel entre l'Autriche-Hongrie et la Serbie au début du XXe siècle : comment il a débuté, comment il a évolué vers sa conclusion fatale. Mais au fait, comment ce duel s'est-il terminé ? Voilà une question, curieusement, que l'on pose rarement. Au cours des dernières semaines de ce mois de juillet, l'histoire semble avoir perdu tout intérêt pour le conflit austro-serbe. Il avait joué son rôle. Il avait servi de détonateur. Puis il avait disparu de l'horizon.

Les principaux acteurs du drame qui se déroula au cours de cette dernière semaine de juillet sont les chefs militaires allemands. Falkenhayn avait déclaré au Kaiser que les choses n'étaient plus entre ses mains impériales, et Guillaume II semblait plus ou moins avoir accepté cette idée, ce qui ne l'empêchait pas d'agir et de parler, à d'autres moments, comme s'il contrôlait encore tout. Il n'y avait eu aucun coup d'État militaire ; cependant le Kaiser — et le chancelier — se rendirent quelques jours plus tard au point de vue des généraux.

Ce qui avait changé était l'attitude des militaires, qui prenaient à présent une part active aux événements. Ils n'avaient présenté aucune objection au chèque en blanc, une initiative politique du Kaiser. Le plan prévoyant que l'Autriche-Hongrie se lancerait dans une guerre éclair pour écraser la Serbie en deux ou trois semaines avait été une idée du chancelier Bethmann-Hollweg, c'est-à-dire des civils allemands, et il était revenu au chancelier de contrôler l'action menée par l'Autriche. À présent, les principaux hauts gradés de l'appareil militaire proposaient leurs propres plans.

Moltke avait toujours pensé qu'une guerre contre la Russie était inévitable ; que l'affrontement des Germains et des Slaves était une fatalité ; et que le temps jouait en faveur des Russes, si bien qu'il fallait provoquer une guerre préventive dès que possible. Telle était encore sa doctrine pendant la crise de juillet 1914, et telle était celle des autres hauts gradés et de l'état-major général dans son ensemble.

Les circonstances, cependant, devaient être favorables · c'est ce que ne cessaient de dire Moltke et ses collègues.

Quelles étaient donc ces circonstances favorables ?

Au cours de la crise marocaine de 1911 — l'affaire d'Agadir — l'Allemagne avait appris que les Habsbourg ne la soutiendraient pas lorsque les intérêts en jeu seraient seulement allemands. En revanche, les Habsbourg attendaient des Allemands qu'ils les soutinssent pour défendre leurs seuls intérêts. C'était, en quelque sorte, une alliance à sens unique.

La Prusse n'avait pris la place de l'Autriche, à la tête des peuples de langue germanique, que quelques dizaines d'années auparavant. C'est dans les méandres des ambiguïtés et des ambivalences qui caractérisaient les relations entre Berlin et Vienne — deux rivaux ayant par ailleurs besoin l'un de l'autre — que se trouve l'explication de l'enchaînement des événements.

Dans la grandiose stratégie de l'Allemagne, l'alliance avec l'Autriche-Hongrie était vitale. Dans la guerre que Moltke voyait venir, le chef d'état-major général avait besoin des armées autrichiennes pour l'aider à se défendre contre les Russes pendant les six semaines où il prévoyait d'écraser la France.

C'est pourquoi, parmi les « circonstances favorables » qui paraissaient nécessaires à Moltke, plusieurs d'entre elles prenaient en compte un apport de la Double Monarchie. La querelle, par exemple, devait paraître avoir été déclenchée non pas par l'Allemagne mais par l'Autriche, sans quoi celle-ci se retirerait de la partie. L'Autriche devait mener la course, et son attitude devait être de nature à provoquer la Russie. L'Allemagne, dans un premier temps, apparaîtrait simplement comme la protectrice de l'Autriche, avec pour résultat que la

Russie se verrait obligée d'attaquer l'Allemagne — ou du moins devait-elle en donner l'impression aux yeux de l'opinion publique allemande.

Le militaire le plus obtus, à Berlin, n'avait pas de mal à voir que grâce à un coup de chance inespéré, les étoiles étaient toutes dans le bon alignement, et que jamais on ne retrouverait configuration aussi favorable. Moltke n'était que l'un de ceux qui le répétaient.

Ainsi, au cours de la dernière semaine de juillet, les généraux allemands s'agitaient-ils en faveur de la guerre : non pas en faveur de celle que l'Autriche voulait faire à la Serbie, mais de celle que l'Allemagne voulait faire à la Russie pour détruire l'alliance franco-russe.

Il me semble que ce qui a dérouté les historiens, pendant des décennies, lorsqu'ils se posaient toutes sortes de questions sur l'origine de la Première Guerre mondiale, c'est de ne pas avoir vu qu'en réalité, deux guerres différentes étaient proposées cet été-là, et non pas une.

De plus, ces deux guerres n'étaient pas entièrement compatibles. C'est une question sur laquelle les deux chefs d'état-major, Moltke et Conrad von Hötzendorf, ne furent pas complètement sincères l'un vis-à-vis de l'autre. Une fois les hostilités commencées, il était clair que Conrad allait avoir besoin de tous ses effectifs pour écraser la Serbie, alors que Moltke allait, lui, avoir besoin de l'appui de toute l'armée austro-hongroise afin de servir de rempart contre la Russie, s'il voulait mettre en œuvre le plan secret Moltke-Schlieffen.

Chacun espérait que, le moment venu, l'autre renoncerait à sa guerre ; Conrad von Hötzendorf que l'Allemagne se contenterait de dissuader la Russie d'intervenir pendant qu'il écraserait les Serbes ; Moltke que l'Autriche retarderait l'exécution de son projet serbe jusqu'à ce que l'Allemagne ait complété le sien.

La position de Berlin devint on ne peut plus claire le 31 juillet, avec la mobilisation en Allemagne. Ce jour là, l'empereur d'Allemagne câbla à l'empereur d'Autriche-Hongrie un télégramme dont le grand intérêt a été relevé par le professeur Fritz Fellner, de l'université de Salzbourg. Guillaume II dit à

François-Joseph : « Dans ce difficile combat, il est de la plus grande importance que l'Autriche dirige sa force principale contre la Russie et ne la scinde pas par une offensive simultanée contre la Serbie [...] Dans ce combat gigantesque dans lequel nous nous engageons épaule contre épaule, la Serbie joue un rôle tout à fait subordonné[286]... ». Ce n'était pas du tout l'avis des Autrichiens et, comme on le verra, Conrad von Hötzendorf n'obéit qu'à contrecœur — et sans se presser. Le message était : remettez à plus tard votre guerre, qui est insignifiante, un simple détail qu'on pourra régler le moment venu.

Souligner ce qui différencie les deux guerres permet de mieux répondre aux nombreuses questions suscitées depuis toujours par la Crise de juillet. L'une d'elles, posée en termes divers dès le tout début du conflit, est celle-ci : pourquoi des peuples d'un peu partout sur la planète se sont-ils battus et tant d'hommes sont-ils morts parce que deux personnes, François-Ferdinand et Sophie, dont la plupart de ces peuples ignoraient jusqu'au nom, avaient connu le sort tragique que l'on sait ?

La réponse est que la question est mal posée : ce n'est pas ce qui est arrivé. La guerre entre l'Autriche-Hongrie et la Serbie était en rapport avec le double assassinat de Sarajevo ; pas la guerre mondiale. Celle-ci était le fruit d'une lutte pour la suprématie en Europe. On peut estimer que c'est une raison déplorable de déclencher un conflit, mais c'est une raison qui n'avait rien de surprenant ni d'inhabituel. L'Allemagne a délibérément déclenché une guerre européenne pour ne pas être dépassée par la Russie. De même, à notre époque (les deux fois sous un gouvernement Bush) les décideurs politiques américains ont été partisans de mener une guerre préventive contre tout pays qui menacerait l'hégémonie des États-Unis.

Bien sûr, il existe un certain rapport entre les origines des deux guerres. La guerre austro-serbe aurait eu pour facteur déclenchant le drame de Sarajevo, mais l'Autriche, en fait, préparait déjà une action contre la Serbie depuis deux semaines. De même, le gouvernement allemand se servit d'un prétexte pour déclarer la guerre : la possibilité que la Russie vînt s'interposer dans le conflit austro-serbe. C'est ainsi que les prétextes s'empilèrent les uns sur les autres et qu'on éleva un écran de fumée devant les yeux de la postérité. Les deux guerres étaient corrélées, mais, répétons-le, distinctes et différentes ; et, en fin de compte, l'Allemagne obligea l'Autriche-Hongrie à renoncer à sa propre guerre en faveur de la sienne.

Les généraux allemands avaient eu leurs deux ou trois semaines de vacances pour concocter leurs plans. Ils n'étaient pas restés entièrement isolés des événements, ayant pris leurs dispositions pour rester informés. À leur retour à Berlin, ils réclamèrent la guerre. Mais pas contre la Serbie : contre la Russie, en profitant du prétexte de la crise serbe.

Il est intéressant de relever qu'à ce moment-là, c'est-à-dire lorsque les généraux commencèrent à se regrouper à Berlin, entre les 23 et 27 juillet, la Russie n'avait encore rien fait qui pût être interprété comme un geste hostile. Elle s'était contentée de décréter (le 26) la tenue de préparatifs en vue d'une mobilisation.

Ce qui faisait monter la fièvre à Berlin était donc la perspective que le gouvernement allemand décidât d'affronter l'alliance franco-russe en 1914 au lieu d'attendre plus tard. Les généraux allemands ont bel et bien décidé d'entrer en guerre *avant* que la Russie ne mobilisât (31 juillet) et ce n'est donc pas, comme on le prétend si souvent, la mobilisation russe qui a provoqué la guerre. Pour autant qu'on puisse le dire, la question qui angoissait Moltke, et sur laquelle il n'arrêtait pas de changer d'avis, était de savoir s'il devait attendre l'ordre de mobilisation de la Russie, c'est-à-dire un prétexte pour que le gouvernement allemand pût déclarer la guerre. Les autorités allemandes savaient pertinemment qu'en soi, la mobilisation russe n'était pas une menace, mais pas le reste du monde, et ce prétexte leur paraissait tout à fait acceptable.

La petite guerre des Balkans allait disparaître de l'horizon. La guerre mondiale allait commencer entre les grandes puissances. Les historiens allaient écrire que le conflit local avait dégénéré, que les puissances en présence avaient perdu le contrôle des choses, que l'escalade s'était terminée sur un conflit mondial. Mais c'est faux : le conflit austro-serbe n'a pas dégénéré : il a été mis de côté, pour être remplacé par un autre.

Deux guerres, et non pas une, telle est la clef du mystère.

L'historien militaire Sir Michael Howard, avec sa lucidité habituelle, a expliqué ce qui a tant intrigué des générations de ses collègues : il n'y avait aucune logique dans la décision de l'Allemagne. Reprenant l'idée de Clausewitz selon laquelle les plans des militaires ne présentent pas de logique inhérente, Howard observe qu'« il n'y avait certainement aucune logique dans le raisonnement de l'état-major général allemand, lorsqu'il décida, *pour soutenir les Autrichiens dans un conflit avec la Russie à propos de la Serbie*, que l'Allemagne devait attaquer la France, qui n'était pas partie prenante de la querelle, de plus en commençant par envahir la Belgique[287]... ».

Si l'on supprime le membre de phrase en italique (on sait maintenant que ce n'est pas tout à fait vrai, l'Allemagne ayant déclenché la guerre contre la Russie pour son propre compte, et non pour celui de l'Autriche) l'énigme est résolue. L'Allemagne a envahi la France (via l'itinéraire le plus praticable, la Belgique) et attaqué la Russie parce que les hommes au pouvoir en Allemagne voyaient dans la Russie et la France des ennemis mortels qui détruiraient leur pays dans quelques années, à moins que l'Allemagne ne pût les vaincre tant qu'elle en avait encore les moyens. Les généraux allemands ne parlaient que de cela depuis 1905. Un pays A croit que le pays B va bientôt menacer son existence ; le pays A, du coup, frappe B immédiatement — il n'y a rien d'illogique là-dedans. C'est le prétexte de la guerre qui est illogique, pas sa raison de fond.

La meilleure preuve en est que ce ne fut pas pour venir à l'aide de l'Autriche que les dirigeants allemands ont manœuvré comme ils l'ont fait en juillet, mais l'inverse : tous leurs efforts visaient à s'assurer du soutien de l'Autriche-Hongrie. De même, ce n'est pas dans le cadre de la guerre à la Serbie que l'Allemagne a attaqué la France et la Russie ; au contraire, c'est pour pouvoir livrer la guerre à la France et à la Russie en mobilisant toute sa puissance que l'Allemagne a demandé à son alliée de différer la guerre à la Serbie.

Dans une certaine mesure, ces deux guerres étaient incompatibles ; ce que l'on ne peut comprendre sans avoir tout d'abord vu qu'il y a eu deux guerres, et non pas une.

Imaginez une partie d'échecs où un maître joue simultanément contre deux adversaires, et où quelqu'un essaierait de vous convaincre que tous les mouvements auxquels procèdent les trois joueurs se déroulent sur un même échiquier. Vous n'y comprendriez plus rien, jusqu'au moment où vous découvririez qu'il s'agit en réalité de deux parties séparées, bien qu'en corrélation du fait qu'un des joueurs participe aux deux parties.

Chapitre 47

De quoi s'agissait-il, au juste ?

Lorsque nous affirmons que dans une guerre il s'est agi de régler telle ou telle question, nous pouvons vouloir dire plusieurs choses différentes. La première qui nous vient à l'esprit, peut-être, touche à ce qui a poussé les autorités d'un pays à faire la guerre, et aux raisons pour lesquelles elles croyaient la faire.

Dans le cas du conflit austro-serbe, Vienne prétendait avoir déclaré la guerre pour se faire justice dans le double assassinat de Sarajevo, et empêcher de tels crimes à l'avenir. Ce que pensaient les dirigeants autrichiens en leur for intérieur était quelque peu différent : ils croyaient se battre pour la préservation du caractère multi-ethnique du régime austro-hongrois, autrement dit pour empêcher la désintégration de leur Empire. De leur point de vue, si l'on accordait un répit de quelques années à la Serbie, celle-ci en profiterait pour prendre la tête de tous les Slaves du Sud, y compris de ceux qui se trouvaient à l'intérieur de l'Empire austro-hongrois, tel qu'il était constitué en 1914. Les Autrichiens se battaient, en somme, pour l'existence même de la Double Monarchie.

Pour la Serbie, les choses étaient encore plus simples : elle se battait parce qu'elle était attaquée. En cas de défaite, l'Autriche avait prévu de la dépecer ; la Serbie perdrait non seulement son indépendance, mais jusqu'à son existence.

Les dirigeants autrichiens avaient peut-être d'assez bonnes raisons de penser que la Serbie, si on lui laissait le temps de se reconstruire après les guerres des Balkans, risquait de se présenter comme un défi pour les Habsbourg. Comme son alliée allemande, l'Autriche, en 1914, lança ce qui lui apparaissait comme une guerre préventive.

Les dirigeants allemands, pour leur part, prétendaient faire la guerre pour être fidèles à leur parole de protéger l'Autriche-Hongrie de la Russie. Ce que rappelait, non sans une ironie involontaire, Guillaume II dans ce même télégramme à François-Joseph où il lui demandait d'abandonner la guerre à la Serbie pour faire la sienne. Autrement dit, l'Allemagne, qui était supposée entrer en guerre pour protéger la Double Monarchie de la Russie, commença par demander à l'Autriche-Hongrie de la protéger contre la Russie.

Les hauts gradés de Berlin qui forcèrent la main à un Kaiser très réticent étaient motivés par la peur que leur inspirait la puissance grandissante de la Russie. Le racisme les aveuglait ; l'idée qu'un affrontement entre les Teutons et les Slaves était inévitable n'est pas de celles qui auraient cours aujourd'hui. Leur peur, toutefois, était bien réelle.

Les hommes qui étaient à la tête de l'Allemagne en 1914 appliquaient ce qui était à leurs yeux une politique défensive. Elle était conservatrice, au sens où elle avait pour but de maintenir la suprématie militaire de l'Allemagne au sein de l'Europe. L'ennemi, le challenger qu'ils auraient forcément à affronter un jour ou l'autre, était la Russie. De même que l'Autriche préférait combattre la Serbie tout de suite, pendant qu'elle était encore faible, l'Allemagne (ou plutôt ses chefs militaires) préférait combattre la Russie tout de suite.

De quoi s'agissait-il dans cette guerre, aux yeux des autorités allemandes en juillet 1914 ? Du pays qui serait le maître de l'Europe dans les années à venir : l'Allemagne ou la Russie.

Pendant la guerre, Vladimir Ilitch Lénine, théoricien du communisme et futur dictateur de la Russie, écrivit qu'il s'agissait d'une guerre impérialiste. Inspiré par l'auteur anglais Hobson, il prétendait que le capitalisme venait d'entrer dans sa phase finale, au cours de laquelle les grands pays industrialisés ne pourraient développer leurs marchés qu'en entreprenant la conquête d'empires coloniaux dont ils feraient des marchés captifs. De son point de vue, c'était une guerre pour l'empire.

Lénine se trompait. C'était une guerre pour le contrôle de l'Europe, non pour se tailler des empires en Asie ou en Afrique. Son hypothèse était cependant plausible et fut largement adoptée, en particulier pendant les années 1920 et 1930. Les preuves étaient visibles et convaincantes.

L'une des conséquences importantes de la Première Guerre mondiale fut en effet, dès 1919, une extension spectaculaire de l'Empire britannique. La Grande-Bretagne s'était emparée des colonies africaines de l'Allemagne. Une armée forte d'un million d'hommes occupait toute une partie du Moyen-Orient. Du coup, devant ces résultats, beaucoup d'observateurs tiraient la conclusion qu'il s'était agi d'une guerre impérialiste, ayant eu d'emblée des visées expansionnistes. C'était une illusion d'optique. En juillet 1914, ni le Premier ministre de Grande-Bretagne ni son gouvernement n'avaient esquissé la moindre stratégie ayant pour objectif une expansion impérialiste des colonies anglaises ; et ce n'est pas dans l'espoir d'acquérir de nouvelles terres qu'ils décidèrent de lancer leur pays dans la guerre.

Il en allait de même pour l'Allemagne ainsi que pour les autres nations des deux camps. Elles ont commencé par se battre pour conserver ce qu'elles avaient. Mais une fois en guerre, avec toutes les possibilités que cela offrait, elles se sont mises à dresser des listes d'objectifs souhaitables ; puis elles sont devenues si attachées à leurs désirs qu'elles se retrouvèrent bien déterminées à ne pas signer la paix sans qu'il y fût souscrit. Plus les combats duraient, plus ces objectifs de guerre devenaient extravagants. Ainsi en allait-il pour l'Allemagne, mais aussi pour la Grande-Bretagne et la France.

Ce ne fut donc pas, comme je l'ai déjà dit, l'impérialisme qui a provoqué la guerre, mais la guerre qui a engendré une nouvelle vague d'impérialisme. Les compensations qu'exigèrent les belligérants lors de la conférence de la paix n'avait que peu de rapports avec ce qui les avait amenés à faire la guerre.

Nous venons de voir pourquoi l'Autriche-Hongrie et l'Allemagne sont entrées en guerre. Ce qui a poussé la Russie et la France à en faire autant peut se résumer en une courte phrase : on les attaquait, elles se défendaient. De toutes les grandes puissances qui se sont liguées contre l'Allemagne et l'Autriche-Hongrie en 1914, seule la Grande-Bretagne a été libre de décider si elle participerait ou non au conflit.

L'une des histoires les plus extraordinaires des origines de la guerre est celle du revirement des Britanniques : ils étaient presque unanimement contre la participation de leur pays, encore les 1er et 2 août, et presque unanimement pour, le 3. C'est Sir Edward Grey qui les persuada de changer d'avis, en axant sa démonstration sur le cas de la Belgique. Or le problème de la Belgique n'occupa le devant de la scène qu'à partir du 3 août.

Les grandes puissances avaient renouvelé à plusieurs reprises, au cours du XIXe siècle, leur parole de garantir la neutralité de la Belgique. Il était indiscutable qu'en tant que l'un des garants de cette neutralité, la Grande-Bretagne avait parfaitement le droit d'intervenir pour la défendre, si elle le décidait. Ce qui était moins clair était dans quelle mesure la Grande-Bretagne était *obligée* d'intervenir si les autres signataires ne bougeaient pas.

La cause de la Belgique souleva cependant une très forte émotion chez les Britanniques, de quelque parti politique ou religion qu'ils fussent. Certains disaient que l'honneur de la Grande-Bretagne exigeait qu'elle tînt parole ; d'autres que l'Allemagne, qui n'avait pas respecté une obligation à laquelle elle avait souscrit par traité, devait être punie pour *ne pas* avoir tenu parole. D'autres encore vénéraient la neutralité de la Belgique et l'acharnement avec lequel elle en défendait l'idée, ou encore considéraient du devoir de l'Angleterre d'empêcher les pays puissants de piétiner les droits des petits : ces différents points de vue, bien entendu, n'étant pas exclusifs.

Pour la grande majorité des membres du gouvernement britannique, du Parlement, de la majorité parlementaire et de l'électorat, ces considérations, habilement combinées les unes aux autres dans le discours improvisé par Grey devant les Communes le 3 août, furent ce qui les fit changer d'avis. Pour tous ceux qui entendirent ou lurent le discours de Grey, le martyre de la Belgique n'était pas le prétexte mais, en toute honnêteté, la véritable raison pour lancer la Grande-Bretagne et son peuple dans un affrontement à la vie et à la mort. Ce fut la raison qu'*invoqua* la Grande-Bretagne pour entrer en guerre ; ce fut aussi la raison pour laquelle la Grande-Bretagne *crut* qu'elle entrait en guerre.

Asquith et Grey, les deux hommes qui entraînèrent la Grande-Bretagne dans la guerre, ne le firent cependant pas pour soutenir l'honneur du pays, mais pour protéger ses intérêts vitaux. On peut penser que si la France et non l'Allemagne, par exemple, avait violé la neutralité de la Belgique, Asquith et Grey auraient sans doute fermé les yeux. Mais la manœuvre de l'Allemagne constituait en fait une menace pour la Grande-Bretagne. Détruire la France en tant que grande puissance, pour l'Allemagne, c'était détruire l'équilibre des pouvoirs en Europe et menacer de mettre un terme à la suprématie mondiale de la Grande-Bretagne. En contrôlant les côtes atlantiques de la Belgique et de la France, et en particulier les ports donnant sur le pas de Calais, l'Allemagne aurait rendu les îles Britanniques vulnérables, en permanence, à une attaque, à un bombardement, à une invasion. Pour le Premier ministre et le ministre des Affaires étrangères anglais, la guerre était indispensable au maintien de l'équilibre des pouvoirs.

Il y eut une époque où les historiens (en particulier Halévy, déjà cité) avaient coutume de dire que le duel anglo-allemand de la Première Guerre mondiale avait pour motif principal le défi lancé par l'Allemagne à la suprématie britannique dans l'équilibre existant des pouvoirs. La Grande-Bretagne aurait mené une guerre défensive pour protéger son statu quo ; l'Allemagne aurait mené une guerre agressive pour tenter de changer le monde.

Cette analyse demande à être nuancée. Dans une certaine mesure au moins, l'Allemagne comme la Grande-Bretagne cherchaient à préserver l'équilibre des pouvoirs existant, tel qu'elles le percevaient. L'Allemagne ne pouvait se permettre de perdre l'Autriche-Hongrie comme alliée ou de lui laisser perdre son statut de grande puissance ; la Grande-Bretagne ne pouvait se permettre de perdre la France comme alliée, ou de lui laisser perdre son statut de grande puissance. L'Allemagne s'est battue pour sauver l'Autriche, la Grande-Bretagne pour sauver la France. Les deux camps, en première instance, se sont battus pour conserver ce qu'ils avaient : leur plus proche allié. En ce sens, il s'est agi — au début, et seulement au début — d'un conflit défensif pour l'une comme pour l'autre partie.

Il s'agissait aussi, pour la caste prussienne allemande, d'une guerre défensive en un sens plus large. L'armée de Moltke était imprégnée d'un pessimisme qui tenait à son incapacité à trouver un moyen de préserver plus longtemps les valeurs sur lesquelles elle reposait, son mode de vie et sa position dominante — y compris à l'intérieur de l'Allemagne. De son point de vue, le temps jouait contre elle.

On doit à Fritz Fischer de savoir aujourd'hui que le gouvernement allemand prépara un grandiose programme d'objectifs militaires en septembre 1914, programme à la fois expansionniste et impérialiste. Mais c'était celui de septembre, pas de juillet. Ce ne fut pas pour le mettre en œuvre que Moltke et Falkenhayn agirent.

De quoi s'agit-il, dans une guerre ? De changement, de transformation. L'entrée de la Grande-Bretagne dans le conflit transforma la guerre européenne en guerre mondiale. L'entrée des États-Unis dans la guerre et dans les affaires du monde en 1917 changea l'équation de l'équilibre des pouvoirs. A cela s'ajouta l'irruption des deux révolutions russes, la même année, qui donnèrent des dimensions idéologiques non seulement au conflit, mais au siècle que le conflit avait modelé.

Et pourtant, au début, il ne s'agissait que de grandes puissances s'affrontant pour préserver leur pré carré.

Chapitre 48

Qui aurait pu empêcher la guerre ?

Ne disposant que de quelques jours, les hommes d'État européens, en juillet 1914, firent tout leur possible, multipliant manœuvres et initiatives, pour tenter d'empêcher le conflit d'éclater. C'était pour la plupart des hommes de talent et expérimentés. Pourquoi ont-ils échoué ? N'avaient-ils pas, comme certains l'ont dit, assez de talent, assez d'expérience ? Depuis près d'un siècle, les spéculations sur ce qui aurait pu être fait n'ont eu pratiquement de cesse. Aurait-on pu faire *quelque chose* ?

On a tendance à partir du principe, aujourd'hui, que tout le monde veut la paix. Que si un gouvernement la maintient, c'est bien ; que s'il apporte la guerre, c'est qu'il a échoué, même sans avoir commis quelque faute que ce soit.

Dans l'ensemble, c'est d'ailleurs ainsi que les choses se passent. Ce que l'Europe ne comprit pas à l'époque c'est que ce principe ne s'appliquait pas à deux des gouvernements en lice en 1914. Vienne ne voulait nullement s'entendre avec la Serbie, mais entrer en guerre avec elle. Berlin ne voulait nullement s'entendre avec la Russie, mais provoquer un conflit avec elle. Dans les deux cas, la guerre était la véritable option du gouvernement ; ou, plus précisément, ils voulaient écraser leur adversaire d'une manière que seule une victoire par les armes pouvait assurer.

Il faut être au moins deux pour maintenir la paix ; il suffit d'un seul pour déclencher une guerre. Si un État est déterminé à faire la guerre, aucune mesure d'apaisement, aussi généreuse ou imaginative qu'elle soit, ne le retiendra. Pour ne pas avoir compris ou retenu la leçon de 1914, l'Europe eut à subir un terrible cours de rattrapage en 1938-1939, après Munich. Seul un pouvoir d'une force au moins égale peut empêcher une nation de lancer une invasion.

Vienne n'ignorait pas qu'elle ne pouvait attaquer la Serbie sans la protection de l'Allemagne. Ce feu vert obtenu, elle était libre de faire ce qu'il lui plaisait. Bien entendu, l'Autriche devait aussi obtenir (elle y parvint) l'approbation et le soutien de la Hongrie. Après cela, rien ne pouvait plus arrêter la marche de l'Autriche-Hongrie vers la guerre.

Les hommes d'État de l'Europe n'avaient aucune idée des motivations réelles de l'Autriche et se sentaient donc désorientés. Ils supposaient que l'Empire des Habsbourg était ce qu'il prétendait être : un pays nourrissant un grief grave alors que ce grief, en réalité, n'était qu'un prétexte. L'Autriche ne cherchait pas à ce qu'on lui rendît justice car cela l'aurait privée d'une excuse pour faire ce qu'elle voulait vraiment faire : la guerre. L'objectif de son ultimatum n'était pas d'obliger la Serbie à accepter des conditions draconiennes, mais plutôt d'obliger la Serbie à les refuser tant elles l'étaient.

Certes, la pesante machinerie du gouvernement austro-hongrois fut lente à se mettre en branle. Les armées des Habsbourg n'avaient toujours pas commencé, en août, les hostilités qu'elles auraient dû conclure en juillet. Mais elle avait beau avancer à un train de sénateur, la Double Monarchie n'en allait pas moins directement à son but, sans s'arrêter, sans en dévier, sans se laisser distraire ni détourner. Et rien ni personne ne l'empêcherait d'aller jusqu'à son but, qui était le champ de bataille.

Pendant près d'un siècle, les historiens se sont aussi demandé ce que la France et la Grande-Bretagne auraient pu faire de mieux ou de différent pour empêcher l'Autriche de se jeter sur la Serbie ; nous avons aujourd'hui la triste satisfaction de savoir qu'aucune des initiatives qu'elles auraient pu prendre n'y serait parvenue.

L'Autriche voulait la guerre, et seule l'Allemagne avait les moyens de la retenir.

On peut toujours rêver de deux éventualités qui auraient pu se réaliser. La première aurait été que le gouvernement allemand respectât scrupuleusement les ordres du Kaiser, dans la semaine du 27 juillet, et suspendît son aide à la Double Monarchie sauf si celle-ci acceptait la paix dans les termes proposés par les Allemands. Le résultat aurait été un fabuleux triomphe diplomatique pour l'Allemagne. La paix aurait été établie sur des bases extrêmement favorables aux Autrichiens et la Serbie aurait été sévèrement punie.

Autre éventualité : la Russie aurait pu ne pas vouloir se mêler au conflit. Chose qui aurait pu se produire si elle avait été convaincue de la culpabilité serbe. Dans ce cas-là, la Russie aurait fait cause commune avec l'Autriche contre les régicides et les terroristes et donné carte blanche à Vienne, comme l'avait fait l'Allemagne, pour résoudre le problème serbe au mieux de ses intérêts.

Dans un tel cas de figure, la Russie aurait privé le commandement militaire allemand des conditions et des prétextes dont il avait besoin pour lancer la guerre qu'il se proposait de faire à la Russie et à la France. Une guerre mondiale aurait au moins été retardée, au mieux empêchée.

Dans le cas de l'Allemagne, davantage de choses auraient pu interrompre le déclenchement des hostilités. Il fallait gagner à la cause de la guerre le mouvement syndical allemand et les sociaux-démocrates ; or c'est ce que parvint à réussir Bethmann-Hollweg pendant la dernière semaine, fort agitée, de juillet. Mais le plus compliqué, pour l'Allemagne, était d'obtenir de l'Autriche ce qu'elle en attendait.

Il fallait persuader Vienne, dans un premier temps, de lancer ses forces armées dans une aventure contre la Serbie, puis dans un deuxième temps, de les lancer dans une autre aventure, la croisade de l'Allemagne contre la Russie, que Berlin présentait à son peuple comme la croisade de la Russie contre l'Allemagne.

Mais ces étapes franchies, plus rien ne pouvait empêcher l'Allemagne de déclencher la guerre le jour qui lui convenait le mieux, jour qui se révéla être le 1er août 1914. La plus grande puissance du continent, celle qui avait l'armée la plus redoutable au monde, faisait ce qu'elle estimait nécessaire pour maintenir sa suprématie. Il est difficile de résister à la conclusion que rien ni personne n'aurait pu faire quoi que ce fût pour l'arrêter.

Autre question souvent posée d'une manière ou d'une autre au cours du XXe siècle et que James Joll résume ainsi : « Pourquoi, puisque la guerre avait été évitée lors des crises précédentes — 1908, 1911, 1913 — ne le fut-elle pas en 1914[288] ? »

Une première réponse est que lors des crises en question, aucune des grandes puissances n'avait voulu d'une guerre. Deux d'entre elles, en 1914, en voulaient. Et l'une des raisons principales pour laquelle l'Allemagne n'avait pas voulu faire la guerre lors des crises précédentes, tenait à ce qu'il lui manquait l'alliance autrichienne ; sans elle, les généraux allemands étaient convaincus qu'ils ne pourraient pas vaincre.

Chapitre 49

Qui a commencé quoi ?

Les guerres du monde moderne ont tendance à éclater pour un ensemble complexe de raisons, ainsi qu'à impliquer une multitude de participants à des niveaux différents dans les processus de décision. Des forces impersonnelles peuvent entrer en ligne de compte, de même que des pressions institutionnelles. Prédilections et affinités culturelles contribuent à donner leur forme aux événements. Les différents intérêts en jeu dans une société moderne donnent souvent aux questions de politique intérieure un impact aussi fort que celui des problèmes de politique internationale pour déterminer si un pays prend part à une guerre et quand. Même ainsi, les hasards, les gaffes, les méprises, les traits de caractère individuels et autres facteurs accidentels continuent d'expliquer l'essentiel de ce qui se passe, en réalité.

La particularité de la Première Guerre mondiale est que, alors qu'elle a éclaté dans les temps modernes, à une époque prédémocratique et plus sensible aux réactions de l'opinion publique, son déclenchement ait tenu aux paroles et actions d'un si petit nombre de personnes : une poignée de gens dans chacun des pays concernés. Et ce n'est pas seulement le nombre extraordinairement réduit de ceux qui ont participé au processus de décision qui est stupéfiant ; mais que si peu de gens eussent compris qu'il se passait quelque chose, ou que des décisions cruciales étaient sur le point d'être prises ou déjà prises. Ce fut une crise en quelque sorte secrète.

Certes, si on replace les choses dans un contexte plus large, il y avait de grandes forces à l'œuvre, depuis des décennies et même des siècles, forces qui avaient créé le monde dans lequel la Grande Guerre éclata : l'explosion de la révolution industrielle, la propagation du nationalisme, la place de plus en plus importante prise par la science, le triomphe de l'impérialisme et enfin le militarisme de la société allemande, directement issu de la manière dont l'Allemagne s'était unifiée dans les années 1860 et 1870. Mais aucun de ces mouvements de masse et de ces bouleversements n'explique pour quelles raisons *immédiates* la guerre a eu lieu. Aucun ne nous dit pourquoi l'Europe n'a pas mis le feu aux poudres en 1913 plutôt qu'en 1914.

Ceux qui en ont été responsables, en 1914, étaient bien entendu le produit de leur milieu familial, de leur société, et des circonstances historiques dans lesquelles ils agissaient. Ils n'ont pas non plus vraiment parlé en leur propre nom — aucun n'aurait pu le faire. Lorsque Moltke conseillait la guerre, par exemple, il parlait au nom des 650 membres du grand état-major général et, dans une certaine mesure, au nom du corps des officiers généraux et supérieurs dans son ensemble. Il s'exprimait avec l'autorité que lui conférait sa charge. Il était plus qu'un individu.

C'est tout à fait littéralement que je pense qu'une ou plusieurs personnes sont à l'origine du déclenchement de la Première Guerre mondiale. Certaines personnes qui voulaient la guerre ; qui ont délibérément agi de manière à déclencher la guerre ; et qui sont parvenues, du fait de leurs agissements, à ce que la guerre éclatât. C'est ainsi que le détective d'un roman policier, résumant les preuves pour les invités, dans la bibliothèque de la maison, pourrait pointer un doigt accusateur et dire : C'est cette personne qui l'a fait ! »

Dans le cas de la guerre austro-serbe, le criminel évident est Gavrilo Princip. L'adolescent à la dérive et poète raté a probablement (sans qu'on puisse en être absolument certain) conçu seul l'attentat de Sarajevo ; il l'a dirigé et, par sa détermination et son entêtement, mené à bien jusqu'au bout en dépit d'un ordre d'y renoncer, de supplications de ses amis et de changements de circonstances.

Princip, cependant, ne voulait nullement inspirer à l'Autriche l'idée d'envahir la Serbie. Tout au contraire, lors de son interrogatoire, il tenta de garder secrets les liens qu'il avait avec les Serbes. Qui plus est, comme nous l'avons déjà vu, l'Autriche-Hongrie avait déjà en cours d'élaboration, avant l'attentat, un plan pour détruire la Serbie. Le terroriste adolescent à l'esprit troublé et confus ouvrit certes la porte à l'invasion autrichienne en tuant l'archiduc, qui s'y opposait, mais Princip l'ignorait ; à ce titre, son geste n'a pas à entrer en ligne de compte.

Le Kaiser Guillaume II, le chancelier Bethmann-Hollweg, le ministre des Affaires étrangères Jagow, ainsi qu'une bonne partie des autorités militaires et civiles allemandes encouragèrent l'Autriche à lancer une attaque sur la Serbie et, à ce titre, ont une responsabilité directe dans la guerre. Responsabilité atténuée dans le cas du Kaiser qui, à chaque fois qu'une solution pacifique paraissait envisageable, l'adoptait avec enthousiasme.

Le ministre des Affaires étrangères austro-hongrois, le comte Leopold von Berchtold, fut en Autriche l'homme de la guerre à la Serbie. Pendant ou après la guerre des Balkans, il en était venu à la conclusion que son pays ne pourrait survivre que si la Serbie était écrasée et complètement éliminée sur le plan politique. Cette conclusion semblait s'appuyer sur l'idée qu'une victoire diplomatique serait sans poids et risquait d'être éphémère. Seule une victoire militaire lui permettrait d'atteindre son objectif, ce qui ne pourrait se faire que si l'Allemagne empêchait la Russie d'intervenir pendant que la puissante Autriche-Hongrie écrasait la petite Serbie.

Une fois le chèque en blanc en poche, Berchtold se mit aussitôt au travail pour provoquer la guerre. Comme Princip, il était entêté et tenace. Pas question pour lui de se laisser détourner de la tâche qu'il s'était assignée.

Il refusait de participer à des entretiens ou à des négociations qui auraient pu le piéger et l'obliger à maintenir la paix, ce qui ne laissait pas d'intriguer les autres dirigeants, en particulier quand les termes de l'accord proposé étaient favorables à l'Autriche-Hongrie. Les autres participants au jeu politique européen restaient perplexes devant la Crise de juillet, ayant l'impression (justifiée) que quelque chose leur échappait. Ce qui leur échappait était que Vienne ne voulait à aucun prix de la paix. Ils pensaient que Berchtold cherchait à s'entourer d'un maximum de garanties pour accepter les conditions d'un accord, celles-ci fussent-elles extrêmes ; mais en réalité, il ne souhaitait nullement poser de conditions, même draconiennes : il voulait la guerre. Et une fois celle-ci terminée (comme son envoyé le comte Hoyos l'expliqua sans ambiguïté à Berlin, dès juillet 1914), ce n'était pas non plus une Serbie asservie qu'il voulait (ce qui aurait été le choix du Kaiser), mais une Serbie rayée de la carte. Au problème que posait la Serbie à son pays, il voulait appliquer, pourrait-on dire, une solution finale.

Berchtold souffrait d'un handicap majeur : l'exaspérante lenteur avec laquelle se mettait en branle la machinerie administrative austro-hongroise. Il lui était impossible d'aller vite et en particulier de lancer cette guerre éclair dont Bethmann-Hollweg avait esquissé les grandes lignes pour lui. Tout prenait du temps, et ce temps pouvait être employé par les grandes puissances pour imposer la paix. Ses armées ne pouvant faire mouvement avant des semaines, il n'en déclara pas moins la guerre, à la seule fin d'utiliser ce statut d'« état de guerre » pour écarter d'éventuels fauteurs de paix.

Berchtold était constamment entouré par les hommes du ministère des Affaires étrangères hérités d'Aerenthal, tous autant de têtes brûlées, qui l'ont peut-être inspiré. Le cabinet austro-hongrois le soutenait. Tous ces hommes partagent la responsabilité de la guerre ; Conrad von Hötzendorf, le chef d'état-major, était bien entendu totalement d'accord avec la stratégie de Berchtold.

En revanche, Berchtold jouissait d'un avantage majeur ; le ministre des Affaires étrangères de toute autre grande puissance aurait subi l'influence modératrice de son ou ses alliés. Si la Russie avait voulu envahir l'un de ses voisins, la France, qui finançait le développement militaire de la Russie, serait intervenue auprès de Saint-Pétersbourg. Lorsque, en 1911, l'Allemagne voulut se mêler des affaires marocaines, l'Autriche elle-même lui refusa son appui, ce qui contribua à modérer Berlin. Un seul pays en Europe avait un allié qui lui laissait la bride sur le cou : l'Autriche, que l'Allemagne soutenait sans condition. De plus, la malchance voulait que ce pays eût à sa tête, depuis le 6 juillet 1914, un homme déterminé à faire la guerre.

Comment se fait-il que Berchtold ait été capable de déclencher la guerre ? La réponse est simple : il n'y eut personne pour l'en empêcher. Il était le seul dirigeant européen à qui son allié avait donné carte blanche. Il faut cependant observer qu'il ne l'utilisa pas de son propre chef. Il ne déclara la guerre que lorsque Jagow, le ministre des Affaires étrangères allemand, lui dit de le faire. Jagow fait donc aussi partie de ceux qui ont déclenché la guerre austro-serbe.

Les chefs de l'armée allemande envisageaient depuis longtemps l'hypothèse d'une guerre à la Russie et à la France ; c'était une proposition stratégique qui avait tendance à refaire surface à chaque fois qu'une crise se profilait. On cite le plus souvent Moltke comme celui qui l'avançait, mais tout porte à croire qu'il parlait au nom de tous les officiers. Quand il devint probable que l'Autriche-Hongrie allait déclarer la guerre à la Serbie, en juillet 1914, et que cette guerre serait un prétexte idéal pour déclencher celle que l'Allemagne voulait faire, il était naturel (l'idée de Schlieffen d'un guerre préventive, en 1905, étant encore présente dans les esprits, de même que la crise de 1912) de se dire que le moment était venu d'agir. Falkenhayn et Moltke prirent la tête du mouvement.

Moltke et Falkenhayn : ce sont les deux militaires, soutenus par le corps des officiers, qui décidèrent de la guerre pendant l'été 1914. Ils pensaient savoir ce qu'ils faisaient. Moltke, qui avait prédit que cette guerre serait la ruine de la civilisation européenne, la croyait cependant inévitable. Il eut le sentiment de ne décider, dans la mesure où il était en position de décider, que du moment où elle allait éclater ; le sentiment de dire seulement : *Maintenant.*

Ici aussi, penser en termes d'une guerre unique entraîne des confusions. Au début, c'est-à-dire au moment de l'Outrage et du chèque en blanc, il n'y avait qu'un projet de guerre sur la table : celle contre la Serbie. Elle était proposée par les Autrichiens. Ce fut néanmoins le gouvernement civil de l'Allemagne qui élabora le plan des opérations pour l'Autriche. Et ce fut le gouvernement civil de l'Allemagne, le chancelier et son ministre des Affaires étrangères, qui exercèrent le contrôle de ces opérations.

Cependant, la Double Monarchie avait fait tellement peu de choses quand arriva la dernière semaine de juillet (du point de vue des généraux allemands), ou bien tant de choses avaient été faites (d'après le Kaiser) que plus personne, en Allemagne, ne voulait laisser le chancelier, le ministère des Affaires étrangères et les Autrichiens poursuivre dans cette voie.

Vienne avait voulu se lancer dans la guerre et la gagner, mais, fin juillet, ses troupes étaient toujours clouées sur la ligne de départ. Elle avait provoqué exactement ce qu'elle redoutait : une « crise de guerre », dans laquelle tous les pays d'Europe avaient plus ou moins leur mot à dire, à présent.

L'internationalisation d'une crise de guerre de ce genre ne peut qu'engendrer la confusion. En tant que spectateurs des événements pendant le mois de juillet, Moltke, Falkenhayn et les autres hauts gradés allemands eurent tout le loisir de réfléchir à l'usage qu'ils pourraient faire de cette confusion. Ils avaient bien voulu laisser l'Autriche-Hongrie se lancer dans sa petite aventure serbe, même si elle ne signifiait pas grand-chose pour l'Allemagne. Or non seulement l'Autriche avait tout gâché, mais elle se retrouvait prise dans un guêpier à peu près inextricable ; si bien que l'Allemagne pouvait à présent compter sur le soutien total de l'Empire austro-hongrois si elle lançait une initiative de guerre de son cru, une guerre contre les autres puissances européennes.

Le gouvernement allemand se mit donc à changer de stratégie politique à partir du 25 juillet. Le Kaiser et le chancelier, non sans quelques doutes, laissèrent le champ libre à Moltke et à Falkenhayn. Dans la confusion d'une crise devenue européenne, les généraux allemands substituèrent habilement une guerre à une autre. L'opinion mondiale fut conduite à croire, sur le moment et par la suite, qu'un grand conflit était sorti du petit, mais les choses ne se sont pas passées ainsi : il fallut renoncer à celui-ci pour pouvoir s'engager dans celui-là[289].

Chapitre 50

Cela pourrait-il se reproduire ?

Dans les deux décennies qui suivirent la Première Guerre mondiale, les survivants en vinrent à considérer ce désastreux conflit comme une guerre civile européenne. On voyait dans son déclenchement soit une effrayante erreur, soit un crime abominable. La grande leçon qu'on en tirait était que plus jamais l'humanité ne devait accepter qu'une telle catastrophe se produisît.

Et bien entendu, elle eut lieu à nouveau, en 1939-1941, lorsque les Alliés, la France, la Grande-Bretagne et la Russie, rejointes plus tard par les États-Unis, reprirent un combat qui n'avait rien résolu. L'histoire, cependant, ne se répéta pas une troisième fois, pendant ce qu'on a appelé la Guerre froide, confrontation sur les clauses non résolues de la paix qui avait mis un terme à la guerre mondiale en deux actes.

Lors de la crise des missiles de Cuba, en 1962, le président des États-Unis, John Kennedy, était hanté par ce qu'il croyait avoir appris sur les origines de la Première Guerre mondiale dans le livre de Barbara Tuchman, *The Guns of August*. Il pensait que la guerre avait éclaté à la suite d'une réaction en chaîne, et non pas intentionnellement. Ce fut la thèse la plus couramment accréditée pendant l'essentiel du XXe siècle. Dans ses mémoires de guerre, l'ancien Premier ministre anglais David Lloyd George affirmait que « les nations avaient glissé par-dessus bord pour tomber dans le chaudron bouillant de la guerre sans trace d'appréhension ou d'épouvante[290] ». Raymond Aron, l'un des plus grands penseurs politiques du XXe siècle, jugeait pour sa part qu'aucun des principaux acteurs du déclenchement de la Première Guerre mondiale ne l'avait « consciemment et directement souhaitée[291] ».

La leçon qu'on tirait de cette vision des choses était que les gouvernements devaient être très attentifs à ne pas perdre le contrôle des événements. Il ne fallait pas laisser les occasions de confrontation se transformer en hostilité déclarée, ni les guerres localisées évoluer vers un conflit généralisé. Il ne fallait pas laisser les feux de broussailles dégénérer en incendies de forêt.

Certes, c'est là une attitude raisonnable. Mais ce n'est pas l'histoire de juillet 1914 qui nous a enseigné cette leçon. Ce ne fut pas par accident que l'Europe se lança dans la guerre, à l'époque. Le conflit fut le résultat d'une décision, prise par deux gouvernements, d'allumer les incendies. Une fois qu'ils eurent franchi la frontière qui les séparait de leurs voisins, ceux-ci n'avaient plus d'autre choix que de livrer bataille. C'est une leçon que les Américains apprirent à leurs dépens pendant la Seconde Guerre mondiale : à Pearl Harbor, les Japonais prirent la décision de faire la guerre en leur nom, mais aussi au nom des États-Unis, qui pourtant n'en voulaient pas.

Répétons-le : il faut être deux ou plus pour faire la paix, mais un seul peut déclencher la guerre. Ce qui signifie que oui, cela peut se reproduire. Un agresseur peut encore aujourd'hui provoquer une guerre, même si les autres grandes puissances désirent rester en paix — à moins que nous ne soyons assez forts, nous et nos alliés, pour le dissuader.

Au moins une chose, cependant, a aujourd'hui beaucoup changé par rapport à ce qu'était la situation en 1914. À l'époque, la guerre qui éclata fut une surprise presque totale pour les opinions publiques. Dans le monde contemporain, plus ouvert, il est à peu près certain que nous aurions eu des avertissements préalables. Lesquels auraient donné aux populations et aux parlements au moins une chance d'exprimer et de faire connaître leurs vues. Nous le verrions venir. Ce n'est peut-être pas beaucoup, mais c'est déjà ça.

Chapitre 51

En résumé

Le conflit international qui embrasa l'Europe pendant l'été 1914 comportait deux guerres, et non pas une. Les deux ont été déclenchées délibérément, par des Empires rivaux que rendait solidaires une dépendance mutuelle. La première fut le fait de l'Empire des Habsbourg, l'autre celui de l'Empire allemand. Dans chaque cas, les décisions furent prises par une poignée de personnes au sommet de l'État, sans que les populations eussent la moindre idée que ces décisions étaient envisagées et encore moins prises.

Ces guerres avaient le pouvoir pour enjeu. Plus précisément, l'ordre hiérarchique des cinq grandes puissances européennes qui, à cette époque, régnaient sur l'essentiel de la planète. L'Allemagne et l'Autriche-Hongrie croyaient être, à ce titre, sur une pente descendante. Et c'est pour conserver leur rang qu'elles déclenchèrent l'une et l'autre une guerre.

Celle provoquée par l'Autriche, qui ne visait que la Serbie, ne fut, comme tant de ces guerres balkaniques terribles mais localisées, qu'un épisode mineur de l'histoire. On l'aurait vite oubliée si les généraux allemands n'y avaient pas vu les conditions dont ils avaient besoin pour lancer leur guerre : un conflit mondial. Même si les soldats qui se battirent pendant quatre longues années dans les tranchées en vinrent à croire que la guerre était absurde et sans objet, ils se trompaient. Un objet, elle en avait un, et c'est le plus important en politique : qui doit régner sur le monde.

La guerre allemande de 1914 posait la question. Dans les décennies qui suivirent, de nouvelles puissances et de nouvelles forces se levèrent pour remettre la réponse en cause. L'Allemagne ou la Russie devait-elle contrôler l'Europe ? Celle-ci devait-elle continuer à contrôler l'Afrique et une bonne partie de l'Asie ? Voilà des questions que venaient compliquer des rivalités idéologiques : le communisme, le fascisme, le nazisme, la démocratie libérale ou d'autres. En 1994, la question pouvait paraître avoir enfin reçu sa réponse. Presque tous les peuples du monde étaient souverains, au lieu d'être gouvernés par une puissance étrangère ; et la plupart aspiraient à la démocratie libérale.

La décision d'entrer en guerre, en 1914, était intentionnelle ; et la guerre ne fut pas, comme toute une génération d'historiens nous l'a enseigné, dépourvue de sens. Au contraire, elle fut ce qu'on résuma d'un mot à l'époque : l'apocalypse.

Épilogue

Chapitre 52

La guerre, côté autrichien

Dès le départ — c'est-à-dire à partir de la mi-juin — l'objectif de Vienne avait été d'arriver à faire la guerre à la Serbie sans intervention extérieure. Pouvoir concentrer toutes ses ressources sur la campagne de Serbie était son rêve. La déclaration de guerre intervint le 28 juillet. Conrad von Hötzendorf, le chef d'état-major général, commença aussitôt à envoyer, par chemin de fer, la moitié de ses effectifs se masser sur la frontière austro-serbe, gardant l'autre moitié en réserve.

L'Allemagne prit la décision d'entrer en guerre pendant la semaine du 27 juillet, décréta la mobilisation le 31 et déclara la guerre à la Russie le lendemain. Moltke et l'état-major allemand firent alors savoir à Conrad von Hötzendorf qu'il devait oublier la campagne de Serbie et envoyer le gros de son armée sur la frontière russe, ne laissant qu'un embryon de forces pour se défendre d'une possible attaque serbe. Si Conrad s'était conformé tout de suite à cette demande, autrement dit avait rappelé ses troupes avant même qu'elles eussent pris position comme prévu, il courait le risque d'une certaine confusion administrative.

D'un point de vue logistique, faire un tel mouvement n'était d'ailleurs pas simple. De toute façon, Conrad n'avait aucune intention de se plier aux exigences de Moltke. Cela faisait tellement d'années qu'il remaniait ses plans de campagne pour écraser la Serbie que l'idée de devoir y renoncer alors qu'il venait tout juste de lancer ses troupes a dû lui sembler insupportable — et tout ça, pour venir en aide aux Allemands. Il décida donc que, pour le moment, les unités assignées à la Serbie y resteraient, quitte à ce qu'il en retirât une partie à compter du 18 août pour les envoyer sur le front russe.

L'intention de Conrad von Hötzendorf était d'encaisser le chèque en blanc de l'Allemagne, en somme, avant qu'il n'y fût fait opposition. Il essayait de livrer en août la guerre éclair qu'il aurait dû avoir lancée et terminée en juillet. Dans une lettre à Moltke rédigée le 1er et envoyée le 2, il explique qu'il poursuit ses opérations contre la Serbie de telle manière que la Russie ne soit pas tentée d'intervenir. Cependant l'Allemagne avait déclaré la guerre à la Russie, l'entraînant volontairement dans le conflit, ce même 1er août.

Ce qui ressort des différentes explications de Conrad est qu'il ne comprit pas que la stratégie politique et les objectifs de l'Allemagne avaient changé. Les 5 et 6 juillet, le Kaiser avait espéré — il en était même sûr — que l'Europe ne bougerait pas pendant que l'Autriche-Hongrie écraserait la Serbie. La stratégie de l'Allemagne avait été de persuader la Russie, la France et la Grande-Bretagne de ne pas se mêler du conflit. À présent, Moltke, Falkenhayn et tout l'appareil militaire allemand entraînaient la Russie et les autres grandes puissances dans la guerre. On disait à Conrad von Hötzendorf que l'Allemagne ne soutenait plus la guerre de l'Autriche-Hongrie à la Serbie et que c'était à l'Autriche-Hongrie de soutenir la guerre que livrait l'Allemagne !

Moltke et Conrad von Hötzendorf ne coordonnèrent jamais leurs plans de guerre. Étant donné que chacun voulait utiliser l'autre à ses propres fins, sans doute les deux commandants en chef durent-ils avoir l'impression de ne pas pouvoir être trop ouverts l'un vis-à-vis de l'autre. Toujours est-il qu'ils en payèrent le prix dans les premiers mois de guerre, alors qu'ils s'efforçaient l'un et l'autre de faire ce qu'ils avaient prévu.

Conrad aurait bien aimé que la Russie restât neutre et de

beaucoup préféré ne pas avoir à l'affronter, pas plus que les Français ou, plus tard, les Anglais et enfin, encore plus tard, les Américains. Le rôle de l'Allemagne, aux yeux de Conrad, était de dissuader la Russie d'intervenir dans le conflit ; certes, il voulait faire la guerre, mais à la seule Serbie et ce n'était qu'à contrecœur qu'il acceptait de combattre d'autres pays, pourvu qu'il pût écraser la Serbie.

Mais comme l'avait montré tout ce qui s'était passé avant Sarajevo, la Serbie n'était pas perçue comme un danger par l'Allemagne. Celle-ci n'éprouvait pas le besoin d'éliminer le petit royaume des Balkans. Seuls Conrad et son gouvernement redoutaient la Serbie. C'était la Russie et son alliée, la France, que redoutait Moltke. Du point de vue allemand, la seule utilité du conflit austro-serbe était qu'il permettait de ranger définitivement l'Autriche-Hongrie aux côtés de l'Allemagne, dans la guerre que celle-ci livrait à la Russie et à la France. Au 1er août 1914, cet objectif était atteint. Aux yeux de Moltke, l'affaire serbe était classée ; pas à ceux de Conrad von Hötzendorf.

Si bien que Conrad décida de n'en faire qu'à sa tête, en ces premières semaines du conflit. C'est en toute connaissance de cause, vraisemblablement, qu'il ordonna à ses troupes de partir vers le sud avant de les renvoyer vers le nord. Mais ce ne fut pas sans conséquences, et celles-ci pesèrent lourd. Les armées des Habsbourg parurent ne jamais se remettre de ces contretemps et de ces contrordres. Elles commencèrent la guerre en attaquant la Serbie et se firent écraser. Puis elles passèrent sur le front russe où elles subirent le même sort.

Au début de décembre 1914, soit quatre mois après le début des hostilités, l'Empire des Habsbourg n'était plus une grande puissance militaire[292]. Sur les 3 350 000 hommes mobilisés, il en avait perdu 1 268 000. Si l'Autriche, placée sous le haut commandement allemand, continua le combat, ce ne fut pas pour conquérir quoi que ce soit, mais pour survivre.

Conrad était au désespoir. Au début de la guerre, en recevant une médaille, il avait murmuré : « Si seulement je savais pourquoi... » Au fur et à mesure que s'accumulaient les échecs, il confiait ses angoisses à ses collègues ; s'il perdait la guerre, il perdrait aussi « le réconfort de sa bien-aimée Gina ». Il se noyait dans l'auto-apitoiement. Tout, disait-il, lui serait imputé à faute. « Je devrais probablement disparaître de la scène, comme un hors-la-loi. Sans foyer, sans femme pour se tenir à mes côtés dans mes dernières années... »

Il évoquait feu son mentor, l'archiduc François-Ferdinand, l'homme qui l'avait élevé au rang de chef d'état-major général qu'il occupait à présent ; l'homme qui était si fier et soucieux de son armée autrichienne et qui, année après année, s'était opposé à ses plans de détruire la Serbie et de s'aliéner la Russie. Le fantôme de François-Ferdinand planait de manière envahissante sur le monde, cet été-là. Qu'aurait-il pensé ? Qu'aurait-il dit ? Qu'aurait-il fait ? Si l'archiduc avait vécu, reconnut Conrad dans un moment de lucidité, « il m'aurait fait fusiller[293] ».

Chapitre 53

La guerre, côté allemand

Berchtold (en particulier en juin) et Conrad von Hötzendorf (en particulier en août) furent les agents actifs du déclenchement de la guerre austro-serbe. Ils agirent avec le soutien sans réserve du cabinet et du ministère des Affaires étrangères autrichien, et avec au moins l'approbation du vieil empereur François-Joseph. Leur responsabilité dans l'affaire ne fait pas le moindre doute ; c'était ce qu'ils voulaient tous les deux. La seule question est de savoir dans quelle mesure Berchtold fut influencé par les conseillers de son ministère.

On désigne souvent Berchtold comme l'un des principaux responsables, sinon le principal, de la Grande Guerre. Comme nous le voyons maintenant, c'est inexact. L'accusation se fonde sur une confusion des deux conflits. Berchtold ne voulait que la première guerre. Il acceptait à la rigueur le risque d'un élargissement du conflit, mais il ne le souhaitait pas.

Moltke, lui, voulait faire la guerre à la Russie et à la France. S'il ne l'avait pu jusqu'alors, ou s'il avait été empêché de le faire au cours des crises passées, c'est que les circonstances n'avaient jamais été suffisamment propices. Tout devait être en place : l'autorité du Kaiser, déclinante ; la participation de l'Autriche-Hongrie, assurée ; et la Russie devait faire figure d'agresseur. Soudain, vers la fin du mois de juillet 1914, tout se mit en place. Grand opportuniste, Moltke comprit que c'était le moment ou jamais et sauta sur l'occasion. Son astucieuse substitution d'une guerre à l'autre dans le calendrier de Berlin reste un des grands tours de prestidigitation de l'histoire, qui réussit à brouiller la vue de plusieurs générations sur ce qui avait provoqué quoi. À la stratégie de début juillet il avait substitué celle de fin juillet et une guerre à l'autre.

Ce qu'il n'aurait pu faire, cependant, s'il n'avait représenté une force bien supérieure à lui-même ; car la caste des officiers junkers prussiens, responsables de la militarisation de la vie en Allemagne, est à l'origine de la guerre. Il est intéressant de noter que, dès 1914, plusieurs observateurs, dont le colonel House, avaient identifié dans la culture militariste allemande la cause du conflit à venir.

L'Allemagne, donc, déclara la guerre à la Russie le 1er août. Le calendrier du déroulement des opérations était celui du plan Schlieffen, modifié par Moltke. Il prévoyait que l'armée allemande prît rendez-vous avec le destin sur le sol de la France en six semaines. Et là, elle affronterait l'alliée de la Russie dans une bataille décisive. Bataille qui, dans ce qu'avait prévu l'état-major allemand, devait mettre la France hors de combat, hors d'état d'honorer son alliance avec la Russie et la réduire à un rôle de comparse dans l'histoire politique de l'Europe.

Six semaines après le 1er août, l'armée allemande se trouva effectivement à son rendez-vous avec le destin sur le sol français. En dépit de tous les risques que comportait la mise en œuvre du téméraire plan Schlieffen, la partie fut extrêmement serrée, et l'Allemagne faillit la gagner. Et la bataille — la première bataille de la Marne — fut décisive. Décisive en ce sens qu'elle montra qu'aucune des deux parties ne pouvait remporter une véritable victoire. Le conflit se transforma en une épreuve d'endurance qui se prolongea des années, et ruina aussi bien les vainqueurs que les vaincus. Sans compter que ses résultats, en 1918, ne furent pas concluants, aucun des deux camps n'en étant satisfait.

Cette guerre entre l'Allemagne d'un côté, et la Russie, la France, la Grande-Bretagne et les États-Unis de l'autre, reprit en 1939 ; ce deuxième round, lui non plus, ne put résoudre la question de savoir qui aurait le pouvoir suprême sur le continent — et si la Grande-Bretagne et les États-Unis pourraient accepter cette suprématie. Le conflit déclenché par les chefs militaires allemands lorsqu'ils déclarèrent la guerre à la Russie, le 1er août 1914, ne se termina réellement que le 31 août 1994, lorsque le dernier soldat russe quitta le sol allemand.

Pendant près d'un siècle, le débat a fait rage entre les participants aux événements puis entre les chercheurs et les historiens, sur la bataille décisive par laquelle s'achevait le plan Schlieffen-Moltke : la bataille de la Marne, en septembre 1914. Du côté allemand, la question est de savoir si c'est Moltke ou son jeune aide de camp Richard Hensch qui a ordonné la retraite et le regroupement des forces allemandes sur la rive est de la Marne ; et si le fait de donner cet ordre fut la bonne décision, ou s'il fit passer l'Allemagne à côté de la victoire. À l'époque, le Kaiser limogea trente-trois de ses généraux. Et peu après, ce fut au tour de Moltke. Guillaume II ne pardonnait pas facilement.

Il est évident que Moltke n'avait pas anticipé l'atrocité de la si longue guerre du XXe siècle (la guerre qui, commencée en 1914, reprit en 1939 et conduisit à la Guerre froide), ni les dizaines de millions de morts qu'elle fit, ni la multitude des conséquences, directes ou indirectes, qu'engendra ce conflit. En revanche, il savait très bien *qui avait déclenché* la guerre.

En juin 1915, relégué à un poste qu'il considérait comme un placard, Moltke se plaignit à un de ses amis, le général Colmar von der Goltz : « C'est terrible d'être condamné à l'inactivité dans cette guerre, écrivait-il. *Cette guerre que j'ai préparée et déclenchée* [*294]. »

C'est un sentiment étrange que l'on éprouve à se dire que cet officier, personnage somme toute assez ordinaire, à la vision limitée par des œillères comme tendaient à l'être ceux

* Souligné par l'auteur (NdT).

qui appartenaient à la caste militaire prussienne, soit en un sens devenu, en tant que déclencheur de la Grande Guerre, l'homme qui a le plus contribué à façonner le XXe siècle, avec ses horreurs et ses merveilles.

Appendice 1

L'ULTIMATUM AUSTRO-HONGROIS

Le comte Berchtold, ministre autrichien des Affaires étrangères, au comte Mensdorff, ambassadeur d'Autriche à Londres — communiqué par le comte Mensdorff, 24 juillet 1914

Voici de larges extraits de l'ultimatum austro-hongrois à la Serbie dans la langue d'origine dans laquelle il a été envoyé, c'est-à-dire en français, langue diplomatique de l'époque.

[...] l'énonciation officielle qu'il condamne la propagande dirigée contre la Monarchie austro-hongroise, c'est-à-dire l'ensemble des tendances qui aspirent en dernier lieu à détacher la Monarchie des territoires qui en font partie, et qu'il s'engage à supprimer, par tous les moyens, cette propagande criminelle et terroriste.

Afin de donner un caractère solennel à cet engagement, le Gouvernement royal de Serbie fera publier à la première page du journal officiel en date du 26 juillet le communiqué suivant :

Le Gouvernement royal de Serbie condamne la propagande dirigée contre l'Autriche-Hongrie, c'est-à-dire l'ensemble des tendances qui aspirent en dernier lieu à détacher la Monarchie des territoires qui en font partie, et il s'engage à supprimer, par tous les moyens, cette propagande criminelle et terroriste. [...]

Le Gouvernement royal serbe s'engage en outre :

1 — à supprimer toute publication qui incite à la haine et au mépris de la Monarchie [austro-hongroise], et dont la tendance générale est dirigée contre son intégrité territoriale ;

2 — à dissoudre immédiatement la société dite Narodna Odbrana, à confisquer tous ses moyens de propagande et à procéder de la même manière contre les autres sociétés et affiliations en Serbie qui s'adonnent à la propagande contre la Monarchie austro-hongroise ; [...]

3 — à éliminer sans délai de l'instruction publique en Serbie, tant en ce qui concerne le corps enseignant que les moyens d'instruction, tout ce qui sert à fomenter la propagande contre l'Autriche-Hongrie ;

4 — à éloigner du service militaire et de l'administration tous les officiers et fonctionnaires coupables de la propagande contre la Monar-

chie austro-hongroise et dont le Gouvernement impérial et royal [Autriche-Hongrie] se réserve de communiquer les noms et les faits au Gouvernement royal [Serbie] ;

5 — à accepter la collaboration en Serbie des organes du Gouvernement impérial et royal dans la suppression du mouvement subversif dirigé contre l'intégrité territoriale de la Monarchie [austro-hongroise] ;

6 — à ouvrir une enquête judiciaire contre les partisans du complot du 28 juin se trouvant en territoire serbe ; des organes délégués par le Gouvernement impérial et royal prendront part aux recherches nécessaires ;

7 — à procéder d'urgence à l'arrestation du commandant Voja Tankosic et du nommé Milan Ciganovic, employé de l'État serbe, compromis par les résultats de l'instruction de Sarajevo ;

8 — à empêcher, par des mesures efficaces, le concours des autorités serbes dans le trafic illicite d'armes et d'explosifs à travers la frontière ; [...]

9 — à donner au Gouvernement impérial et royal des explications sur les propos injustifiables de hauts fonctionnaires serbes [...] qui [...] n'ont pas hésité après l'attentat du 28 juin à s'exprimer dans des interviews d'une manière hostile envers la Monarchie austro-hongroise. Enfin,

10 — d'avertir, sans retard, le Gouvernement impérial et royal de l'exécution des mesures comprises dans les points précédents.

Le Gouvernement impérial et royal attend la réponse du Gouvernement royal au plus tard jusqu'au samedi 25 de ce mois à cinq heures du soir.

Appendice 2

LA RÉPONSE SERBE

Le gouvernement royal serbe a reçu la note du gouvernement royal et impérial, daté du 10 courant. Il est persuadé que sa réponse va dissiper tous les malentendus qui menaçaient de gâter les bonnes relations de l'Autriche-Hongrie et du royaume de Serbie.

Le gouvernement royal est conscient du fait que les protestations qui se sont produites à la tribune de l'Assemblée nationale, ainsi que les déclarations et les actes des représentants responsables de l'État, toutes protestations qui ont été interrompues par la déclaration du gouvernement serbe du 18 mars 1909, ne se sont renouvelées en aucune occasion.

Depuis ce temps, le gouvernement royal tient à faire noter que, ni de la part des cabinets qui se sont succédé au pouvoir, ni de la part de leurs journaux, il n'y a eu de tentative faite dans le dessein d'amener un changement dans l'état politique et juridique de la Bosnie et de l'Herzégovine.

Le gouvernement royal fait observer qu'à ce sujet le gouvernement royal et impérial n'a jamais fait aucune représentation, excepté en ce qui concerne un livre scolaire. Au sujet de cette réclamation, le gouvernement royal et impérial a reçu entière satisfaction.

La Serbie, en de nombreuses occasions, a donné la preuve de sa politique pacifique et modérée durant toute la crise balkanique. C'est grâce à la Serbie et aux sacrifices qu'elle a faits dans l'intérêt de la paix européenne que cette paix a été maintenue. Le gouvernement royal ne peut être rendu responsable de manifestations d'un caractère privé, par exemple d'articles de journaux, de la propagande de certaines sociétés, de manifestations qui se produisent dans presque tous les pays et qui, en général, défient le contrôle officiel.

Cela doit être d'autant moins le cas que le gouvernement royal, dans la discussion des questions pendantes entre la Serbie et l'Autriche-Hongrie, s'est montré tout à fait décidé à venir au-devant de tous ses désirs. De cette façon, il a réussi à arranger le plus grand nombre de ces questions pour le plus grand progrès des deux contrées voisines.

Pour toutes ces raisons, le gouvernement royal a été douloureusement surpris de certaines affirmations selon lesquelles des personnes relevant du royaume de Serbie auraient participé à la préparation de l'attentat de Sarajevo.

Le gouvernement royal s'attendait à être invité à coopérer à des recherches concernant tous les détails qui ont rapport à ce crime. Il était prêt à prouver par des actes qu'il est vraiment prêt à agir contre toutes les personnes au sujet desquelles des communications lui ont été faites.

Désireux d'accéder au désir du gouvernement impérial et royal, le gouvernement royal est disposé à traduire devant la cour de justice tout sujet serbe, sans égard pour sa situation, pour son rang, dont la complicité dans le crime de Sarajevo aura été prouvée. Particulièrement, le gouvernement serbe s'engage à publier à la première page du *Journal officiel*, à la date du 13-26 juillet, la déclaration suivante :

« Le gouvernement royal de Serbie condamne toute propagande dirigée contre l'Autriche-Hongrie, c'est-à-dire l'ensemble des tendances qui pourraient tendre en fin de compte à détacher de l'Autriche-Hongrie des territoires qui maintenant en font partie.

« Le gouvernement royal déplore sincèrement les terribles conséquences de cette activité criminelle.

« Le gouvernement royal regrette que certains officiers et fonctionnaires serbes aient, suivant les communications faites par le gouvernement impérial et royal, participé à la susdite propagande et de la sorte aient compromis les relations que le gouvernement royal s'était engagé à maintenir par sa déclaration du 31 mars 1909.

« Le gouvernement, qui désapprouve et qui répudie toute idée de se mêler de changer la destinée des habitants de toutes les régions d'Autriche-Hongrie, considère de son devoir d'informer officiellement les officiers et les fonctionnaires et toute la population du royaume qu'à l'avenir il engagera les poursuites les plus rigoureuses contre les personnes qui se seront rendues coupables de semblables actes, et qu'il réprimera ces actes de toutes ses forces.

« Cette communication sera portée à la connaissance de l'armée royale par un ordre du jour publié au nom de Sa Majesté par le prince héritier Alexandre. Elle sera publiée dans le prochain *Bulletin officiel de l'armée.* »

De plus, le gouvernement royal accepte de présenter à la première session de la Skoupchtina un amendement aux lois de la presse, punissant tout article susceptible de produire des sentiments de haine contre la monarchie austro-hongroise.

De même, il poursuivra toute publication dont la tendance générale serait dirigée contre l'intégrité territoriale de l'Autriche-Hongrie.

1°) Le gouvernement royal s'engage, à l'occasion de la révision de la Constitution qui aura lieu bientôt, à introduire dans l'article 22 de la Constitution un amendement tel que les publications susdites pourront être confisquées, ce qui maintenant, selon les termes catégoriques de l'article 22 de la Constitution, n'est pas possible.

2°) Le gouvernement impérial et royal n'a pas encore fourni au gouvernement royal la preuve que la société Narodna Odbrana et les autres sociétés similaires ont jusqu'à présent commis des actes criminels par l'intermédiaire d'un de leurs membres. Néanmoins, le gouvernement royal acceptera la demande du gouvernement impérial et royal et dissoudra la société Norodna Odbrana et toute autre société qui pourrait faire de l'agitation contre l'Autriche.

3°) Le gouvernement royal serbe s'engage à éliminer sans délai de l'instruction publique en Serbie tout ce qui sert ou pourrait servir à fomenter la propagande contre l'Autriche-Hongrie, quand le gouvernement impérial et royal lui fournira des faits et des preuves de cette propagande.

4°) Le gouvernement royal accepte de même d'éloigner du service militaire ceux dont l'enquête judiciaire aura prouvé qu'ils sont coupables d'actes dirigés contre l'intégrité du territoire de la monarchie austro-hongroise ; il attend que le gouvernement impérial et royal lui communique ultérieurement les noms et les faits de ces officiers et fonctionnaires, aux fins de la procédure qui doit s'en suivre.

5°) Le gouvernement royal doit avouer qu'il ne se rend pas clairement compte du sens et de la portée de la demande du gouvernement impérial et royal tendant à ce que la Serbie s'engage à accepter sur son territoire la collaboration des organes du gouvernement impérial et royal. Mais il déclare qu'il admettra toute collaboration qui répondrait aux principes du droit international et à la procédure criminelle, ainsi qu'aux bons rapports de voisinage.

6°) Le gouvernement royal, cela va de soi, considère de son devoir d'ouvrir une enquête contre tous ceux qui sont ou qui éventuellement auraient été mêlés au complot du 28 juin et qui se trouveraient sur le territoire du royaume. Quant à la participation à cette enquête des agents des autorités austro-hongroises qui seraient délégués à cet effet par le gouvernement impérial et royal, le gouvernement royal ne peut pas l'accepter, car ce serait une violation de la Constitution et de la loi sur la procédure criminelle. Cependant, dans des cas concrets, des communications sur les résultats de l'instruction en question pourraient être données aux organes austro-hongrois.

7°) Le gouvernement royal a fait procéder, dès le soir même de la remise de la note, à l'arrestation du commandant Voja Tankosic. Quant à Milan Ciganovic, qui est sujet de la monarchie austro-hongroise, et qui jusqu'au 28 juin était employé (comme aspirant) à la direction des chemins de fer, il n'a pas pu encore être joint. Le gouvernement impérial et royal est prié de vouloir bien, dans la forme accoutumée, faire connaître le plus tôt possible les présomptions de culpabilité, ainsi que les preuves éventuelles de culpabilité qui ont été recueillies jusqu'à ce jour par l'enquête à Sarajevo, aux fins d'enquêtes ultérieures.

8°) Le gouvernement serbe renforcera et étendra les mesures prises pour empêcher le trafic illicite d'armes et d'explosifs à travers la frontière. Il va de soi qu'il ordonnera de suite une enquête et punira sévèrement les fonctionnaires des frontières sur la ligne Schabab-Loznica, qui ont manqué à leur devoir et laissé passer les auteurs du crime de Sarajevo.

9°) Le gouvernement royal donnera volontiers des explications sur les propos que ces fonctionnaires, tant en Serbie qu'à l'étranger, ont tenus après l'attentat dans les interviews, et qui, d'après l'affirmation du gouvernement impérial et royal, ont été hostiles envers la monarchie, dès que le gouvernement impérial et royal lui aura communiqué les passages en question de ces propos et dès qu'il aura démontré que les propos employés ont, en effet, été tenus par lesdits fonctionnaires, propos au sujet desquels le gouvernement royal lui-même aura soin de recueillir des preuves et convictions.

10°) Le gouvernement royal informe le gouvernement impérial et royal de l'exécution des mesures comprises dans les points précédents, en tant que cela n'a pas été déjà fait par la présente note. Aussitôt que chaque mesure aura été ordonnée et exécutée, dans le cas où le gouvernement impérial et royal ne serait pas satisfait de cette réponse, le gouvernement royal serbe, considérant qu'il est de l'intérêt commun de ne pas précipiter la solution de cette question, est prêt, comme toujours, à accepter une entente pacifique, en remettant cette question, soit à la décision du tribunal international de La Haye, soit aux grandes puissances, qui ont pris part à l'élaboration de la déclaration que le gouvernement serbe a faite le 18 mars 1909.

QUI EST QUI

Liste des principaux personnages politiques en Europe en 1914

ALEXANDRE Ier Karadjordjevic : régent de Serbie

ASQUITH, Herbert : Premier ministre de Grande-Bretagne

BECKENDORFF, comte Alexandre : ambassadeur de Russie à Londres

BERCHTOLD, comte Leopold von : ministre des Affaires étrangères de l'Autriche-Hongrie

BERTIE, Sir Francis : ambassadeur de Grande-Bretagne en France

BETHMANN-HOLLWEG, Theobald von : chancelier impérial d'Allemagne

BIENVENÜE-MARTIN, Jean-Baptiste : ministre de la Justice de la France

BUCHANAN, Sir George : ambassadeur de Grande-Bretagne à Saint-Pétersbourg

CAMBON, Jules : ambassadeur de France à Berlin

CHURCHILL, Winston : Grande-Bretagne, premier lord de l'Amirauté

CONRAD VON HÖTZENDORF, Franz : maréchal, chef d'état-major général de l'armée d'Autriche-Hongrie

CROWE, Sir Eyre : Grande-Bretagne, chef de cabinet au Foreign Office

FALKENHAYN, Erich von : général, ministre de la Guerre d'Allemagne

FLOTOW, Ludwig von : ambassadeur d'Allemagne à Rome

FORGACH, comte Johann : attaché au cabinet du ministre des Affaires étrangères d'Autriche-Hongrie

FRANÇOIS-FERDINAND : archiduc, héritier présomptif de la couronne austro-hongroise

FRANÇOIS-JOSEPH : empereur d'Autriche-Hongrie

GEORGE V : roi de Grande-Bretagne

GIESL VON GIESLINGEN : ambassadeur d'Autriche-Hongrie en Serbie

GOSCHEN, Sir William : ambassadeur de Grande-Bretagne à Berlin

GREY, Sir Edward : ministre des Affaires étrangères de Grande-Bretagne

HARTWIG, Nikolaï : ambassadeur de Russie en Serbie

HOYOS, comte Alexander : chef de cabinet au ministère des Affaires étrangères d'Autriche-Hongrie

IZVOLSKY, Alexandre : ambassadeur de Russie à Paris, ex-ministre des Affaires étrangères russe

JAGOW, Gottlieb von : ministre des Affaires étrangères d'Allemagne

LICHNOWSKY, prince Karl : ambassadeur d'Allemagne à Londres

LLOYD GEORGE, David : chancelier de l'Echiquier de Grande-Bretagne

LYNCKER, Moritz von : général, chef du cabinet militaire d'Allemagne

MACCHIO, baron Karl von : cabinet du ministère des Affaires étrangères d'Autriche-Hongrie

MATSCHEKO, Franz von : cabinet du ministère des Affaires étrangères d'Autriche-Hongrie

MOLTKE, Helmuth von : général, chef d'état-major général des armées de l'Allemagne

MÜLLER, Alexander von : amiral, aide de camp du Kaiser Guillaume II

NICOLAS II : tsar de Russie

NICHOLSON, Sir Arthur : chef de cabinet du ministère des Affaires étrangères de Grande-Bretagne

PALÉOLOGUE, Maurice : ambassadeur de France à Saint-Pétersbourg

PASIC, Nicola : Premier ministre de Serbie

POINCARÉ, Raymond : président de la République française

POTIOREK, Oskar : général, gouverneur général de Bosnie-Herzégovine

POURTALÈS, comte Friedrich von : ambassadeur d'Allemagne à Saint-Pétersbourg

RUMBOLD, Sir Horace : attaché à l'ambassade de Grande-Bretagne à Berlin

SAN GIULIANO, marquis Antonio di : ministre des Affaires étrangères d'Italie

SAZONOV, Sergeï : ministre des Affaires étrangères de Russie

SCHEBEKO, Nikolaï : ambassadeur de Russie à Vienne

SCHOEN, Hans : ambassadeur d'Allemagne à Paris

STUMM, Wilhelm von : cabinet du ministère des Affaires étrangères d'Allemagne

STÜRGKH, Karl : Premier ministre d'Autriche

SVERBEJEV, Sergeï : ambassadeur de Russie à Berlin

SZAPARY VON SZAPAR, comte Friedrich : ambassadeur d'Autriche-Hongrie à Saint-Pétersbourg

SZÖGYENYI-MARICH, comte Ladislaus . ambassadeur d'Autriche-Hongrie à Berlin

TIRPITZ, Alfred von : amiral, ministre de la Marine

TISZA, comte István : Premier ministre de Hongrie

TSCHIRSCHKY, comte Heinrich von . ambassadeur d'Allemagne à Vienne

VIVIANI, René : président du Conseil de France

GUILLAUME II (Wilhelm II) : empereur d'Allemagne

ZIMMERMANN, Arthur : vice-ministre des Affaires étrangères d'Allemagne

NOTES

1. Vol 826 United Airlines : articles de presse de l'époque.
2. *Encyclopædia Britannica*, « World Wars ».
3. Winter, Parker et Habeck, 2000, 2.
4. Herwig, 1997, 1.
5. *Encyclopedia Britannica*, *op. cit.*.
6. McNeill, 1976, 255.
7. *The Economist*, 31 décembre 1999, 30.
8. Kennan, 1979, 3.
9. Stren, 1999, 200.
10. Gilbert, 1975, 355.
11. Kennan, 1951, 51.
12. Miller, Lynn-Jones et Van Evera, 1991, XI.
13. Lafore, 1971, 17.
14. Lord Bryce, cité dans Fromkin, 1995, 58.
15. Taylor, 1965, 1.
16. Braudel, 1979, 104.
17. Keynes, 1920, 11-12.
18. Micklethwait et Wooldridge, 2000, XVIII.
19. Kennan, 1951, 9.
20. Keiger, 1983, 133.
21. *Ibid.*
22. McLean, 2001, 98.
23. Adams, 1918, 383.
24. Fussell, 1975, 8.
25. Stevenson, 1996, 1.
26. *Ibid.*, 203.
27. Gunther E. Rothenberg, « Moltke, Schlieffen, and the Doctrine of Strategic Envelopment », Paret, 1986, 306.
28. Hajo Holborn, « Moltke and Schlieffen : The Prussian- German School », Earle, 1943, 187.
29. Daniel Moran, « Alfred von Schlieffen », Cowley et Parker, 1996, 415.
30. Mombauer, 2001, 55.
31. *Ibid.*, 54, 56.
32. Taylor, 1956, 121.
33. Morris, 1979, 569.
34. Strachan, 2001, 68.
35. Morgenthau, 1978, 248.
36. McLean, 2001, 16, 44.
37. *Ibid.*, 79.
38. Berghahn, 1993, 172.
39. Joll, 1992, 56.
40. Berghahn, 1993, 28.
41. Halévy, 1930, 6.
42. Berghahn, 1993, 88.
43. Clark, 2000, 19.
44. *Ibid.*, 20.
45. *Ibid.*, 123.
46. *Ibid.*, 125.
47. Berghahn, 1993, 16.
48. Fischer, 1975, 28.
49. Shaw et Shaw, 1977, II, 207-208.
50. Bridge, 1990, 228.
51. Albertini, 1952, I-228.
52. Berghahn, 1993, 93.
53. *Ibid.*, 91.
54. Craig, 1978, 323.
55. Joll, 1992, 58.
56. Gooch et Temperley, 1926, 205.
57. Churchill, 1923, 48.

58. Herrmann, 1996, 172.
59. Varé, 1938, 70.
60. Albertini, 1952, I-486.
61. Röhl, 1994, 167.
62. Clark, 2000, 189.
63. *Ibid.*, 190.
64. *Ibid.*
65. *Ibid.*
66. *Ibid.*
67. *Ibid.*
68. *Ibid.*
69. *Ibid.*
70. *Ibid.*
71. *Ibid.*
72. *Ibid.*
73. Röhl, 1994, 168.
74. *Ibid.*
75. *Ibid.*
76. *Ibid.*
77. *Ibid.*, 170.
78. *Ibid.*
79. *Ibid.*, 173.
80. *Ibid.*
81. *Ibid.*, 176.
82. Herrmann, 1996, 177.
83. Albertini, 1952, I-488.
84. Kautsky, 1924, 53-54.
85. Strachan, 2001, 69.
86. Geiss, 1967, 43.
87. Smith, 140, 51, 102.
88. House Papers, *Journal*, 23 mai 1914.
89. Wall, 1989, 909, 924.
90. Link, 1979, 108-109.
91. House Papers, *Journal*, 1er juin 1914.
92. Link, 1979, 139, 140.
93. House Papers, *Journal*, 24 juin, 1er juin, 12 juin 1914.
94. Link, 1979, 190.
95. House Papers, *Journal*, 27, 24 juin 1914.
96. Grey, 1925, I-323.
97. Williamson, 1991, 21.
98. Evans, 1990, 32.
99. *Ibid.*, 23.
100. Albertini, 1952, II-63.
101. *Ibid.*, 1952, II-117.
102. Thomson, 1964, 47.
103. Wilson, 1995, 85.
104. Remak, 1959 ; Morton, 1989.
105. Taylor, 1964, 72.
106. Mann, 1983, 18.
107. Morton, 1989, 267.
108. Albertini, 1952, II-115.
109. *Ibid.*, 216.
110. Keiger, 2002, 164.
111. Zeman, 1971, 1-2.
112. Keiger, 2002, 102.
113. *Ibid.*, 160.
114. Zeman, 1971, 2.
115. Albertini, 1952, II, 117.
116. *Ibid.*, II-42, 43.
117. Dedijer, 1966, 197.
118. Williamson, 1991, 193.
119. Marshall, 1964, 25.
120. Kautsky, 1924, 63-64.
121. Great Britain, 1915, 10.
122. Kautsky, 1924, 61.
123. Great Britain, 1915, 9-10.
124. Lieven, 1983, 140.
125. Kautsky, 1924, 61.
126. Albertini, 1952, II-125.
127. Geiss, 1937, 66.
128. Berghahn, 1993, 200.
129. Kautsky, 1924, 69.
130. Berghahn, 1993.
131. Williamson, 1991, 197.
132. Berghahn, 1993, 199.
133. Geiss, 1967, 72, 71.
134. Clark, 2000, 203.
135. Geiss, 1967, 71.
136. *Ibid.*, 90.
137. Kautsky, 1924, 47, 49.
138. Fischer, 1975, 478.
139. Geiss, 1967, 105.
140. Kautsky, 1924, 95, 97.
141. Geiss, 1967, 114.
142. Albertini, 1952, II-277.
143. Berghahn, 1993, 204.
144. Bosworth, 1983, 121.
145. Williamson, 1991, 201.
146. Albertini, 1952, II-184.
147. Berghahn, 1993, 197.
148. Albertini, 1952, II-184-85.
149. *Encyclopædia Britannica*, « Bavaria ».

150. Geiss, 1967, 127-30.
151. Berghahn, 1993, 209.
152. Kautsky, 1924, 113, 126, 141.
153. Morton, 2001, 298.
154. Geiss, 1967, 139.
155. *Ibid.*
156. *Ibid.*, 142.
157. *Ibid.*, 154.
158. Geiss, 1967, 159 ; Albertini, 1952, II-212.
159. Röhl, 1973, 29.
160. Berghahn, 1993, 201.
161. *Ibid.*
162. *Ibid.*, 201-202.
163. Grey, 1925, I-283-90.
164. Berghahn, 1993, 209.
165. Kautsky, 1924, 144-45.
166. Churchill, 1926, 178.
167. *Ibid.*, 181.
168. Hyde, 1953, 370.
169. Brock et Brock, 1953, 122.
170. Albertini, 1952, II-280.
171. *Ibid.*, 282.
172. Churchill, 1923, 193.
173. Brock et Brock, 1985, 122-23.
174. Churchill, 1969, 1987-88.
175. Great Britain, 1915, 30-31.
176. Kautsky, 1924, 184-85.
177. Albertini, 1952, II-378.
178. *Ibid.*
179. *Ibid.*, 291.
180. Evans et Strandmann, 1990, 76.
181. *Ibid.*, 77.
182. Massie, 1996, 186.
183. Kautsky, 1924, 180.
184. *Ibid.*, 182.
185. Hayne, 1993, 294-95.
186. Geiss, 1967, 180.
187. Görlitz, 1961, 5
188. Albertini, 1952, II-348.
189. Fischer, 1975, 464-65.
190. Geiss, 1967, 200-201 ; Albertini, 1952, II-372.
191. Kautsky, 1924, 186.
192. Evans et Strandmann, 1990, 102.
193. Berghahn, 1993, 212.
194. Mombauer, 2001, 186, 187.
195. *Ibid.*, 200.
196. Churchill, 1931, 120-26.
197. Keegan, 1999, 77-78.
198. Steiner, 1969, 12.
199. Albertini, 1952, II-390.
200. Brock et Brock, 1985, 125-26.
201. Riddell, 1986, 84.
202. Steiner, 1977, 219.
203. Albertini, 1952, II-404.
204. Geiss, 1967, 235.
205. *Ibid.*, 227.
206. Kautsky, 1924, 220-21.
207. Mombauer, 2001, 197.
208. Bülow, 1931, III-184.
209. Fischer, 1967, 70.
210. Geiss, 1967, 236.
211. *Ibid.*, 240.
212. Churchill, 1969, 1988.
213. Geiss, 1967, 239.
214. *Ibid.*, 240, 241.
215. Albertini, 1952, II-416.
216. Berghahn, 1993, 216.
217. Great Britain, 1915, 74.
218. Herwig, 1977, 26.
219. Berghahn, 1993, 212.
220. Geiss, 1967, 256.
221. Clark, 2000, 208.
222. Geiss, 1967, 256.
223. Clark, 2000, 208-209.
224. *Ibid.*, 209.
225. Mombauer, 2001, 199.
226. Clark, 2000, 208.
227. Herwig, 1997, 26.
228. Ensor, 1936, 484.
229. Albertini, 1952, II-460-61.
230. Kautsky, 1924, 243.
231. Berghahn, 1993, 216.
232. Churchill, 1967, 692, 694.
233. Brock et Brock, 1985, 161.
234. Albertini, 1952, II-499.
235. *Ibid.*, 488.
236. *Ibid.*, 495.
237. *Ibid.*, 498.
238. *Ibid.*, III-1.
239. *Ibid.*, 2.
240. Mombauer, 2001, 205.
241. Albertini, 1952, II-513.
242. Kautsky, 1924, 313-22.
243. Brock et Brock, 1985, 132.

244. Churchill, 1923, 212.
245. Wilson, 1995, 125.
246. Kautsky, 1924, 368, 372.
247. Albertini, 1952, III-2, 3.
248. Lieven, 1983, 146.
249. Kautsky, 1924, 375.
250. Berghahn, 1993, 217.
251. Mombauer, 2001, 205.
252. Albertini, 1952, III-34.
253. Bonham-Carter, 1965, 305.
254. Wilson, 1995, 127.
255. Albertini, 1952, II-604.
256. Brock et Brock, 1985, 136.
257. Hayne, 1993, 293.
258. Williamson, 1991, 207 *n. 122*.
259. Albertini, 1952, III-37, 56, 62.
260. Gilbert, 1975, 21.
261. Brock et Brock, 1985, 138.
262. Riddell, 1986, 85.
263. Churchill, 1971, 21, 22.
264. Brock et Brock, 1985, 140.
265. R. Churchill, 1969, 701.
266. Massie, 1996, 258.
267. Mombauer, 2001, 206.
268. Albertini, 1952, III-172.
269. *Ibid.*, 176, 177.
270. Beaverbrock, 1960, 29.
271. Brock et Brock, 1985, 140.
272. Evans et Strandmann, 1990, 120.
273. Brock et Brock, 1985, 146.
274. Geiss, 1967, 179.
275. Kautsky, 1924, 482-501.
276. Albertini, 1952, III-410.
277. Kautsky, 1924, 527.
278. Brock et Brock, 1985, 148.
279. Tuchman, 1963, 139.
280. Jenkins, 1966, 329.
281. Bonham-Carter, 1965, 312.
282. Taylor, 1965, 2-3.
283. Evans et Strandmann, 1990, 116.
284. Herwig, 1997, et le chapitre signé par Herwig dans Winter, Parker et Habeck, 2000.
285. Röhl, 1973, 17.
286. Wilson, 1995, 22.
287. Howard, 2002, 28.
288. Joll, 1992, 234.
289. Strachan, 2001, 90.
290. Mombauer, 2001, 95.
291. Aron, 1990.
292. Keegan, 1999, 170.
293. Herwig, 1997, 91-96.
294. Mombauer, 2001, 281.

BIBLIOGRAPHIE

ADAMS, Henry. 1918. *The Education of Henry Adams : An Autobiography*. Boston : Houghton Mifflin.

ALBERTINI, Luigi. 1952. *The Origins of the War of 1914*. Traduit et présenté par Isabella M. Massey. 3 vol. Oxford : Oxford University Press.

ARON, Raymond. 1990. *Memoirs : Fifty Years of Political Reflection*. New York : Holmes & Meier. Edition française : *Mémoires : 50 ans de réflexion politique*. Julliard, 1983.

BARTLETT, C. J. 1994. *The Global Conflict : The International Rivalry of the Great Powers, 1880-1990*, 2e éd. Londres : Longman.

BEAVERBROOK, Lord. 1960. *Politicians and the War, 1914-1916*. Londres : Oldbourne.

BECKETT, Ian F. W. 2001. *The Great War : 1914-1918*. Harlow, Angleterre : Longman.

BERGHAHN, V. R. 1993. *Germany and the Approach of War in 1914*, 2e éd. New York : St. Martin's.

BONHAM-CARTER, Violet. 1965. *Winston Churchill as I Knew Him*. Londres : Eyre & Spottiswoode and Collins.

BOSWORTH, Richard. 1983. *Italy and the Approach of the First World War*. Londres : Macmillan.

BRAUDEL, Fernand. 1979. *Afterthoughts on Material Civilization and Capitalism*. Traduit par Patricia Ramun. Baltimore : Johns Hopkins Paperback. Édition française : *Le temps des guerres mondiales et la grande crise, 1880-1950*. PUF, 1993.

BRIDGE, F. R. 1990. *The Habsburg Monarchy Among the Great Powers, 1815-1918*. New York : Berg.

BROCK, Michael, et Eleanor BROCK. 1985. *H. H. Asquith : Letters to Venetia Stanley*. Oxford et New York : Oxford University Press.

BÜLOW, Prince Bernhard von. 1931. *Memoirs*. 3 vol. Boston : Little, Brown. Édition française : *Mémoires du chancelier prince de Bülow*, t. 3, Plon, 1930. Traduction : Henri Bloch.

CAWOOD, Ian, et David MCKINNON BELL. 2001. *The First World War*. Londres : Routledge.

CHURCHILL, Randolph S. 1967. *Winston S. Churchill : Young Statesman — 1901-1914*. Boston : Houghton Mifflin.

—, 1969. *Winston S. Churchill. Companion*, Volume II, Part 3, *1911-1914*. Boston : Houghton Mifflin.

CHURCHILL, Winston S. 1923. *The World Crisis : 1911-1914*. Londres : Thornton Butterworth.

—, 1931. *The World Crisis : The Eastern Front*. Londres : Thornton Butterworth.

CIMBALA, Stephen J. 1966. « Steering Through Rapids : Russian Mobilization and World War I », *Journal of Slavic Military Studies* 9 : 376-98.

CLARK, Christopher M. 2000. *Kaiser Wilhelm II*. Harlow, Essex, Angleterre : Longman.

COWLEY, Robert, et Geoffrey PARKER, eds. 1996. *The Reader's Companion to Military History*. Boston : Houghton Mifflin.

CRAIG, Gordon A. 1978. *Germany : 1866-1945*. New York : Oxford University Press.

DANGERFIELD, George. 1961. *The Strange Death of Liberal England*. New York : Capricorn.

DEDIJER, Vladimir. 1964. « Sarajevo Fifty Years After », *Foreign Affairs* 42, n° 4 (July 1964).

—, 1966. *The Road to Sarajevo*. New York : Simon & Schuster.

EARLE, Edward Mead, éd. 1943. *Makers of Modern Strategy : Military Thought from Machiavelli to Hitler*. Princeton : Princeton University Press.

EKSTEINS, Modris. 2000. *Rites of Spring : The Great War and the Birth of the Modern Age*. Londres : Papermac.

ENSOR, R. C. K. 1936. *England : 1870-1914*. Oxford : Oxford University Press.

EVANS, R. J. W., et Hartmut Pogge von STRANDMANN, eds. 1990. *The Coming of the First World War*. Oxford : Clarendon.

FERGUSON, Niall. 1998. *The Pity of War*. New York : Basic Books.

FISCHER, Fritz. 1967. *Germany's Aims in the First World War*. New York : Norton.

—, 1975. *War of Illusions : German Policies from 1911 to 1914*. Londres : Chatto & Windus.

FOLEY, Robert T. 2003. *Alfred Von Schlieffen's Military Writings*. Londres : Cass.

FROMKIN, David. 1995. *In the Time of the Americans : FDR, Truman, Eisenhower, Marshall, MacArthur — The Generation That Changed America's Role in the World*. New York : Knopf.

FUSSELL, Paul. 1975. *The Great War and Modern Memory*. New York : Oxford University Press.

GEISS, Imanuel, ed. 1967. *July 1914 — The Outbreak of the First World War : Selected Documents*. New York : Scribner's.

GILBERT, Martin. 1971. *Winston S. Churchill : The Challenge of War*. Boston : Houghton Mifflin.

—, 1975. *Winston S. Churchill : The Stricken World*. Boston : Houghton Mifflin.

GLENNY, Misha. 1999. *The Balkans, 1804-1999 : Nationalism, War and the Great Powers*. Londres : Granta.

GOOCH, G. P., et Harold TEMPERLEY, eds. 1926. *British Documents on the Origins of the War*, vol. 11. Londres : Controller of Her Britannic Majesty's Stationery Office.

GOOCH, John. 1989. *Army, State and Society in Italy, 1870-1915*. New York : St. Martin's.

GÖRLITZ, Walter, éd. 1961. *The Kaiser and His Court.* New York : Harcourt, Brace & World.

Great Britain. 1915. Édition abrégée 1919. *War 1914 : Punishing the Serbs.* Londres : Stationery Office.

GREY, Viscount of Fallodon. 1925. *Twenty-Five Years.* 2 vol. Londres : Hodder and Stoughton.

HALÉVY, Elie. 1930. *The World Crisis of 1914-1918 : An Interpretation.* Oxford : Oxford University Press.

HAYNE, M. B. 1993. *The French Office and the Origins of the First World War : 1898-1914.* Oxford : Clarendon Press.

HERRMANN, David G. 1996. *The Arming of Europe and the Making of the First World War.* Princeton : Princeton University Press.

HERWIG, Holger H. 1997. *The First World War : Germany and Austria-Hungary, 1914-1918.* Londres : Arnold.

HOUSE, Edward M. *Papers.* New Haven : Yale University Library.

HOWARD, Michael. 2001. « The Great War : Mystery or Error ? » *The National Interest 64* (Summer 2001).

—, 2002. *The First World War.* Oxford : Oxford University Press.

HUGHES, Michael. 2000. *Diplomacy Before the Russian Revolution : Britain, Russia and the Old Diplomacy, 1894-1917.* New York : St. Martin's.

HUNT, Barry, et Adrian PRESTON, eds. 1977. *War Aims and Strategic Policy in the Great War.* Londres : Croom Helm.

HYDE, H. Montgomery. 1953. *Carson.* Londres : Heinemann.

JANNEN, William, Jr. 1997. *The Lions of July : Prelude to War, 1914.* Novato, Calif. : Presidio.

JARAUSCH, Konrad H. 1973. *The Enigmatic Chancellor.* New Haven : Yale University Press.

JENKINS, Roy. 1966. *Asquith : Portrait of a Man and an Era.* New York : Dutton.

JOLL, James. 1979. « Politics and the Freedom to Choose », in Alan Ryan, ed., *The Idea of Freedom : Essays in Honour of Isaiah Berlin.* New York : Oxford University Press.

—, 1992. *The Origins of the First World War*, 2e éd. Harlow, Essex, Angleterre : Longman.

KAUTSKY, Karl. 1924. *Outbreak of the World War : German Documents Collected by Karl Kautsky.* Traduit par the Carnegie Endowment for International Peace. New York : Oxford University Press.

KEEGAN, John. 1999. *The First World War.* New York : Knopf.

KEIGER, J. F. V. 1983. *France and the Origins of the First World War.* Londres : Macmillan.

—, 2002. *Raymond Poincaré.* Cambridge, Angleterre : Cambridge University Press Paperback.

KENNAN, George F. 1951. *American Diplomacy : 1900-1950.* New York : Mentor.

—, 1979. *The Decline of Bismarck's European Order.* Princeton : Princeton University Press.

KENNEDY, Paul M. 1980. *The Rise of the Anglo-German Antagonism.* Londres : Allen & Unwin.

—, ed. 1985. *The War Plans of the Great Powers.* Boston : Allen & Unwin Paperback.

KEYNES, John Maynard. 1920. *The Economic Consequences of the Peace*. New York : Harcourt, Brace and Howe. Traduction française : *Comment payer la guerre*, et : *Programme radical pour le chancelier de l'Échiquier*. L'Harmattan, 1997. Traduit par Claude Fils et Jean José Quides.

LAFORE, Laurence. 1971. *The Long Fuse : An Interpretation of the Origins of World War I*, 2e éd. New York : HarperCollins.

LIEVEN, Dominic. 1983. *Russia and the Origins of the First World War*. Londres : Macmillan.

—, 2000. *Empire : The Russian Empire and Its Rivals*. Londres : Murray.

LINK, Arthur S., ed. 1979. *The Papers of Woodrow Wilson*, vol. 30. Princeton : Princeton University Press.

LUDWIG, Emil. 1929. *July'14*. New York : Putnam.

MACKENZIE, David. 1989. *Apis : The Congenial Conspirator : The Life of Colonel Dragutin T. Dimitrijevic*. New York : Columbia University Press.

—, 1995. *The « Black Hand » on Trial : Salonika, 1917*. New York : Columbia University Press.

—, 1998. *The Exoneration of the « Black Hand » : 1917-1953*. New York : Columbia University Press.

MCLEAN, Roderick R. 2001. *Royalty and Diplomacy in Europe, 1890-1914*. Cambridge, Ang. : Cambridge University Press.

MCNEILL, William H. 1976. *Plagues and Peoples*. Garden City, N.Y. : Anchor/Doubleday.

MANN, Thomas. 1983. *Reflections of a Nonpolitical Man*. Traduit par Walter D. Morris. New York. Ungar. Edition française : *Considérations d'un apolitique*, Grasset, 1975. Traduit par Louise Servicen et Jeanne Naujac.

MARDER, Arthur J. 1961. *From the Dreadnought to Scapa Flow : The Royal Navy in the Fisher Era, 1904-1914*. Londres : Oxford University Press.

MARSHALL, S. L. A. 1964. *The American Heritage History of World War I*. New York : Simon & Schuster.

MARTEL, Gordon. 1996. *The Origins of the First World War*, 2e éd. Londres et New York : Longman.

MASSIE, Robert K. 1991. *Dreadnought : Britain, Germany, and the Coming of the Great War*. New York : Random House.

—, 1996. *Nicholas and Alexandra*. Londres : Indigo.

MICKLETHWAIT, John, et Adrian WOOLDRIDGE. 2000. *A Future Perfect : The Essentials of Globalization*. New York : Crown.

MILLER, Steven E., Sean M. LYNN-JONES, and Stephen VAN EVERA, eds. 1991. *Military Strategy and the Origins of the First World War*. Princeton : Princeton University Press.

MOMBAUER, Annika. 2001. *Helmuth Von Moltke and the Origins of the First World War*. Cambridge, Angleterre : Cambridge University Press.

—, 2002. *The Origins of the First World War : Controversies and Consensus*. Harlow, Angleterre : Longman.

MORGENTHAU, Hans J. 1978. *Politics Among Nations : The Struggle for Power and Peace*, 5e éd. rev. New York : Knopf.

MORRIS, Edmund. 1979. *The Rose of Theodore Roosevelt*. New York : Coward, McCann & Geoghegan.

MORTON, Frederic. 1989. *Thunder at Twilight : Vienna 1913/1914*. New York : Scribner's. Paperback edition 2001; Cambridge, Mass. : Da Capo.

NICOLSON, Colin. 2001. *The First World War : Europe 1914-1918*. Harlow, Angleterre : Longman.

PARET, Peter. 1986. *Makers of Modern Strategy : From Machiavelli to the Nuclear Age*. Princeton : Princeton University Press.

PONTING, Clive. 2002. *Thirteen Days : The Road to the First World War*. Londres : Chatto & Windus.

PORCH, Douglas. 1986. *The Conquest of Morocco*. New York : Fromm.

PRIOR, Robin et Trevor WILSON. 2001. *The First World War*. Londres : Cassell Paperback.

REMAK, Joachim. 1959. *Sarajevo*. New York : Criterion.

RIDDELL, Sir George. 1986. *The Riddell Diaries, 1908-1923*. Londres : Athlone.

ROBBINS, Keith. 1993. *The First World War*. Oxford et New York : Oxford University Press Paperback.

RÖHL, John C. G. 1994. *The Kaiser and His Court : Wilhelm II and the Government of Germany*. Cambridge, Angleterre : Cambridge University Press.

—, 1998. *Young Wilhelm*. Cambridge, Angleterre : Cambridge University Press.

—, ed. 1973. 1914 : *Delusion or Design*. New York : St. Martin's.

SCHORSKE, Carl E. 1980. *Fin de Siècle Vienna : Politics and Culture*. New York : Knopf. Edition française : *Vienne fin de siècle, politique et culture*, Le Seuil, 1983. Traduit par Yves Thoraval.

SEAMAN, L. C. B. 1955. *From Vienna to Versailles*. Londres : Methuen.

SHAW Stanford J., et Ezel Kuren SHAW. 1977. *History of the Ottoman Empire and Modern Turkey*. Vol. 2, *Reform, Revolution, and Republic : The Rise of Modern Turkey, 1808-1975*. Cambridge, Angleterre : Cambridge University Press.

SMITH, Arthur D. Howden. 1940. *Mr. House of Texas*. New York et Londres : Funk & Wagnalls.

STEINER, Zara S. 1969. *The Foreign Office and Foreign Policy, 1898-1914*. Cambridge, Angleterre : Cambridge University Press.

—, 1977. *Britain and the Origins of the First World War*. Londres : Macmillan.

STERN, Fritz. 1999. *Einstein's German World*. Princeton : Princeton University Press. Penguin Paperback edition, 2001.

STEVENSON, David. 1991. *The First World War and International Politics*. Oxford : Oxford University Press.

—, 1996. *Armaments and the Coming of War : Europe 1904-1914*. Oxford : Oxford University Press.

—, 1997. *The Outbreak of the First World War : 1914 in Perspective*. New York : St. Martin's.

STRACHAN, Hew. 2001. *The First World War*. Vol. I, *To Arms*. Oxford : Oxford University Press.

TAYLOR, A. J. P. 1948. *The Habsburg Monarchy : 1809-1918*. Londres : Hamish Hamilton.

—, 1950. *From Napoleon to Stalin*. Londres : Hamish Hamilton.

—, 1954. *The Struggle for Mastery in Europe : 1848-1918*. Oxford : Oxford University Press.

—, 1956. *Englishmen and Others*. Londres : Hamish Hamilton.

—, 1963. *The First World War : An Illustrated History.* Londres : Hamish Hamilton.

—, 1964. *Politics in Wartime and Other Essays.* Londres : Hamish Hamilton.

—, 1965. *English History : 1914-1945.* Oxford : Oxford University Press.

—, 1966. *From Sarajevo to Potsdam.* New York : Harcourt, Brace & World.

THOMSON, George Malcolm. 1964. *The Twelve Days : 24 July to 4 August 1914.* New York : Putnam.

TUCHMAN, Barbara W. 1963. *The Guns of August.* New York : Dell.

—, 1966. *The Proud Tower : A Portrait of the World Before the War, 1890-1914.* New York : Macmillan. Papermac paperback, 1980.

TURNER, L. C. F. 1970. *Origins of the First World War.* New York : Norton.

United Kingdom. 1999. *War 1914 : Punishing the Serbs.* Londres : The Stationery Office.

VARÉ, Danièle. 1938. *Laughing Diplomat.* Londres : John Murray.

WALL, Joseph Frazier. 1989. *Andrew Carnegie.* Pittsburgh : University of Pittsburgh Press.

WEBER, Eugen. 1986. *France : Fin de Siècle.* Cambridge, Mass. : Harvard University Press. Edition française : *Fin de siècle : la France à la fin du 19e siècle*, Fayard, 1986.

WILLIAMSON, Samuel R., Jr. 1991. *Austria-Hungary and the Origins of the First World War.* Londres : Macmillan.

WILSON, Keith, ed. 1995. *Decisions for War, 1914.* Londres : UCL.

WINTER, Jay, Geoffrey PARKER, and Mary R. HABECK, eds. 2000. *The Great War and the Twentieth Century.* New Haven : Yale University Press.

WOHL, Robert. 1979. *The Generation of 1914.* Cambridge, Mass. : Harvard University Press.

WOLFF, Theodor. 1936. *The Eve of 1914.* New York : Knopf.

ZEMAN, Z. A. B. 1971. *The Gentlemen Negotiators : A Diplomatic History of the First World War.* New York : Macmillan.

ZUBER, Terence. 2003. *Inventing the Schlieffen Plan : German War Planning, 1871-1914.* Oxford : Oxford University Press.

ZWEIG, Stefan. 1943. *The World of Yesterday.* New York : Viking. Edition française : *Le Monde d'hier*, Belfond, 1892. Traduction : J.-P. Zimmermann.

REMERCIEMENTS

En 1999, Joy de Menil, que je ne connaissais que pour lui avoir été présenté au cours d'une soirée, me fit parvenir une note comparant favorablement mes anciens écrits sur la crise de juillet 1914 à des articles récemment parus. J'avais encore cela en tête lors d'un déjeuner avec Ashbel Green, mon directeur littéraire chez Knopf. Lui ayant demandé sur quel sujet il aimerait me voir écrire, il me parla d'un livre qui traiterait de l'histoire européenne sur un court laps de temps. L'idée me vint aussitôt à l'esprit : les trente-sept jours qui séparent l'assassinat de l'archiduc François-Joseph de l'éclatement de la Première Guerre mondiale. Tant de monographies brillantes, dues à d'éminents chercheurs, étaient parues ces dix dernières années sur la question que je me sentais sûr que leur synthèse ferait émerger un nouveau tableau de la Crise de juillet.

Je fus frappé, lorsque je me plongeai dans la littérature sur cette question, du nombre d'idées préconçues qu'il fallait rejeter. Grâce aux travaux remarquables d'auteurs comme John Maynard Keynes et A.J.P. Taylor, je savais déjà que l'Europe d'avant 14-18 n'avait rien d'idyllique ni de pacifique. Elle était au contraire un monde déchiré, conflictuel, lancé dans une course aux armements que l'on aurait pu très bien qualifier de suicidaire. Cherchant une métaphore, je la trouvai dans l'aviation commerciale : une force menaçante mais tout d'abord invisible et impossible à remarquer pour les passagers d'un avion ; de l'autre, le contraste entre les passagers inconscients du danger et l'équipage qui, lui, en a pleinement conscience. Je me rappelais avoir lu un compte-rendu sur un vol particulier qui pouvait illustrer mon idée. Elie Montazeri, l'un de mes anciens étudiants, accepta généreusement de faire les recherches. Je tiens à remercier Joy, Ash et Elie de m'avoir lancé dans cette entreprise.

Je tenais à travailler dans un lieu où je ne serais pas dérangé, pendant les étés, lorsque les vacances académiques nous laissent la liberté d'écrire. Je suis reconnaissant à Richard Herland et Martine Callandrey de m'avoir fourni tout ce qu'il fallait en ce sens, en ayant en quelque sorte créé une académie d'été pour un seul écrivain dans leur domicile d'Antibes, en France.

Carol Shookhoff a réussi l'exploit de lire mon écriture et de la convertir en quelque chose de publiable. Je la remercie et lui dis mon admiration. Je remercie également le Dr Ilya Zaslowsky pour les recherches qu'il a faites pour mon compte dans les archives russes.

Pour leur lecture attentive du manuscrit final, leurs suggestions judicieuses et leurs critiques enrichissantes, je suis extrêmement reconnaissant au professeur émérite Alain Silvera du Bryn Mawr College et au Dr Annika Mombauer de l'Université libre de Grande-Bretagne. Je tiens à rappeler que ni l'un ni l'autre n'ont la moindre responsabilité pour les éventuelles erreurs que peut contenir ce texte ni pour les opinions qui y sont exprimées.

De grands mercis également à mon directeur littéraire Ash Green, le meilleur qui soit, et à son assistant dévoué, Luba Ostashevsky. Également à l'infatigable travailleuse qu'est Carol Janeway.

Ma reconnaissance va aussi comme toujours à mon agent Suzanne Gluck, elle est aussi sans égale, et à Emily Nurkin, son assistante aussi efficace que discrète et toujours de bonne humeur.

Merci à Robert et Jeanne-Mary Sigmon pour avoir trouvé les livres et les photos dont j'avais besoin en Grande-Bretagne.

Nos déjeuners du dimanche, le professeur Ralph Buultjens et moi, avec leurs stimulantes conversations, m'ont donné de nombreuses idées dont je lui suis reconnaissant.

Et finalement, de nombreux mercis à James Chace, mon conseiller littéraire de toujours. D'une certaine façon, tous mes livres lui sont dédiés.

TABLE

Quatrième partie : **Un double assassinat**

Cinquième partie : **Mensonges**

Sixième partie : **Crise !**

Septième partie : **Compte à rebours**

Huitième partie : **Le mystère résolu**

Épilogue

Photocomposition Nord Compo
59650 Villeneuve-d'Ascq

Cet ouvrage a été imprimé par

FIRMIN DIDOT

GROUPE CPI

Mesnil-sur-l'Estrée

pour le compte des Éditions Grasset
en octobre 2004

Imprimé en France
Dépôt légal : octobre 2004
N° d'édition : 13428 - N° d'impression : 70034
ISBN : 2-246-62071-6